BOILEAU,
ÉDITION CLASSIQUE,

AVEC

DES NOTES HISTORIQUES

ET CRITIQUES;

AUXQUELLES ON A JOINT LES PASSAGES IMITÉS
ET TRADUITS DES AUTEURS LATINS, ET
DES RAPPROCHEMENS AVEC LES POÉTIQUES
D'ARISTOTE ET DE VIDA;

PUBLIÉE

PAR M. DUBOIS,

Professeur de Belles-Lettres, Répétiteur de
l'Université.

PARIS.

DE L'IMPRIMERIE D'AUGUSTE DELALAIN,
LIB.-EDIT., rue des Mathurins-S.-Jacques, n. 5.

1826.

Toute contrefaçon de cet Ouvrage sera poursuivie conformément aux lois.

Toutes mes Éditions Classiques sont *stéréotypées d'après un procédé qui m'est particulier*, et *d'une supériorité incontestable*, sous le rapport de l'exécution, de la correction, etc. ; elles sont revêtues de ma griffe.

Auguste Delalain

PRÉFACE.

Si parmi nos auteurs français il en est un qui mérite d'être appelé le prince des classiques, c'est assurément Boileau. Son livre, le modèle du bon goût, le chef-d'œuvre de la poésie, réunit tout ce qui peut instruire et charmer le lecteur. Veut-on une critique aussi fine que spirituelle des mauvais auteurs et des travers du siècle ? il suffit d'ouvrir les satires, pour trouver, à chaque page, à chaque vers, les traits les plus mordans, lancés sous des formes de style toujours neuves, toujours heureusement créées. Si le lecteur, après avoir sifflé les Pradons et les Cotins, veut apprendre comment, sans bassesse et sans adulation, on doit louer un grand roi, qu'il médite les épîtres de Boileau. Là, il verra que la muse du poète peut rester libre au milieu même de la cour; et peut-être il rejetera avec raison ce paradoxe de Sénèque :

Habent hoc in se naturale blanditiæ: Etiam quum rejiciuntur, placent.

Si, novice encore dans l'art d'Apollon, il veut essayer ses pas dans la carrière poétique, le législateur de notre Parnasse deviendra son modèle et son guide. A cette école, il apprendra à éviter les écueils du mauvais goût, à ne jamais s'écarter de la raison, à faire plier le génie sous son joug, sans toutefois en arrêter l'essor rapide, en captiver l'élan audacieux. — Trois noms consacrés par la postérité, ont paru avant le nom de Boileau, à la tête d'un art poétique. Aristote le premier, au temps d'Alexandre-le-Grand, composa une poétique, que le sort envia long-temps à l'admiration des hommes ; car, enfouie et perdue dans un souterrain, à Athènes, elle ne vit le jour qu'à l'époque où Sylla fit le siége de cette ville. Ainsi la poétique et tous les ouvrages du grand maître auraient peut-être été anéantis pour jamais, sans la victoire du dictateur romain : que d'auteurs, depuis tant de siècles, dispensés alors de jurer par Aristote, que souvent ils n'entendaient pas, que peut-être ils n'avaient jamais lu ! La poétique du prédécesseur d'Alexandre ne nous est parvenue qu'incomplète : il nous indique lui-même un plan plus vaste ; mais nous n'en voyons point l'exécution. L'art poétique de Boileau nous consolerait seul de cette perte, si, trois siècles après Aristote, Horace n'avait pris soin de nous en dédommager. Le poète latin donne aux favoris des Muses des préceptes dictés par un goût aussi sage que sévère. Mais peut-être voudrait-on, dans sa poétique, plus d'ordre et de précision, plus de développement et d'intérêt. Horace, si sublime dans l'ode, si piquant dans la satire, si spirituel dans l'épître, semble être au-dessous de lui-même dans l'art poétique. Cependant cet ouvrage, imparfait seulement parce qu'il est sorti de la plume d'Horace, mérite d'être compté parmi les chefs-d'œuvre qui ont illustré le siècle d'Auguste. — Les institutions oratoires de Quintilien ont fourni au prince des poètes latins modernes, le sujet d'un ouvrage, où, inférieur à Aristote et à Horace, Jérôme

PRÉFACE.

Vida devait pourtant faire admirer les belles inspirations d'un génie qui brilla d'un si vif éclat, au siècle célèbre de Léon X. Le rhéteur latin a laissé pour l'éloquence des préceptes, que Vida sut revêtir des riches couleurs d'une poésie qui rappelle plus d'une fois le tour heureux et l'expression pure de Virgile. Paraissant dans l'arène poétique, pour lutter contre trois rivaux si redoutables, Boileau, athlète heureux, eut l'art de les surpasser; et il est douteux qu'après lui, un cinquième concurrent se présente pour disputer la palme de la poétique.

Les satires, les épîtres, l'art poétique, et quelques poésies diverses composent le volume que j'offre aujourd'hui à la jeunesse studieuse. Je n'ai point inséré, dans cette édition, le poëme du Lutrin, parce qu'ordinairement; il n'est point appris dans les classes, où l'on a à peine le temps de voir les satires, les épîtres et l'art poétique. A cet égard, d'ailleurs, j'ai suivi les conseils des professeurs les plus éclairés, que je veux toujours regarder comme mes maîtres. Quelques suppressions dans les satires, dans les épîtres étaient nécessaires, indispensables : je les ai faites, de façon cependant à laisser Boileau dans son entier ; et je n'ai pas voulu offrir seulement des fragmens d'un poète que tout le monde veut connaître en totalité. J'ai rapproché du texte français tous les passages que Boileau a traduits ou imités des satiriques anciens, et autres auteurs latins, Perse, Horace, Juvénal, Virgile, Martial, Ovide, Phèdre etc. J'ai vérifié avec soin chaque citation dans les auteurs originaux, et je puis dire qu'elles sont toutes exactes : je

PRÉFACE.

cite non seulement le passage, mais le vers. En profitant, pour les notes historiques et géographiques, du travail de mes devanciers, j'ai voulu, quoique resserré par les bornes étroites d'une note, tenter de présenter sur Boileau quelques aperçus littéraires et critiques, qu'on n'avait point encore offerts au lecteur. Dans l'Art poétique, je me suis attaché à unir à l'ouvrage de Boileau, les idées qu'il emprunte à Aristote. J'ai traduit moi-même tous les morceaux grecs que je cite. J'ai pensé aussi qu'il ne serait pas sans intérêt de rappeler les vers de Vida, qui pouvaient avoir rapport à ceux de Boileau. L'idée que j'ai eue sans cesse présente à l'esprit, en travaillant à ce volume, était d'en faire un ouvrage entièrement classique, qui pût ne pas refroidir l'attention des élèves, et attirer sur son auteur l'indulgence de Messieurs les professeurs. Je serai trop récompensé de mes soins, s'il parvient à atteindre ce double but : ce sera à mes yeux un encouragement bien puissant, pour me porter à consacrer, comme je l'ai fait jusqu'à ce jour, à l'instruction publique, et mes travaux, et ma plume.

OEUVRES DE BOILEAU.

DISCOURS AU ROI.

ARGUMENT.

Toutes *les Éditions de Boileau ont en tête ce Discours au roi. Cependant il n'est pas la première pièce dans l'ordre chronologique. Fait au commencement de l'année* 1665, *lorsque l'auteur avait déjà composé cinq Satires, il fut, la même année, inséré dans un recueil de poésies. Depuis, il a subi d'heureuses corrections, comme Boileau les savait faire ; et, l'année suivante,* 1666, *le poète le fit imprimer lui-même avec les sept premières Satires. J'ai dû conserver l'ordre établi dans les Éditions qui ont précédé celle-ci : c'est d'ailleurs un beau début poétique qu'un hommage sincère rendu à un prince tel que Louis XIV.*

Jeune et vaillant héros, dont la haute sagesse
N'est point le fruit tardif d'une lente vieillesse,
Et qui seul [1], sans ministre, à l'exemple des Dieux,
Soutiens tout par toi-même [2], et vois tout par tes
     yeux,

DISCOURS

GRAND ROI ! si jusqu'ici, par un trait de prudence,
J'ai demeuré pour toi dans un humble silence,
Ce n'est pas que mon cœur, vainement suspendu,
Balance pour t'offrir un encens qui t'est dû.
Mais je sais peu louer, et ma muse tremblante
Fuit d'un si grand fardeau la charge trop pesante ;
Et dans ce haut éclat où tu te viens offrir,
Touchant à tes lauriers, craindrait de les flétrir.

Ainsi, sans m'aveugler d'une vaine manie,
Je mesure mon vol à mon faible génie.
Plus sage en mon respect, que ces hardis mortels,
Qui d'un indigne encens profanent tes autels ;
Qui dans ce champ d'honneur, où le gain les amène,
Osent chanter ton nom sans force et sans haleine,
Et qui vont tous les jours, d'une importune voix,
T'ennuyer du récit de tes propres exploits.

L'un en style pompeux [3] habillant une églogue,
De ses rares vertus te fait un long prologue,
Et mêle en se vantant soi-même, à tout propos,
Les louanges d'un fat à celles d'un héros.

L'autre en vain [4] se lassant à polir une rime,
Et reprenant vingt fois le rabot et la lime,
Grand et nouvel effort d'un esprit sans pareil,
Dans la fin d'un sonnet te compare au soleil.

Sur le haut Hélicon, leur veine méprisée
Fut toujours des neuf Sœurs la fable et la risée.
Calliope jamais ne daigna leur parler,
Et Pégase pour eux refuse de voler.
Cependant, à les voir enflés de tant d'audace,
Te promettre en leur nom les faveurs du Parnasse,
On dirait qu'ils ont seuls l'oreille d'Apollon,
Qu'ils disposent de tout dans le sacré vallon.
C'est à leurs doctes mains, si l'on veut les en croire,
Que Phébus a commis tout le soin de ta gloire ;
Et ton nom, du midi jusqu'à l'ourse vanté,
Ne devra qu'à leurs vers son immortalité.
Mais plutôt sans ce nom, dont la vive lumière
Donne un lustre éclatant à leur veine grossière,

AU ROI.

Ils verraient leurs écrits, honte de l'univers,
Pourrir dans la poussière à la merci des vers.
A l'ombre de ton nom ils trouvent leur asile ;
Comme on voit dans les champs un arbrisseau débile,
Qui, sans l'heureux appui qui le tient attaché,
Languirait tristement sur la terre couché.
   Ce n'est pas que ma plume injuste et téméraire
Veuille blâmer en eux le dessein de te plaire :
Et parmi tant d'auteurs, je veux bien l'avouer,
Apollon en connaît qui te peuvent louer.
Oui, je sais qu'entre ceux qui t'adressent leurs veilles,
Parmi les Pelletiers [5] on compte des Corneilles.
Mais je ne puis souffrir qu'un esprit de travers,
Qui pour rimer des mots pense faire des vers,
Se donne en te louant une gêne inutile.
Pour chanter un Auguste, il faut être un Virgile.
Et j'approuve les soins [6] du monarque guerrier,
Qui ne pouvait souffrir [7] qu'un artisan grossier
Entreprît de tracer, d'une main criminelle,
Un portrait réservé pour le pinceau d'Apelle.
   Moi, donc, qui connais peu Phébus et ses douceurs,
Qui suis nouveau sevré sur le mont des neuf Sœurs,
Attendant que pour toi l'âge ait mûri ma muse,
Sur de moindres sujets je l'exerce et l'amuse :
Et tandis que ton bras, des peuples redouté,
Va, la foudre à la main, rétablir l'équité,
Et retient les méchans par la peur des supplices,
Moi, la plume à la main, je gourmande les vices ;
Et gardant pour moi-même une juste rigueur,
Je confie au papier [8] les secrets de mon cœur ;
Ainsi, dès qu'une fois ma verve se réveille,
Comme on voit au printemps la diligente abeille,
Qui du butin des fleurs va composer son miel,
Des sottises du temps je compose mon fiel.
Je vais de toutes parts où me guide ma veine,
Sans tenir en marchant une route certaine ;
Et sans gêner ma plume en ce libre métier,
Je la laisse au hasard courir sur le papier.

Le mal est, qu'en rimant, ma muse un peu légère
Nomme tout par son nom et ne saurait rien taire.
C'est là ce qui fait peur aux esprits de ce temps,
Qui, tout blancs au-dehors, sont tout noirs au-dedans.
Ils tremblent qu'un censeur, que sa verve encourage,
Ne vienne en ses écrits démasquer leur visage ;
Et fouillant dans leurs mœurs en toute liberté,
N'aille du fond du puits ? tirer la Vérité.
Tous ces gens éperdus au seul nom de Satire,
Font d'abord le procès à quiconque ose rire.
Ce sont eux que l'on voit, d'un discours insensé,
Publier dans Paris que tout est renversé,
Au moindre bruit 1° qui court qu'un auteur les menace
De jouer des bigots la trompeuse grimace.
Pour eux un tel ouvrage est un monstre odieux :
C'est offenser les lois, c'est s'attaquer aux cieux.
Mais bien que d'un faux zèle ils masquent leur faiblesse,
Chacun voit qu'en effet la vérité les blesse.
En vain d'un lâche orgueil leur esprit revêtu
Se couvre du manteau d'une austère vertu :
Leur cœur, qui se connaît, et qui fuit la lumière,
S'il se moque de Dieu, craint Tartuffe et Molière.
  Mais pourquoi sur ce point sans raison m'écarter ?
Grand Roi ! c'est mon défaut, je ne saurais flatter.
Je ne sais point au ciel placer un ridicule,
D'un nain faire un Atlas, ou d'un lâche un Hercule,
Et sans cesse en esclave à la suite des grands,
A des dieux sans vertu prodiguer mon encens.
On ne me verra point d'une veine forcée,
Même pour te louer, déguiser ma pensée :
Et quelque grand que soit ton pouvoir souverain,
Si mon cœur en ces vers ne parlait par ma main,
Il n'est espoir de biens, ni raison, ni maxime,
Qui pût en ta faveur m'arracher une rime.
  Mais lorsque je te vois, d'une si noble ardeur,
T'appliquer sans relâche aux soins de ta grandeur,

AU ROI.

Faire honte à ces rois que le travail étonne,
Et qui sont accablés du faix de leur couronne :
Quand je vois ta sagesse, en ses justes projets,
D'une heureuse abondance enrichir tes sujets;
Fouler aux pieds l'orgueil [11] et du Tage et du Tibre,
Nous faire de la mer [12] une campagne libre ;
Et tes braves guerriers secondant ton grand cœur,
Rendre à l'aigle éperdu [13] sa première vigueur,
La France sous tes lois maîtriser la Fortune,
Et nos vaisseaux, domptant l'un et l'autre Neptune,
Nous aller chercher l'or, malgré l'onde et le vent,
Aux lieux où le soleil [14] le forme en se levant.
Alors, sans consulter si Phébus l'en avoue,
Ma muse tout en feu me prévient et te loue.
Mais bientôt la raison arrivant au secours,
Vient d'un si beau projet interrompre le cours,
Et me fait concevoir, quelque ardeur qui m'emporte,
Que je n'ai ni le ton, ni la voix assez forte.
Aussitôt je m'effraie, et mon esprit troublé
Laisse là le fardeau dont il est accablé ;
Et sans passer plus loin, finissant mon ouvrage,
Comme un pilote en mer qu'épouvante l'orage,
Dès que le bord paraît, sans songer où je suis,
Je me sauve à la nage, et j'aborde où je puis [15].

NOTES.

1 *Et qui seul*, etc. Le cardinal Mazarin était mort en 1661. Louis XIV, qui n'avait alors que vingt-deux ans et demi, ne voulut plus avoir de premier ministre, et commença à gouverner par lui-même. C'était annoncer d'une manière imposante la gloire de ce beau règne qu'aucun autre n'a effacé.

2 *Soutiens tout par toi-même*, etc. Imitation

d'Horace. Au second livre de ses Epîtres, le poète latin dit à l'empereur Auguste:

Quum tot sustineas et tanta negotia solus.
ÉPIST. I, v. 1.

3 *L'un en style pompeux*, etc. En 1663, parut un dialogue de Charpentier, en vers fort pompeux. Cette pièce, mélange ridicule des louanges du roi et de celles de l'auteur, avait pour titre : LOUIS, *Eglogue royale.* Boileau nous montrera dans l'Art Poétique que ce n'est point dans l'églogue qu'on doit hasarder la pompe ambitieuse des vers à prétention. Voyez avec quel art, et en même temps avec quelle simplicité, Virgile met les louanges d'Auguste dans la bouche du berger Tityre. VIRG. Eclo. 1.

4 *L'autre en vain*, etc. Chapelain, cet *auteur dur, à l'âpre et rude verve*, avait fait un sonnet où il comparait le roi au soleil.

5 *Parmi les Pelletiers*, etc. Pierre Du Pelletier, Parisien, était un misérable rimeur, dont la muse parasite encensait tous ceux qui le payaient. Que de sonnets il fit! mais que de sonnets oubliés!
On compte des Corneilles. Peut-être Boileau aurait-il dû ne point placer Corneille à côté de Pelletier ; mais ici, sans doute, il veut faire allusion aux beaux poèmes que P. Corneille a composés en l'honneur du roi. Il y a même autant d'esprit que de précision à opposer ainsi les deux extrêmes dans le court espace d'un seul vers.

6 *Et j'approuve les soins*, etc. Nous lisons dans Pline (*Histoire Naturelle*), qu'Alexandre-le-Grand avait permis au seul Apelle de le peindre, à Lysippe de faire son image en bronze, et à Pyrgotèle de le graver sur des pierres précieuses. Il était défendu à tout autre artiste de faire le portrait ou l'effigie du prince.

NOTES.

7 *Qui ne pouvait souffrir*, etc.

*Edicto vetuit ne quis se, præter Apellen,
Pingeret, aut alius Lysippo duceret æra
Fortis Alexandri vultum simulantia.*
    Hor. Lib. II, Epist. 1, v. 239.

8. *Je confie au papier*, etc. Horace, parlant du poète Lucilius :

*Ille velut fidis arcana sodalibus, olim
Credebat libris.* .... Lib. II, Sat. 1, v. 30.

9 *N'aille du fond du puits*, etc. Le philosophe abdéritain, Démocrite, disait : « La vérité est au fond d'un puits, et personne encore n'a su l'en tirer. »

10 *Au moindre bruit*, etc. En 1664, Molière composa son Tartuffe ; mais la cabale des faux dévots fit suspendre la représentation de ce chef-d'œuvre de la scène française. Cette défense ne fut levée qu'en l'année 1669. On ne peut douter aujourd'hui de la véritable intention de Molière : il ne prétendit jamais attaquer la religion, il attaquait seulement l'hypocrisie qui, dans la fausse dévotion, n'est plus, selon l'expression d'un homme d'esprit, un hommage secret que le vice rend à la vertu.

11 *Fouler aux pieds l'orgueil*, etc. Louis XIV se fit faire satisfaction des deux insultes faites à ses ambassadeurs, à Londres, par l'ambassadeur d'Espagne, en 1661, et à Rome, par les Corses de la garde du Pape, en 1662.

12 *Nous faire de la mer*, etc. La victoire remportée en 1665 sur les corsaires de Tunis et d'Alger, aux côtes d'Afrique, purgea la mer des pirates qui

l'infestaient. Ainsi, nous voyons dans l'Histoire Romaine, le grand Pompée terminer avec une incroyable célérité la guerre des pirates qui désolaient les côtes de l'Europe et de l'Afrique.

13 *Rendre à l'aigle éperdu*, etc. En 1664, les Turcs furent défaits sur les bords du Raab, par les troupes que le roi envoya au secours de l'empereur.

14 *Aux lieux où le soleil*, etc. En 1665, le roi établit la compagnie des Indes-Orientales, à laquelle sa majesté accorda de grands priviléges, fournit des sommes considérables, et prêta des vaisseaux pour le premier embarquement.

15 *Je me sauve à la nage, et j'aborde où je puis.* Boileau affectionne cette expression, *où je puis*. Il la répétera dans sa sixième satire :

Je me loge où je puis, et comme il plaît à Dieu.

DISCOURS
SUR LA
SATIRE [1].

Quand je donnai la première fois mes satires au public, je m'étais bien préparé au tumulte que l'impression de mon livre a excité sur le Parnasse. Je savais que la nation des poètes, et surtout des mauvais poètes [2], est une nation farouche qui prend feu aisément, et que ces esprits avides de louanges ne digéreraient pas facilement une raillerie, quelque douce qu'elle pût être. Aussi oserai-je dire à mon avantage, que j'ai regardé avec des yeux assez stoïques les libelles diffamatoires qu'on a publiés contre moi. Quelques calomnies dont on ait voulu me noircir, quelques faux bruits qu'on ait semés de ma personne, j'ai pardonné sans peine ces petites vengeances au déplaisir d'un auteur irrité, qui se voyait attaqué par l'endroit le plus sensible d'un poète, je veux dire par ses ouvrages.

Mais j'avoue que j'ai été un peu surpris du chagrin bizarre de certains lecteurs [3] qui, au lieu de se divertir d'une querelle du Parnasse, dont ils pouvaient être spectateurs indifférens, ont mieux aimé prendre parti et s'affliger avec les ridicules, que de se réjouir avec les honnêtes gens. C'est pour les consoler que j'ai composé ma neuvième satire, où je pense avoir montré assez clairement que, sans blesser l'état ni sa conscience, on peut trouver de méchans vers méchans, et s'ennuyer de plein droit à la lecture d'un sot livre. Mais puisque ces Messieurs ont parlé de la liberté que je me suis donnée de nommer, comme d'un attentat inouï et sans exemples, et que des exemples ne se peuvent pas mettre en rimes, il est bon d'en dire un mot pour les instruire d'une chose qu'eux seuls veulent ignorer, et leur faire voir qu'en comparaison de tous mes confrères les satiriques, j'ai été un poète fort retenu.

Et pour commencer par Lucilius, inventeur de la satire, quelle liberté ou plutôt quelle licence ne s'est-il point donnée dans ses ouvrages ? Ce n'étaient point seulement des poètes et des auteurs qu'il attaquait, c'étaient des gens de la première qualité de Rome, c'étaient des personnes consulaires. Cependant Scipion et Lelius ne jugèrent point ce poète, tout déterminé rieur qu'il était, indigne de leur amitié; et vraisemblablement dans les occasions, ils ne lui refusèrent pas leurs conseils sur ses écrits, non plus qu'à Térence. Ils ne s'avisèrent point de prendre le parti de Lupus et de Métellus, qu'il avait joués dans ses satires: et ils ne crurent pas lui donner rien du leur, en lui abandonnant tous les ridicules de la république.

Num Lælius, aut qui
Duxit ab oppressâ meritum Carthagine nomen;
Ingenio offensi, aut læso doluére Metello,
Famosisque Lupo cooperto versibus ?

En effet, Lucilius n'épargnait ni petits ni grands, et souvent des nobles et des patriciens, il descendait jusqu'à la lie du peuple.

Primores populi arripuit, populumque tributim.

On me dira que Lucilius vivait dans une république où ces sortes de libertés peuvent être permises. Voyons donc Horace, qui vivait sous un empereur, dans les commencemens d'une monarchie, où il est bien plus dangereux de rire qu'en un autre temps. Qui ne nomme-t-il point dans ses satires? et Fabius le grand causeur, et Tigellius le fantasque, et Nasidienus le ridicule, et Nomentanus le débauché, et tout ce qui vient au bout de sa plume. On me répondra que ce sont des noms supposés. O la belle réponse! comme si ceux qu'il attaque n'étaient pas des gens connus d'ailleurs : comme si l'on ne savait pas que Fabius était un chevalier romain qui avait composé un livre de droit; que Tigellius fut en son temps un musicien chéri d'Auguste; que Nasidienus Rufus était un ridicule célèbre dans Rome; que Cassius Nomentanus était un des plus fameux débauchés de l'Italie. Certainement, il faut que ceux qui parlent de la sorte, n'aient pas fort lu les anciens, et ne soient pas fort instruits des affaires de la cour d'Auguste. Horace ne se contente pas d'appeler les gens par leur nom; il a si peur qu'on les méconnaisse, qu'il a soin de rapporter jusqu'à leur surnom, jusqu'au métier qu'ils faisaient, jusqu'aux charges qu'ils avaient exercées. Voyez, par exemple, comme il parle d'Aufidius Luscus, préteur de Fondi :

Fundos Aufidio Lusco prætore libenter
Linquimus, insani ridentes præmia scribæ,
Prætextam et latum clavum, etc.

« Nous abandonnâmes, dit-il, avec joie, le bourg de Fondi, dont était préteur un certain Aufidius Luscus : mais ce ne fut pas sans avoir bien ri de la folie de ce préteur, auparavant commis, qui faisait le sénateur et l'homme de qualité. » Peut-on désigner un homme plus précisément, et les circonstances seules ne suffisaient-elles pas pour le faire reconnaître? On me dira peut-être qu'Aufidius était mort alors; mais Horace parle là d'un voyage fait depuis peu,

Et puis comment mes censeurs répondront-ils à cet autre passage?

Turgidus Alpinus jugulat dum Memnona, dumque
Diffingit Rheni luteum caput, hæc ego ludo.

« Pendant, dit Horace, que ce poète enflé d'Alpinus égorge Memnon dans son poëme, et s'embourbe dans la description du Rhin, je me joue en ces satires. » Alpinus vivait donc du temps qu'Horace se jouait en ces satires; et si Alpinus en cet endroit est un nom supposé, l'auteur du poëme de Memnon pouvait-il s'y méconnaître? Horace, dira-t-on, vivait sous le règne du plus poli de tous les empereurs; mais vivons-nous sous un règne moins poli? Et veut-on qu'un prince, qui a tant de qualités communes avec Auguste, soit moins dégoûté que lui des méchans livres, et plus rigoureux envers ceux qui les blâment.

Examinons pourtant Perse, qui écrivait sous le règne de Néron; il ne raille pas simplement les ouvrages des poètes de son temps; il attaque les vers de Néron même : car enfin tout le monde sait, et toute la cour de Néron le savait, que ces quatre vers : *Torva Mimalloneis*, etc., dont Perse fait une raillerie si amère dans sa première satire, étaient des vers de Néron [4]. Cependant on ne remarque point que Néron, tout Néron qu'il était, ait fait punir Perse; et ce tyran, ennemi de la raison, et amoureux, comme on sait, de ses ouvrages, fut assez galant homme pour entendre raillerie sur ses vers, et ne crut pas que l'empereur en cette occasion dût prendre l'intérêt du poète.

Pour Juvénal, qui fleurissait sous Trajan, il est un peu plus respectueux envers les grands seigneurs de son siècle; il se contente de répandre l'amertume de ses satires sur ceux du règne précédent : mais à l'égard des auteurs, il ne les va point chercher hors de son siècle. A peine est-il entré en matière, que le voilà en mauvaise humeur contre tous les écrivains de son temps. Demandez à Juvénal ce qui l'oblige de prendre la plume : c'est qu'il est las d'entendre et la *Théséide* de Codrus, et l'*Oreste* de celui-ci, et le *Télèphe* de cet autre, et tous les poètes enfin, comme il dit ailleurs, qui récitaient leurs vers au mois d'Août, *Augusto recitantes mense poëtas*. Tant il est vrai que le droit de blâmer les auteurs est un droit ancien, passé en coutume parmi tous les satiriques, et souffert dans tous les siècles. Que s'il faut venir des anciens aux modernes, Regnier, qui est presque notre seul poète satirique, a été véritablement un peu plus discret que les autres. Cela n'empêche pas néanmoins qu'il ne parle hardiment [5] de Gallet, ce célèbre joueur, *qui assignait ses créanciers sur sept et quatorze ;* et du sieur de Provine *qui avait changé son balandran* [6] *en manteau court*, et Du Cousin *qui abandonnait sa maison de peur de la réparer*, et de Pierre Du Puis, et de plusieurs autres.

Que répondront à cela mes censeurs ? Pour peu qu'on les presse, ils chasseront de la république des lettres tous les poètes satiriques comme autant de perturbateurs du repos public. Mais que diront-ils de Virgile, le sage, le discret Virgile qui, dans une églogue, où il n'est pas question de satire, tourne d'un seul vers deux poètes de son temps en ridicule.

Qui Bavium non odit, amet tua carmina, Mœvi :

dit un berger satirique dans cette églogue. Et qu'on ne me dise point que Bavius et Mévius, en cet endroit, sont des noms supposés, puisque ce serait donner un trop cruel démenti au docte Servius, qui assure positivement le contraire. En un mot, qu'ordonneront mes censeurs de Catulle, de Martial et de tous les poëtes de l'antiquité, qui n'en ont pas usé avec plus de discrétion que Virgile ? Que penseront-ils de Voiture, qui n'a point fait conscience de rire aux dépens du célèbre Neuf-Germain, quoique également recommandable par l'antiquité de sa barbe, et par la nouveauté de sa poésie ? Le banniront-ils du Parnasse, lui et tous les poëtes de l'antiquité, pour établir la sûreté des sots et des ridicules ? si cela est, je me consolerai aisément de mon exil ; il y aura du plaisir à être relégué en si bonne compagnie. Raillerie à part, ces Messieurs veulent-ils être plus sages que Scipion et Lélius, plus délicats qu'Auguste, plus cruels que Néron ? Mais ceux qui sont si rigoureux envers les critiques, d'où vient cette clémence qu'ils affectent pour les méchans auteurs ? Je vois bien ce qui les afflige ; ils ne veulent pas être détrompés, *Il leur fâche* d'avoir admiré sérieusement des ouvrages que mes satires exposent à la risée de tout le monde, et de se voir condamnés à oublier dans leur vieillesse ces mêmes vers qu'ils ont autrefois appris par cœur comme des chefs-d'œuvre de l'art. Je les plains sans doute ; mais quel remède ? Faudra-t-il, pour s'accommoder à leur goût particulier, renoncer au sens commun ? Faudra-t-il applaudir indifféremment à toutes les impertinences qu'un ridicule aura répandues sur le papier ? Et au lieu qu'en certains pays [7] on condamnait les méchans poètes à effacer leurs écrits avec la langue, les livres deviendront-ils désormais un asile inviolable, où toutes les sottises auront droit de bourgeoisie, où l'on n'osera toucher sans profanation. J'aurais bien d'autres choses à dire sur ce sujet ; mais comme j'ai déjà traité cette matière dans ma neuvième satire, il est bon d'y renvoyer le lecteur.

NOTES.

1 *Discours sur la satire.* Ce discours parut la première fois en 1668, avec la Satire IX.

2 *Des mauvais poètes.* Ceci regarde particulièrement Cotin, qui avait publié une satire contre Boileau.

3 *Du chagrin bizarre de certains lecteurs.* Le duc de Montausier.

4 *Etaient des vers de Néron.* Bayle en doute. Voyez le Dictionnaire critique, au mot *Perse*. Boileau oppose à cette opinion de Bayle, l'autorité de l'ancien scoliaste de Perse.

5 *Qu'il ne parle hardiment.* Voyez la Satire XIV de Regnier.

6 *Son balandran.* Casaque de campagne.

7 *Et, au lieu qu'en certains pays*, etc. A Lyon, dans un temple célèbre que les soixante nations des Gaules firent bâtir en l'honneur de l'empereur Auguste, au confluent du Rhône et de la Saône, dans l'endroit où est à présent l'abbaye d'Ainai. L'empereur Caligula y institua des jeux, et y fonda des prix pour les disputes d'éloquence ou de poésie qui s'y engageaient dans les langues grecque et latine ; mais

il établit aussi des peines contre ceux qui ne réussiraient pas dans ces sortes de luttes. Les vaincus étaient obligés de donner des prix aux vainqueurs, et de composer des discours à leur louange. Ceux dont les discours avaient été jugés les plus mauvais, étaient contraints de les effacer avec la langue ou avec une éponge, pour éviter d'être battus de verges, ou d'être plongés dans le Rhône. — (Suétone. Vie de Caligula, 20.) C'est à ces sortes de peines que Juvénal fait allusion dans sa première Satire, lorsqu'il dit:

Palleat, ut nudis pressit qui calcibus anguem,
Aut Lugdunensem rhetor dicturus ad aram.

SATIRE I.

ARGUMENT.

Boileau, *dans cette Satire, a imité la troisième Satire de Juvénal, où ce poète nous montre un philosophe abandonnant le séjour de Rome, à cause de la corruption qui y règne. Aussi heureusement inspiré que le satirique latin, Boileau sait être original, même en empruntant les idées de son modèle.*

Damon, ce grand auteur [1] dont la muse fertile
Amusa si long-temps et la cour et la ville ;
Mais qui n'étant vêtu que de simple bureau,
Passe l'été sans linge [2], et l'hiver sans manteau,
Et de qui le corps sec et la mine affamée
N'en sont pas mieux refaits pour tant de renommée ;
Las de perdre en rimant et sa peine et son bien,
D'emprunter en tous lieux, et de ne gagner rien,
Sans habits, sans argent, ne sachant plus que faire,
Vient de s'enfuir chargé de sa seule misère ;
Et bien loin des sergens, des clercs, et du palais,
Va chercher un repos qu'il ne trouva jamais,
Sans attendre qu'ici la justice ennemie
L'enferme en un cachot le reste de sa vie,
Ou que d'un bonnet vert [3] le salutaire affront
Flétrisse les lauriers qui lui couvrent le front.
 Mais le jour qu'il partit, plus défait et plus blême
Que n'est un pénitent sur la fin du carême ;

La colère dans l'âme, et le feu dans les yeux,
Il distilla sa rage en ces tristes adieux :
  Puisqu'en ce lieu [4] jadis aux muses si commode,
Le mérite et l'esprit ne sont plus à la mode,
Qu'un Poète, dit-il, s'y voit maudit de Dieu,
Et qu'ici la vertu n'a plus ni feu ni lieu,
Allons du moins chercher quelque antre ou quelque roche,
D'où jamais ni l'huissier ni le sergent n'approche ;
Et sans lasser le ciel par des vœux impuissans,
Mettons-nous à l'abri des injures du temps ;
Tandis que libre encor [5] malgré les destinées,
Mon corps n'est point courbé sous le faix des années,
Qu'on ne voit point mes pas sous l'âge chanceler,
Et qu'il reste à la Parque encor de quoi filer.
C'est là dans mon malheur le seul conseil à suivre.
Que George vive ici [6], puisque George y sait vivre,
Qu'un million comptant par ses fourbes acquis,
De clerc, jadis laquais, a fait comte et marquis.
Que Jacquin vive ici [7], dont l'adresse funeste
A plus causé de maux que la guerre ou la peste,
Qui de ses revenus écrits par alphabet,
Peut fournir aisément un calepin complet ;
Qu'il règne dans ces lieux ; il a droit de s'y plaire.
Mais moi vivre à Paris [8] ! Eh ! qui voudrais-je faire ?
Je ne sais ni tromper, ni feindre ni mentir ;
Et quand je le pourrais, je n'y puis consentir.
Je ne sais point en lâche [9] essuyer les outrages
D'un faquin orgueilleux qui vous tient à ses gages,
De mes sonnets flatteurs lasser tout l'univers,
Et vendre au plus offrant mon encens et mes vers.
Pour un si bas emploi ma muse est trop altière,
Je suis rustique et fier, et j'ai l'âme grossière.
Je ne puis rien nommer, si ce n'est par son nom.
J'appelle un chat un chat, et Rolet un fripon [10].
De servir un amant je n'en ai pas l'adresse,
J'ignore ce grand art qui gagne une maîtresse,

Et je suis à Paris, triste, pauvre et reclus,
Ainsi qu'un corps sans âme ¹¹, ou devenu perclus.
  Mais, pourquoi dira-t-on, cette vertu sauvage,
Qui court à l'hôpital, et n'est plus en usage!
La richesse permet une juste fierté;
Mais il faut être souple avec la pauvreté.
C'est par-là qu'un auteur, que presse l'indigence,
Peut des astres malins corriger l'influence,
Et que le sort burlesque ¹², en ce siècle de fer,
D'un pédant, quand il veut ¹³, sait faire un duc et
    pair;
Ainsi de la vertu la fortune se joue.
Tel aujourd'hui triomphe au plus haut de sa roue,
Qu'on verrait, de couleurs bizarrement orné,
Conduire le carrosse où l'on le voit traîné,
Si dans les droits du roi sa funeste science
Par deux ou trois avis n'eût ravagé la France.
Je sais qu'un juste effroi l'éloignant de ces lieux,
L'a fait pour quelques mois disparaître à nos yeux :
Mais en vain pour un temps une taxe l'exile,
On le verra bientôt pompeux en cette ville,
Marcher encor chargé des dépouilles d'autrui,
Et jouir du ciel même irrité contre lui ¹⁴ :
Tandis que Colletet ¹⁵, crotté jusqu'à l'échine,
S'en va chercher son pain de cuisine en cuisine;
Savant en ce métier, si cher aux beaux esprits,
Dont Montmaur autrefois fit leçon dans Paris ¹⁶.
  Il est vrai que du roi la bonté secourable ¹⁷
Jette enfin sur la muse un regard favorable,
Et réparant du sort l'aveuglement fatal,
Va tirer désormais Phébus de l'hôpital.
On doit tout espérer d'un monarque si juste.
Mais sans un Mécénas, à quoi sert un Auguste?
Et fait comme je suis, au siècle d'aujourd'hui,
Qui voudra s'abaisser à me servir d'appui?
Et puis, comment percer cette foule effroyable
De rimeurs affamés dont le nombre l'accable,

Qui, dès que sa main s'ouvre, y courent les pre-
    miers,
Et ravissent un bien qu'on devait aux derniers;
Comme on voit les frêlons, troupe lâche et stérile,
Aller piller le miel que l'abeille distille.
Cessons donc d'aspirer à ce prix tant vanté,
Que donne la faveur à l'importunité.
Saint-Amand n'eut du Ciel [18] que sa veine en partage;
L'habit qu'il eut sur lui fut son seul héritage :
Un lit et deux placets composaient tout son bien;
Ou, pour mieux en parler, Saint-Amand n'avait
    rien.
Mais quoi ! las de traîner une vie importune,
Il engagea ce rien pour chercher la fortune,
Et tout chargé de vers qu'il devait mettre au jour,
Conduit d'un vain espoir, il parut à la cour.
Qu'arriva-t-il enfin de sa muse abusée?
Il en revint couvert de honte et de risée;
Et la fièvre, au retour, terminant son destin,
Fit par avance en lui ce qu'aurait fait la faim.
Un Poëte à la cour fut jadis à la mode;
Mais des fous aujourd'hui c'est le plus incommode :
Et l'esprit le plus beau, l'auteur le plus poli,
N'y parviendra jamais au sort de l'Angeli [19].
    Faut-il donc désormais jouer un nouveau rôle?
Dois-je, las d'Apollon [20], recourir à Bartole,
Et feuilletant Louet [21] allongé par Brodeau,
D'une robe à longs plis balayer le barreau ?
Mais à ce seul penser je sens que je m'égare.
Moi que j'aille crier dans ce pays barbare,
Où l'on voit tous les jours l'innocence aux abois
Errer dans les détours d'un dédale de lois,
Et dans l'amas confus de chicanes énormes,
Ce qui fut blanc [22] au fond, rendu noir par les
    formes.
Où Patru gagne moins [23] qu'Huot et le Mazier,
Et dont les Cicérons [24] se font chez Pé-Fournier :

SATIRE I.

Avant qu'un tel dessein m'entre dans la pensée,
On pourra voir la Seine à la Saint-Jean glacée,
Arnaud à Charenton [25] devenir huguenot,
Saint-Sorlin janséniste [26], et Saint-Pavin bigot.
Quittons donc pour jamais une ville importune,
Où l'honneur a toujours guerre avec la fortune ;
Où le vice orgueilleux s'érige en souverain,
Et va la mitre en tête et la crosse à la main ;
Où la science triste, affreuse, délaissée,
Est partout des bons lieux comme infâme chassée ;
Où le seul art en vogue est l'art de bien voler ;
Où tout me choque ; enfin, où... Je n'ose parler [27].
Et quel homme si froid ne serait plein de bile
A l'aspect odieux des murs de cette ville ?
Qui pourrait les souffrir ? et qui, pour les blâmer,
Malgré muse et Phébus, n'apprendrait à rimer ?
Non, non ; sur ce sujet pour écrire avec grâce,
Il ne faut point monter au sommet du Parnasse,
Et sans aller rêver dans le double vallon,
La colère suffit [28], et vaut un Apollon.
Tout beau, dira quelqu'un, vous entrez en furie.
A quoi bon ces grands mots ? Doucement, je vous prie :
Ou bien montez en chaire ; et là, comme un docteur,
Allez de vos sermons endormir l'auditeur !
C'est là que bien ou mal on a droit de tout dire.
 Ainsi parle un esprit qu'irrite la satire,
Qui contre ses défauts croit être en sûreté,
En raillant d'un censeur la triste austérité,
Qui fait l'homme intrépide, et tremblant de faiblesse,
Attend pour croire en Dieu [29] que la fièvre le presse ;
Et toujours dans l'orage au ciel levant les mains,
Dès que l'air est calmé, rit des faibles humains.
Car de penser alors qu'un Dieu tourne le monde,
Et règle les ressorts de la machine ronde,
Ou qu'il est une vie au-delà du trépas,
C'est là, tout haut du moins, ce qu'il n'avouera pas.

Pour moi, qu'en santé même ³⁰ un autre monde étonne,
Qui crois l'âme immortelle, et que c'est Dieu qui tonne,
Il vaut mieux pour jamais me bannir de ce lieu.
Je me retire donc. Adieu, Paris, adieu.

NOTES.

1 *Damon, ce grand auteur*, etc. *Damon*, François-Cassandre, auteur célèbre du temps. Il connaissait à fond les langues grecque et latine, et comptait plus d'un succès dans la poésie française; mais son humeur farouche et sauvage, qui le rendait incapable de toute société, lui fit perdre tous les avantages que la fortune put lui présenter : il traîna une vie obscure et misérable. Il a traduit en français les deux derniers volumes de l'Histoire de M. de Thou, et la Rhétorique d'Aristote. Cette dernière traduction est fort estimée, et Boileau en parle avec éloge à la fin de sa préface sur le Traité du Sublime, de Longin.

2 *Passe l'été sans linge...*, etc. Quoique Cassandre, sous le nom de *Damon*, soit le héros de cette satire, l'auteur n'a pas laissé de charger ce caractère de plusieurs traits qu'il a empruntés d'autres originaux. Ainsi c'est Tristan l'ermite qu'il avait en vue dans ce vers, et non pas Cassandre : car ce dernier portait un manteau en tout temps, et l'autre n'en avait point du tout. Témoin cette épigramme de Montmor, maître des requêtes :

    Elie, ainsi qu'il est écrit,
De son manteau comme de son esprit,

Récompensa son serviteur fidèle.
Tristan eût suivi ce modèle ;
Mais Tristan qu'on mit au tombeau
Plus pauvre que n'est un prophète,
En laissant à Quinault son esprit de poëte,
Ne put lui laisser un manteau.

3 *Ou que d'un bonnet vert*, etc. Ce vers exprime figurément la *cession de biens*; c'est-à-dire l'abandon que fait un débiteur de tous ses biens, à ses créanciers, pour éviter la prison ou pour en sortir. On s'avisa en quelques endroits d'Italie, d'obliger tout cessionnaire de biens, de porter un bonnet ou un chapeau orange, et à Rome, un bonnet vert ; pour marquer, dit Pasquier (Recherches, liv. 4, chap. 10), que celui qui fait cession de biens, est devenu pauvre par sa folie. Cette peine ne s'est introduite en France que depuis la fin du seizième siècle.

4 *Puisqu'en ce lieu*, etc. C'est ici surtout que commence l'imitation. Rapprochons du texte de Boileau les passages extraits de Juvénal. (Sat. III, v. 21. Édit. de Jouv.)

Hic tunc Umbritius: « *Quando artibus, inquit, honestis*
Nullus in urbe locus, nulla emolumenta laborum,
Res hodiè minor est here quàm fuit, atque eadem cras
Deteret exiguis aliquid, proponimus illuc
Ire, fatigatas ubi Dædalus exuit alas.

5 *Tandis que libre encor*, etc. L'imitation suit : (vers 26, même sat.):

Dum nova canities, dum prima, et recta senectus,
Dum superest Lachesi quod torqueat, et pedibus me
Porto meis, nullo dextram subeunte bacillo.

6 *Que George vive ici*, etc.

Cedamus patriâ : vivant Arturius istic
Et Catulus. (même Sat., vers 30.)

7 *Que Jacquin vive ici*, etc. Sous ces noms-là, Boileau désigne les partisans en général.

8 *Mais moi vivre à Paris!* etc.

Quid Romæ faciam? mentiri nescio; librum,
Si malus est, nequeo laudare et poscere.
(même Sat., vers 41.)

9 *Je ne sais point en lâche*, etc. Térence, dans l'Eunuque :

Ast ego infelix, neque ridiculus esse, neque plagas pati
Possum.   Act. II, sc. 3, v. 14.

10 . . . . . *Et Rolet un fripon.* Charles Rolet, procureur au parlement, était fort décrié, et on l'appelait communément au palais l'*âme damnée*. M. le premier président de Lamoignon employait le nom de *Rolet*, pour signifier un fripon insigne : « *C'est un Rolet*, » disait-il ordinairement.

11 *Ainsi qu'un corps sans âme*, etc.

Tanquam
Mancus, et exstinctæ corpus non utile dextræ.
Juv., même Sat., vers 47.

12 *Et que le sort burlesque*, etc.

Si fortuna volet, fies de rhetore consul;
Si volet hæc eadem, fies de consule rhetor.
Juv., Sat. VII, vers 197.

13 *D'un pédant quand il veut*, etc. En 1651, l'abbé de la Rivière, Louis-Barbier, fut fait évêque de Langres, duc et pair de France. Il avait été ré-

gent au collége du Plessis, et ensuite aumônier de M. Hébert, évêque de Cahors, premier aumônier de Gaston, duc d'Orléans, qui le plaça auprès de ce prince. L'abbé de la Rivière entra si habilement dans toutes les inclinations de son maître, qu'il obtint sur lui un empire absolu; mais il abusa de la confiance du prince, le trahit, et découvrit tous ses secrets au cardinal Mazarin. Pour récompense, il obtint successivement plusieurs abbayes, et enfin l'évêché de Langres. Il mourut à Paris en 1670; il avait été nommé au cardinalat.

14 *Et jouir du ciel même irrité contre lui...*

Damnatus inani Judicio (quid enim salvis infamia nummis!) Exsul ab Octava Marius bibit, et fruitur Dis Iratis. Juv., Sat. I, vers 37. Edi. de Jouv.

15 *Tandis que Colletet*, etc. On a reproché à Boileau, et peut-être avec raison, d'avoir trop ravalé les pauvres auteurs de son temps. Juvénal, dans sa septième satire, parle aussi de la misère des gens de lettres, mais avec plus de ménagement; il plaint leur triste sort, sans leur lancer de ces traits de satire que Boileau ne leur épargne pas. Nous verrons plus d'une fois le malheureux Colletet revenir dans les vers de notre auteur: jamais il ne sera traité plus favorablement qu'ici.

16 *Dont Montmaur autrefois fit leçon dans Paris.* Montmaur professeur de grec, fameux parasite qui, après un bon repas, se mettait à médire des savans, tant vivans que morts. Tous les beaux esprits de son temps se déchaînèrent contre lui, et l'on peut dire qu'il fut accablé des traits de leurs satires. Il logeait au collége des Cholets, sur la mon-

tagne de Sainte-Geneviève. Il était né dans la province de la Marche, et avait été avocat : ensuite il eut une chaire de professeur royal pour la langue grecque, au collége de Cambrai ; aussi l'avait-on surnommé *Montmaur-le-Grec*.

17 *Du roi la bonté secourable.* En ce temps, le roi, à la sollicitation de M. Colbert, donna plusieurs pensions aux gens de lettres dans le royaume, et dans les pays étrangers. Ces gratifications commencèrent en 1663. M. Colbert chargea Chapelain de faire la liste de ceux que leur mérite rendait dignes des bienfaits de sa majesté : cette commission fit beaucoup d'honneur à Chapelain, et lui attira les respects intéressés d'une infinité d'auteurs de toute espèce.

Boileau ne laisse jamais échapper une occasion de payer au roi son tribut d'éloges ; mais il le fait sans bassesse, sans flatterie ; il sait enfin louer un monarque sans être courtisan.

Juvénal, au commencement de sa septième satire, nous présente à peu près la même idée :

Et spes, et ratio studiorum in Cæsare tantùm.
Solus enim tristes hac tempestate Camœnas
Respexit, quum jam celebres, notique poëtæ
Balneolum Gabiis, Romæ conducere furnos
Tentarent ; nec fœdum alii, nec turpe putarent
Præcones fieri ; quum desertis Aganippes
Vallibus, esuriens migraret in atria Clio.

18 *Saint-Amand n'eut du Ciel*, etc. Marc-Antoine Gérard de Saint-Amand, né à Rouen, fils d'un gentilhomme Verrier ; il était de l'Académie française, et mourut en 1660 ou 1661.

Juv., Sat. 3, v. 193. Edit. de Jouv.

Nil habuit Codrus, quis enim negat ? et tamen illud
Perdidit infelix totum nihil : ultimus autem

NOTES.

Ærumnæ cumulus, quòd nudum et frusta rogantem
Nemo cibo, nemo hospitio, tectoque juvabit.

19 *N'y parviendra jamais au sort de l'Angéli.* L'Angéli était un fou qui avait suivi en Flandre M. le prince de Condé, en qualité de valet d'écurie. Ce prince l'ayant ramené en France, le donna au roi. L'Angéli, quoique fou, avait de l'esprit; il trouva le secret de plaire aux uns, et de se faire craindre des autres, et tous lui donnaient de l'argent, de sorte qu'il amassa environ 75,000 livres; mais ses railleries piquantes le firent enfin chasser de la cour.

20 *Dois-je, las d'Apollon,* etc. C'est-à-dire, dois-je quitter la poésie pour la jurisprudence? Bartole était un célèbre jurisconsulte d'Italie, qui a fait d'amples commentaires sur le droit.

21 *Et feuilletant Louet,* etc. George Louet, conseiller au parlement de Paris, a fait un recueil d'arrêts qui est fort estimé; et Julien Brodeau, avocat au même parlement, y joignit un savant commentaire.

22 *Ce qui fut blanc,* etc. C'est une sorte de proverbe. Cette idée est empruntée à Juvénal, Sat. III, v. 30. Edit. de Jouv.

Maneant qui nigra in candida vertunt.

Ovide a dit aussi :

Candida de nigris, et de candentibus atra.
Méta. XI, v. 236.

23 *Où Patru gagne moins,* etc. Olivier Patru, avocat au parlement, et l'un des quarante de l'Académie française. Huot et Le Mazier, deux avocats fort peu marquans au barreau.

24 *Et dont les Cicérons*, etc. Pierre Fournier, procureur au parlement, signait P. Fournier, pour se distinguer de quelques-uns de ses confrères, qui portaient aussi le nom de *Fournier*. Dans la comédie Italienne d'*Arlequin procureur*, Arlequin, pour imiter ce vers, se nommait *Pé-Arlequin*.

25 *Arnauld à Charenton*, etc. Messire Antoine Arnauld, docteur de Sorbonne. Les ouvrages que ce savant docteur a publiés contre les calvinistes, prouvent assez combien il était éloigné d'embrasser leurs sentimens.

26 *Saint-Sorlin janséniste*. Jean Desmarets de Saint-Sorlin, de l'Académie française, après avoir travaillé pour le théâtre, publia, en 1665, un écrit contre les religieuses de Port-Royal, qui étaient accusées de jansénisme. — *Et Saint-Pavin bigot*. Sanguin de Saint-Pavin était fort débauché, disciple de Théophile, aussi-bien que Des-Barreaux, Bardouville, et quelques autres.

27 . . . . où... Je n'ose parler.

... *aut illud quòd dicere nolo.*
Juv. Sat. VIII, v. 273. Edit. de Jouv.

28 *La colère suffit*, etc. Le vers de Juvénal, qui a inspiré celui-ci, me paraît plus heureux encore :

Si natura negat, facit indignatio versum.
Sat. I, v. 64. Edit. de Jouv.

29 *Attend pour croire en Dieu*, etc. Ce vers désigne particulièrement le fameux Des-Barreaux, qui, selon l'expression de Boursault, dans ses lettres, *ne croyait en Dieu que quand il était malade*.
Pline le jeune, dans une de ses Lettres, a expri-

mé une idée moins impie, et plus vraie, lorsqu'il a dit :

Nuper me amici cujusdam languor admonuit optimos nos esse, quum infirmi sumus.
　　　　　Lib. VII. Epist. 26. *Maximo suo.*

Ce sentiment est dans la nature.

30 *Pour moi qu'en santé même*, etc. On aime à trouver dans un beau talent, ce respect pour la religion, cette confiance en l'Être Suprême, qui seule donne les vertus et les ennoblit. Il n'était dû qu'au christianisme d'inspirer des pensées si pures et si consolantes.

SATIRE II.
A MOLIÈRE.

ARGUMENT.

Cette Satire, faite en 1664, n'a été composée qu'après la septième : elle est la quatrième dans l'ordre du temps. L'auteur ne pouvait rendre un plus bel hommage au génie de Molière ; il est ici le digne émule du grand poète qu'il célèbre, et, comme lui, jamais il ne bronche sur la rime.

Rare et fameux esprit [1], dont la fertile veine
Ignore en écrivant le travail et la peine ;
Pour qui tient Apollon tous ses trésors ouverts,
Et qui sais à quel coin se marquent les bons vers ;
Dans les combats d'esprit savant maître d'escrime,
Enseigne-moi, Molière, où tu trouves la rime.
On dirait, quand tu veux, qu'elle te vient chercher :
Jamais au bout des vers on ne te voit broncher ;
Et sans qu'un long détour t'arrête ou t'embarrasse,
A peine as-tu parlé, qu'elle même s'y place.
Mais moi, qu'un vain caprice, une bizarre humeur,
Pour mes péchés, je crois, fit devenir rimeur,
Dans ce rude métier, où mon esprit se tue,
En vain, pour la trouver, je travaille et je sue.
Souvent j'ai beau rêver du matin jusqu'au soir,
Quand je veux dire *blanc*, la quinteuse dit *noir*.

Si je veux d'un galant ² dépeindre la figure,
Ma plume pour rimer trouve l'abbé de Pure :
Si je pense exprimer un auteur sans défaut,
La raison dit Virgile ³, et la rime Quinault.
Enfin, quoi que je fasse, ou que je veuille faire,
La bizarre toujours vient m'offrir le contraire.
De rage quelquefois ne pouvant la trouver,
Triste, las et confus, je cesse d'y rêver :
Et maudissant vingt fois le démon qui m'inspire,
Je fais mille sermens de ne jamais écrire.
Mais quand j'ai bien maudit et muses et Phébus,
Je la vois qui paraît, quand je n'y pense plus.
Aussitôt, malgré moi, tout mon feu se rallume ;
Je reprends sur-le-champ le papier et la plume,
Et de mes vains sermens perdant le souvenir,
J'attends de vers en vers qu'elle daigne venir.
Encor si pour rimer, dans sa verve indiscrète
Ma muse au moins souffrait ⁴ une froide épithète.
Je ferais comme un autre, et sans chercher si loin,
J'aurais toujours des mots pour les coudre au besoin.
Si je louais Philis, *en miracles féconde*,
Je trouverais bientôt, *à nulle autre seconde*.
Si je voulais vanter un objet *non-pareil*,
Je mettrais à l'instant, *plus beau que le soleil* ;
Enfin parlant toujours d'*astres* et de *merveilles*,
De *chefs-d'œuvre des cieux*, de *beautés sans
    pareilles*,
Avec tous ces beaux mots souvent mis au hasard,
Je pourrais aisément, sans génie et sans art,
Et transportant cent fois et le nom et le verbe,
Dans mes vers recousus mettre en pièces Malherbe.
Mais mon esprit tremblant sur le choix de ses mots,
N'en dira jamais un s'il ne tombe à propos,
Et ne saurait souffrir qu'une phrase insipide
Vienne à la fin d'un vers remplir la place vide.
Ainsi, recommençant un ouvrage vingt fois,
Si j'écris quatre mots, j'en effacerai trois.

Maudit soit le premier dont la verve insensée
Dans les bornes d'un vers renferma sa pensée,
Et donnant à ses mots une étroite prison,
Voulut avec la rime enchaîner la raison !
Sans ce métier, fatal au repos de ma vie,
Mes jours pleins de loisir couleraient sans envie,
Je n'aurais qu'à chanter, rire, boire d'autant ;
Et comme un gras chanoine, à mon aise et content,
Passer tranquillement, sans souci, sans affaire,
La nuit à bien dormir, et le jour à rien faire.
Mon cœur exempt de soins, libre de passion,
Sait donner une borne à son ambition :
Et fuyant des grandeurs la présence importune,
Je ne vais point au Louvre adorer la fortune.
Et je serais heureux, si, pour me consumer,
Un destin envieux ne m'avait fait rimer.

Mais depuis le moment que cette frénésie,
De ses noires vapeurs troubla ma fantaisie,
Et qu'un démon jaloux de mon contentement,
M'inspira le dessein d'écrire poliment⁵,
Tous les jours, malgré moi cloué sur un ouvrage,
Retouchant un endroit, effaçant une page,
Enfin, passant ma vie en ce triste métier,
J'envie, en écrivant, le sort de Pelletier.

Bienheureux Scudéri⁶ dont la fertile plume
Peut tous les mois sans peine enfanter un volume !
Tes écrits, il est vrai, sans art et languissans,
Semblent être formés en dépit du bon sens :
Mais ils trouvent pourtant, quoi qu'on en puisse dire,
Un marchand pour les vendre, et des sots pour les lire.
Et quand la rime enfin se trouve au bout des vers,
Qu'importe que le reste y soit mis de travers ?
Malheureux mille fois celui dont la manie
Veut aux règles de l'art asservir son génie !

Un sot en écrivant ⁷ fait tout avec plaisir :
Il n'a point en ses vers l'embarras de choisir,
Et toujours amoureux de ce qu'il vient d'écrire,
Ravi d'étonnement, en soi-même il s'admire.
Mais un esprit sublime en vain veut s'élever
A ce degré parfait qu'il tâche de trouver ;
Et toujours mécontent de ce qu'il vient de faire,
Il plaît à tout le monde et ne saurait se plaire.
Et tel, dont en tous lieux chacun vante l'esprit,
Voudrait, pour son repos, n'avoir jamais écrit.
Toi donc, qui vois les maux où ma muse s'abîme,
De grâce enseigne-moi l'art de trouver la rime :
Ou, puisqu'enfin tes soins y seraient superflus,
Molière, enseigne-moi l'art de ne rimer plus.

NOTES.

1 *Rare et fameux esprit*, etc. On voit avec plaisir un poète aussi distingué que Boileau, témoigner en beaux vers son admiration pour notre premier auteur comique. Cette amitié entre deux grands hommes, dont la renommée a tant d'éclat, nous montre que l'Envie ne saurait atteindre les âmes nobles et élevées.

Ecoutons avec quel enthousiasme de sentiment Horace parle de Virgile :

> *Sic te Diva potens Cypri,*
> *Sic fratres Helenæ, lucida sidera,*
> *Ventorumque regat pater,*
> *Obstrictis aliis, præter Iapyga,*
> *Navis, quæ tibi creditum*
> *Debes Virgilium, finibus Atticis*
> *Reddas incolumem, precor,*
> *Et serves animæ dimidium meæ.*
>   Od. III, liv. 1, v. 1.

Et ailleurs.

Postera lux oritur multò gratissima : namque
Plotius, et Varius Sinuessæ, Virgiliusque
Occurrunt ; animæ, quales neque candidiores
Terra tulit, neque queis me sit devinctior alter.
O qui complexus et gaudia quanta fuerunt !
Nil ego contulerim jucundo sanus amico.
　　　　　　　Sat. V, liv. 1, v. 39.

2 *Si je veux d'un galant*, etc. Michel de Pure, auteur d'une mauvaise traduction de Quintilien, était de Lyon, où son père avait été prévôt des marchands en 1634. Nous verrons, dans la Satire VI, Boileau lancer encore un trait à ce pauvre abbé de Pure, et un autre plus mordant encore dans la Satire IX.

3 *La raison dit Virgile*, etc. Philippe Quinault, auteur de plusieurs tragédies qui sont totalement tombées dans l'oubli ; il a depuis composé des opéra. Il fut reçu à l'Académie française en l'année 1670, et mourut en 1688. On ne peut se dissimuler que Boileau fut injuste envers Quinault ; il l'attaque toujours avec bien peu de ménagement. Quinault cependant n'était pas un auteur sans mérite. Ce fut lui en effet qui commença la splendeur et la gloire de notre grand opéra français ; et son *Armide* peut passer pour le chef-d'œuvre de nos opéra. Il eut, dans ce genre, beaucoup d'imitateurs, et ne compte pas encore de rivaux.

4 *Ma muse au moins souffrait*, etc. Le poète nous montre ici avec quel soin il travaillait ses vers. Toujours il a mis en exemples les préceptes qu'il a donnés dans son Art poétique. On sait que ce fut lui qui apprit à Racine à faire difficilement des vers faciles. Racine et Boileau sont deux noms que les Muses ne sépareront jamais.

NOTES.

5 *M'inspira le dessein d'écrire poliment*. Poliment est employé ici dans le sens du mot latin *politè*, c'est-à-dire, avec correction, en limant mes ouvrages.

6 *Bienheureux Scudéri*, etc. George de Scudéri, de l'Académie française.

7 *Un sot en écrivant*, etc.

Ridentur mala qui componunt carmina : verùm
Gaudent scribentes, et se venerantur, et ultrò,
Si taceas, laudant, quidquid scripsére, beati.
At qui legitimum cupiet fecisse poëma,
Cum tabulis animum censoris sumet honesti ;
Audebit quæcumque parum splendoris habebunt,
Et sine pondere erunt, et honore indigna ferentur
Verba movere loco, quamvis invita recedant,
Et versentur adhuc intra penetralia Vestæ.
Hor., liv. II, epi. 2, v. 106.

La Bruyère a dit à peu près dans le même sens que Boileau :

« La même justesse d'esprit qui nous fait écrire de bonnes choses, nous fait appréhender qu'elles ne le soient pas assez pour mériter d'être lues.

SATIRE III.

ARGUMENT.

CETTE *Satire, faite en l'année* 1667, *contient le récit d'un festin donné par un amphytrion d'un goût faux et extravagant, et qui toutefois se piquait de raffiner sur la bonne chère. Horace, satire* VIII, *livre* 2, *fait de même le récit d'un repas ridicule ; et Regnier, dans sa* Xme *satire, l'a aussi imité. C'est ici surtout que Boileau a déployé toutes les richesses de la poésie descriptive. Quelle variété il a répandue dans chaque tableau! comme tout est bien à sa place! quel heureux choix d'expressions! que de détails sans noblesse exprimés noblement!*

A. QUEL sujet inconnu vous trouble et vous altère [1] ?
D'où vous vient aujourd'hui cet air sombre et sévère,
Et ce visage enfin plus pâle qu'un rentier
A l'aspect d'un arrêt [2] qui retranche un quartier ?
Qu'est devenu ce teint, dont la couleur fleurie
Semblait d'ortolans seuls et de bisques nourrie ;
Où la joie en son lustre attirait les regards ;
Et le vin en rubis brillait de toutes parts ?
Qui vous a pu plonger dans cette humeur chagrine ?
A-t-on par quelque édit réformé la cuisine ?

SATIRE III.

Ou quelque longue pluie inondant vos vallons,
A-t-elle fait couler vos vins et vos melons?
Répondez donc enfin, ou bien je me retire.
　P. Ah! de grâce, un moment souffrez que je respire.
Je sors de chez un fat, qui, pour m'empoisonner,
Je pense, exprès chez lui m'a forcé de dîner.
Je l'avais bien prévu. Depuis près d'une année,
J'éludais tous les jours sa poursuite obstinée :
Mais hier il m'aborde, et, me serrant la main :
Ah! Monsieur, m'a-t-il dit, je vous attends demain;
N'y manquez pas au moins : j'ai quatorze bouteilles
D'un vin vieux [3].... Boucingo n'en a point de pareilles :
Et je gagerais bien que chez le commandeur [4],
Villandri priserait [5] sa sève et sa verdeur.
Molière avec Tartuffe [6] y doit jouer son rôle :
Et Lambert, qui plus est [7], m'a donné sa parole.
C'est tout dire en un mot, et vous le connaissez.
Quoi! Lambert? Oui, Lambert. A demain. C'est assez.
　Ce matin donc, séduit par sa vaine promesse,
J'y cours, midi sonnant, au sortir de la messe.
A peine étais-je entré que, ravi de me voir,
Mon homme en m'embrassant, m'est venu recevoir,
Et montrant à mes yeux une allégresse entière :
Nous n'avons, m'a-t-il dit, ni Lambert ni Molière;
Mais puisque je vous vois, je me tiens trop content :
Vous êtes un brave homme; entrez, l'on vous attend.
　A ces mots, mais trop tard, reconnaissant ma faute,
Je le suis en tremblant dans une chambre haute,
Où, malgré les volets, le soleil irrité
Formait un poêle ardent au milieu de l'été.
Le couvert était mis dans ce lieu de plaisance,
Où j'ai trouvé d'abord pour toute connaissance,

Deux nobles campagnards, grands lecteurs de romans,
Qui m'ont dit tout Cyrus dans leurs longs complimens.
J'enrageais. Cependant on apporte un potage.
Un coq y paraissait en pompeux équipage,
Qui changeant sur ce plat et d'état et de nom,
Par tous les conviés s'est appelé chapon.
Deux assiettes suivaient, dont l'une était ornée
D'une langue en ragoût de persil couronnée :
L'autre d'un godiveau tout brûlé par-dehors,
Dont un beurre gluant inondait tous les bords.
On s'assied : mais d'abord notre troupe serrée
Tenait à peine autour d'une table carrée,
Où chacun, malgré soi, l'un sur l'autre porté,
Faisait un tour à gauche, et mangeait de côté.
Jugez, en cet état si je pouvais me plaire,
Moi qui ne compte rien, ni le vin, ni la chère,
Si l'on n'est plus au large assis en un festin,
Qu'aux sermons de Cassagne [8], ou de l'abbé Cotin.
 Notre hôte cependant, s'adressant à la troupe :
Que vous semble, a-t-il dit, du goût de cette soupe ?
Sentez-vous le citron, dont on a mis le jus,
Avec des jaunes d'œufs mêlés dans du verjus ?
Ma foi vive Mignot [9] et tout ce qu'il apprête !
Les cheveux cependant me dressaient sur la tête :
Car Mignot, c'est tout dire, et dans le monde entier,
Jamais empoisonneur ne sut mieux son métier.
J'approuvais tout pourtant de la mine et du geste,
Pensant qu'au moins le vin dût réparer le reste.
Pour m'en éclaircir donc, j'en demande : et d'abord
Un laquais effronté m'apporte un rouge bord
D'un auvernat fumeux, qui, mêlé de lignage [10],
Se vendait chez Crenet [11] pour vin de l'Ermitage [12],
Et qui, rouge et vermeil, mais fade et doucereux,
N'avait rien qu'un goût plat, et qu'un déboire affreux.

SATIRE III.

A peine ai-je senti cette liqueur traîtresse,
Que de ces vins mêlés j'ai reconnu l'adresse.
Toutefois avec l'eau que j'y mets à foison,
J'espérais adoucir la force du poison.
Mais qui l'aurait pensé ? pour comble de disgrace,
Par le chaud qu'il faisait, nous n'avions point de glace.
Point de glace, bon Dieu ! dans le fort de l'été !
Au mois de juin ! Pour moi, j'étais si transporté,
Que donnant de fureur tout le festin au diable,
Je me suis vu vingt fois prêt à quitter la table ;
Et dût-on m'appeler et fantasque et bourru,
J'allais sortir enfin, quand le rôt a paru.
    Sur un lièvre flanqué de six poulets étiques
S'élevaient trois lapins, animaux domestiques,
Qui, dès leur tendre enfance élevés dans Paris,
Sentaient encor le chou dont ils furent nourris.
Autour de cet amas de viandes entassées,
Régnait un long cordon d'alouettes pressées,
Et sur les bords du plat, six pigeons étalés
Présentaient pour renfort leurs squelettes brûlés [13].
A côté de ce plat paraissaient deux salades,
L'une de pourpier jaune, et l'autre d'herbes fades,
Dont l'huile de fort loin saisissait l'odorat,
Et nageait dans des flots de vinaigre rosat.
Tous mes sots à l'instant changeant de contenance,
Ont loué du festin la superbe ordonnance :
Tandis que mon faquin, qui se voyait priser,
Avec un ris moqueur les priait d'excuser.
Surtout certain hâbleur, à la gueule affamée,
Qui vint à ce festin, conduit par la fumée,
Et qui s'est dit profès dans l'ordre des côteaux [14],
A fait, en bien mangeant, l'éloge des morceaux.
Je riais de le voir avec sa mine étique,
Son rabat jadis blanc, et sa perruque antique,
En lapins de garenne ériger nos clapiers [15],
Et nos pigeons cauchois en superbes ramiers [16],
Et pour flatter notre hôte, observant son visage,
Composer sur ses yeux son geste et son langage :

Quand notre hôte charmé, m'avisant sur ce point :
Qu'avez-vous donc, dit-il, que vous ne mangez
	point ?
Je vous trouve aujourd'hui l'âme tout inquiète,
Et les morceaux entiers restent sur votre assiette.
Aimez-vous la muscade ? On en a mis partout.
Ah ! Monsieur, ces poulets sont d'un merveilleux
	goût.
Ces pigeons sont dodus, mangez sur ma parole.
J'aime à voir aux lapins cette chair blanche et molle :
Ma foi, tout est passable, il le faut confesser,
Et Mignot aujourd'hui s'est voulu surpasser.
Quand on parle de sauce, il faut qu'on y raffine ;
Pour moi j'aime surtout que le poivre y domine :
J'en suis fourni, Dieu sait ! et j'ai tout Pelletier
Roulé dans mon office en cornets de papier.
A tous ces beaux discours, j'étais comme une
	pierre,
Ou comme la statue est au festin de Pierre [17] ;
Et, sans dire un seul mot, j'avalais au hasard
Quelque aile de poulet, dont j'arrachais le lard.
    Cependant mon hâbleur, avec une voix haute,
Porte à mes campagnards la santé de notre hôte,
Qui tous deux pleins de joie, en jetant un grand
	cri,
Avec un rouge bord acceptent son défi.
Un si galant exploit réveillant tout le monde,
On a porté partout des verres à la ronde,
Où les doigts des laquais, dans la crasse tracés,
Témoignaient par écrit qu'on les avait rincés :
Quand un des conviés, d'un ton mélancolique,
Lamentant tristement une chanson bachique,
Tous mes sots à la fois, ravis de l'écouter,
Détonnant de concert, se mettent à chanter.
La musique sans doute était rare et charmante :
L'un traîne en longs fredons une voix glapissante ;
Et l'autre l'appuyant de son aigre fausset,
Semble un violon faux qui jure sous l'archet.

SATIRE III.

Sur ce point, un jambon d'assez maigre apparence
Arrive sous le nom de jambon de Mayence.
Un valet le portait, marchant à pas comptés,
Comme un recteur [18] suivi des quatre facultés.
Deux marmitons crasseux, revêtus de serviettes,
Lui servaient de massiers [19], et portaient deux assiettes,
L'une de champignons avec des ris de veau,
Et l'autre de pois verts qui se noyaient dans l'eau.
Un spectacle si beau surprenant l'assemblée,
Chez tous les conviés la joie est redoublée :
Et la troupe à l'instant cessant de fredonner,
D'un ton gravement fou s'est mise à raisonner.
Le vin au plus muet [20] fournissant des paroles,
Chacun a débité des maximes frivoles,
Réglé les intérêts de chaque potentat,
Corrigé la police et réformé l'Etat ;
Puis de là s'embarquant dans la nouvelle guerre,
A vaincu la Hollande, ou battu l'Angleterre [21].
Enfin laissant en paix tous ces peuples divers,
De propos en propos, on a parlé de vers.
Là, tous mes sots, enflés d'une nouvelle audace,
Ont jugé des auteurs [22] en maîtres du Parnasse.
Mais notre hôte surtout, pour la justesse et l'art,
Elevait jusqu'au ciel Théophile et Ronsard :
Quand un des campagnards, relevant sa moustache,
Et son feutre à grands poils ombragé d'un panache,
Impose à tous silence, et d'un ton de docteur :
Morbleu ! dit-il, la Serre est un charmant auteur [23] !
Ses vers sont d'un beau style, et sa prose est coulante.
La Pucelle est encor [24] une œuvre bien galante,
Ee je ne sais pourquoi je bâille en la lisant.
Le Païs, sans mentir [25], est un bouffon plaisant :
Mais je ne trouve rien de beau dans ce Voiture.
Ma foi, le jugement sert bien dans la lecture.
A mon gré, le Corneille est joli quelquefois.
En vérité, pour moi, j'aime le bon françois [26].

Je ne sais pas pourquoi l'on vante l'Alexandre [27] ;
Ce n'est qu'un glorieux qui ne dit rien de tendre.
Les héros chez Quinault parlent bien autrement ;
Et jusqu'à *Je vous hais*, tout s'y dit tendrement.
On dit qu'on l'a drapé [28] dans certaine satire,
Qu'un jeune homme... Ah ! je sais ce que vous voulez dire,
A répondu notre hôte : *Un auteur sans défaut ;*
La raison dit Virgile, et la rime Quinault.
Justement. A mon gré, la pièce est assez plate.
Et puis, blâmer Quinault !.... Avez vous vu l'Astrate [29] ?
C'est là ce qu'on appelle un ouvrage achevé.
Surtout *l'Anneau Royal* [30] me semble bien trouvé.
Son sujet est conduit d'une belle manière,
Et chaque acte en sa pièce est une pièce entière.
Je ne puis plus souffrir ce que les autres font.
Il est vrai que Quinault est un esprit profond,
A repris certain fat, qu'à sa mine discrète
Et son maintien jaloux, j'ai reconnu poète :
Mais il en est pourtant qui le pourraient valoir.
Ma foi, ce n'est pas vous qui nous le ferez voir,
A dit mon campagnard avec une voix claire,
Et déjà tout bouillant de vin et de colère.
Peut-être, a dit l'auteur, pâlissant de courroux :
Mais vous, pour en parler, vous y connaissez-vous ?
Mieux que vous mille fois, dit le noble en furie.
Vous ? mon Dieu ! mêlez-vous de boire, je vous prie,
A l'auteur sur-le-champ aigrement reparti.
Je suis donc un sot, moi ? Vous en avez menti,
Reprend le campagnard, et sans plus de langage,
Lui jette pour défi son assiette au visage :
L'autre esquive le coup, et l'assiette volant,
S'en va frapper le mur, et revient en roulant.
A cet affront, l'auteur se levant de la table,
Lance à mon campagnard un regard effroyable :
Et chacun vainement se ruant entre deux,

Nos braves s'accrochant se prennent aux cheveux.
Aussitôt sous leurs pieds les tables renversées
Font voir un long débris de bouteilles cassées :
En vain à lever tout les valets sont fort prompts,
Et les ruisseaux de vin coulent aux environs.
 Enfin, pour arrêter cette lutte barbare,
De nouveau l'on s'efforce, on crie, on les sépare;
Et leur première ardeur passant en un moment,
On a parlé de paix et d'accommodement.
Mais, tandis qu'à l'envi tout le monde y conspire;
J'ai gagné doucement la porte sans rien dire,
Avec un bon serment, que si pour l'avenir
En pareille cohue on me peut retenir,
Je consens de bon cœur, pour punir ma folie,
Que tous les vins pour moi deviennent vins de
 Brie,
Qu'à Paris le gibier manque tous les hivers,
Et qu'à peine au mois d'août l'on mange des pois
 verts.

NOTES.

1 *A.* Cette lettre, placée au commencement du premier vers, signifie l'auditeur, ou celui qui interroge; et le *P* qui se trouve devant le quatorzième vers, désigne le poëte.

Le commencement de cette Satire est imité de la 9ᵉ Satire de Juvénal. Le poète latin débute ainsi:

Scire velim quare toties mihi, Nævole, tristis
Occurras, fronte obductâ, ceu Marsya victus?
Non erat hâc facie miserabilior Crepereius
Pollio, qui triplicem usuram præstare paratus
Circuit, et fatuos non invenit. Undè repentè
Tot rugæ?

SATIRE III.

Avec quel art Boileau sait rendre moderne ce qu'un Ancien avait dit en latin avant lui !

2 *A l'aspect d'un arrêt*, etc. En 1664, Louis XIV supprima un quartier des rentes placées sur l'Hôtel-de-Ville.

3 *D'un vin vieux.... Boucingo*, etc. Boucingo, fameux marchand de vins du temps.

4 . . . . . . *que chez le commandeur*: Jacques de Souvré, commandeur de Saint-Jean-de-Latran, et ensuite grand prieur de France. Il était fils du maréchal de Souvré, gouverneur de Louis XIII, et oncle de Madame de Louvois.

5 *Villandri priserait*, etc. M. de Villandri était fils de Baltazar Le Breton, seigneur de Villandri, conseiller d'état, gentilhomme de la chambre du roi.

6 *Molière avec Tartuffe*, etc. A cette époque le Tartuffe était défendu, et tout le monde voulait avoir Molière pour le lui entendre réciter.

7 *Et Lambert, qui plus est*, etc. Michel Lambert, fameux musicien que l'on regardait comme l'inventeur du beau chant. Il mourut à Paris, au mois de Juin 1696, âgé de quatre-vingt-sept ans. Son corps a été mis dans le tombeau de Jean-Baptiste Lully, son gendre.

8 *Qu'aux sermons de Cassagne*, etc. Jacques Cassagne, de la ville de Nimes, fut reçu à l'Académie française en l'année 1661, et mourut au mois de mai 1679. Charles Cotin, Parisien, était aussi de l'Académie française, dès l'année 1656, et mourut au mois de Janvier 1682.

9 *Ma foi, vive Mignot*, etc. Jacques Mignot, pâtissier-traiteur, demeurait dans la rue de la Harpe, vis-à-vis la rue Percée. Il avait la charge de Maître-Queux de la maison du roi, et celle d'écuyer de la bouche de la reine. Ainsi il crut qu'il était de son honneur de ne pas souffrir qu'on traitât d'empoisonneur un officier comme lui. Il donna sa plainte à M. Deffita, lieutenant criminel, contre l'auteur des satires; mais ce magistrat, ni M. de Riants, procureur du roi, ne voulurent recevoir la plainte de Mignot. Ils le renvoyèrent en disant que l'injure dont il se plaignait, n'était qu'une plaisanterie dont il devait rire le premier. Cette raison, bien loin de l'apaiser, ne fit qu'irriter sa colère; et, voyant qu'il ne pouvait espérer de satisfaction de la justice, il résolut de se faire justice lui-même. Pour arriver à son but, il s'avisa d'un expédient tout nouveau. Mignot avait la réputation de faire d'excellens biscuits, et tout Paris venait en prendre chez lui; il sut que l'abbé Cotin avait fait une satire contre Boileau, leur ennemi commun. Mignot la fit imprimer à ses frais; et quand on venait acheter des biscuits, il les enveloppait dans la feuille qui contenait la satire imprimée, afin de la répandre dans le public, associant ainsi ses biscuits aux vers de l'abbé Cotin. Lesquels valaient le mieux?

10 *D'un auvernat fumeux, qui, mêlé de lignage.* L'Auvernat ou Auvernas, et le Lignage, vins peu estimés, qui croissent aux environs d'Orléans.

11 *Se vendait chez Crenet*, fameux marchand de vins, qui tenait le cabaret de la Pomme de Pin, vis-à-vis l'église de la Madeleine, près du pont Notre-Dame.

12 *Pour vin de l'Ermitage.* Il croît sur un coteau situé dans le Dauphiné, proche la ville de

Thain, sur le rivage du Rhône, vis-à-vis de Tournon. Sur ce coteau il y a un ermitage qui a donné son nom au terroir, et au vin qu'on y récolte.

13 *Leurs squelettes brûlés.* Horace, dans son récit d'un festin ridicule, applique aux merles ce que Boileau dit ici des pigeons :

Tum pectore adusto
Vidimus et merulas poni....
Lib. II, Sat. VIII, v. 91.

14 *Et qui s'est dit profès dans l'ordre des Coteaux.* Les *Coteaux* : ce nom fut donné à trois grands seigneurs tenant table, qui étaient partagés sur l'estime qu'on devait faire des vins des coteaux qui sont aux environs de Rheims ; ils avaient chacun leurs partisans. « Je ne puis m'ôter de l'esprit, dit le P. Bouhours, qu'on n'entendra pas un jour l'auteur des satires, dans la description de son festin...., *surtout certain hâbleur*, etc. » Je me suis mis en tête, continue le P. Bouhours, que les commentateurs se tourmenteront fort pour expliquer ce *profès dans l'ordre des Coteaux*, et qu'on pourra bien le corriger en lisant : *Profès dans l'ordre de Citeaux* ; par la raison que l'ordre *des Coteaux* ne se trouvera point dans l'état ecclésiastique, et que les gens de ce temps-là ne sauront point que cet ordre n'était qu'une société de fins débauchés, qui voulaient que le vin qu'ils buvaient fût d'un certain coteau, et qu'on les appelait pour cela *Les Coteaux*.

15 *En lapins de garenne ériger nos clapiers.* On appelle ordinairement *clapiers*, les lapins domestiques.

16 *Et nos pigeons cauchois en superbes ramiers.* *Pigeons cauchois* sont de gros pigeons ; et ce mot

de *cauchois* est venu de Normandie, parce que les pigeons de Caux sont plus gros que les autres.

Ramier, sorte de pigeon sauvage qui se perche sur les branches des arbres (*Ramus*) : ce que les pigeons domestiques ne font pas.

17 *Ou comme la statue est au Festin de Pierre.* Le Festin de Pierre est une comédie, dont le sujet a été apporté en France par les comédiens italiens, qui l'ont imité des Espagnols. Thomas Corneille a mis en vers la pièce de Molière, en faisant dans la disposition quelques légers changemens. Elle fut jouée pour la première fois au mois de Janvier 1677, et c'est elle qui est restée au théâtre.

18 *Comme un recteur*, etc. Aux processions de l'Université de Paris, à la tête desquelles marchait le recteur, précédé de ses bedeaux, et suivi des quatre facultés.

. . . . . *Ut Attica virgo*
Cum Cereris sacris, procedit fuscus Hydaspes,
Cæcuba vina ferens.
Hor. lib. II, Sat. VIII, v. 13.

19 *Lui servaient de massiers*, etc. Quand le recteur allait aux processions, il était toujours accompagné de deux *massiers*, c'est-à-dire, de deux bedeaux qui portaient devant lui des masses ou bâtons à tête, garnis d'argent, tels qu'on en portait par honneur devant le roi, et devant M. le chancelier.

20 *Le vin au plus muet*, etc. Imitation d'Horace, au liv. I, Epit. 5, v. 19.

Fecundi calices quem non fecere disertum?

21 *A vaincu la Hollande ou battu l'Angleterre.* L'Angleterre et la Hollande étaient alors en guerre. Les Hollandais perdirent, en 1665, une grande ba-

taille sur mer, contre les Anglais. Louis XIV se déclara ensuite contre l'Angleterre, en faveur des Hollandais; et cette guerre fut terminée par le traité de Breda, au mois de Janvier 1667.

22 *Ont jugé des auteurs*, etc. Ici c'est Perse que notre poète imite:

> *Ecce inter pocula quærunt*
> *Romulidæ saturi, quid dia poemata narrent.*
> Sat. I, v. 27. Edit. de Jouv.

23 *La Serre est un charmant auteur.* Paget de La Serre, misérable écrivain, qui a publié quantité d'ouvrages en prose et en vers, oubliés aujourd'hui.

24 *La Pucelle est encore*, etc. La Pucelle, ou la France délivrée, poëme héroïque de Jean Chapelain, de l'Académie française. La versification de ce poëme est dure et rocailleuse, comme sont d'ordinaire tous les vers de Chapelain.

25 *Le Païs, sans mentir*, etc. René Le Païs, était de la ville de Nantes, en Bretagne.

26 *A mon gré le Corneille est joli quelquefois.*

En vérité pour moi j'aime le bon françois.

Quelquefois et *françois* ne rimeraient plus aujourd'hui; car on prononce et l'on écrit *français* et non *françois*.

27 *Je ne sais pas pourquoi l'on vante l'Alexandre.* Alexandre, une des premières tragédies de Racine: il la donna au public en 1665. Mais alors combien Racine devait se surpasser lui-même!

28 *On dit qu'on l'a drapé*, etc. Dans la satire précédente adressée à Molière.

29 *Avez-vous vu l'Astrate?* Astrate, roi de Tyr, tragédie de Quinault, fut représentée au commencement de l'année 1665.

30 Surtout *l'Anneau Royal*, etc. L'anneau royal fait le sujet de la scène III et IV de l'acte III.

SATIRE IV.

ARGUMENT.

CETTE *Satire a été faite en l'année 1664, immédiatement après la seconde satire, et avant le Discours au Roi. Une conversation que Boileau eut avec l'abbé Le Vayer et Molière, lui en donna l'idée. Il traite ici des matières philosophiques; mais il sait répandre partout la variété et le charme d'une poésie toujours pure, toujours harmonieuse. Ses tableaux sont choisis et disposés avec le goût le plus sévère; tous sont riches de couleurs et d'expressions.*

D'où vient cher le Vayer [1], que l'homme le moins sage
Croit toujours seul avoir la sagesse en partage;
Et qu'il n'est point de fou, qui par belles raisons
Ne loge son voisin aux Petites Maisons?
Un pédant enivré [2] de sa vaine science,
Tout hérissé de grec, tout bouffi d'arrogance,

Et qui de mille auteurs retenus mot pour mot,
Dans sa tête entassés, n'a souvent fait qu'un sot,
Croit qu'un livre fait tout, et que sans Aristote
La raison ne voit goutte et le bon sens radote.
 D'autre part, un galant, de qui tout le métier
Est de courir le jour de quartier en quartier,
Et d'aller, à l'abri d'une perruque blonde,
De ses froides douceurs fatiguer tout le monde,
Condamne la science, et blâmant tout écrit,
Croit qu'en lui l'ignorance est un titre d'esprit ;
Que c'est des gens de cour le plus beau privilége ;
Et renvoie un savant dans le fond d'un collége.
 Un bigot orgueilleux, qui, dans sa vanité,
Croit duper jusqu'à Dieu par son zèle affecté,
Couvrant tous ses défauts d'une sainte apparence,
Damne tous les humains de sa pleine puissance.
 Un libertin d'ailleurs, qui, sans âme et sans foi,
Se fait de son plaisir une suprême loi,
Tient que ces vieux propos de démons et de flammes
Sont bons pour étonner des enfans et des femmes,
Que c'est s'embarrasser de soucis superflus,
Et qu'enfin tout dévot a le cerveau perclus.
 N'en déplaise à ces fous nommés sages de Grèce,
En ce monde il n'est point de parfaite sagesse :
Tous les hommes sont fous, et, malgré tous leurs soins,
Ne diffèrent entr'eux que du plus ou du moins :
Comme on voit [3] qu'en un bois que cent routes séparent,
Les voyageurs sans guide assez souvent s'égarent,
L'un à droit ; l'autre à gauche, et courant vainement,
La même erreur les fait errer diversement ;
Chacun suit dans le monde une route incertaine,
Selon que son erreur le joue et le promène ;
Et tel y fait l'habile, et nous traite de fous,
Qui sous le nom de sage est le plus fou de tous.

Mais, quoi que sur ce point la satire publie,
Chacun veut en sagesse ériger sa folie;
Et se laissant régler à son esprit tortu,
De ses propres défauts se fait une vertu.
Ainsi, cela soit dit pour qui veut se connaître,
Le plus sage est celui qui ne pense point l'être;
Qui toujours pour un autre enclin vers la douceur,
Se regarde soi-même en sévère censeur,
Rend à tous ses défauts une exacte justice,
Et fait sans se flatter le procès à son vice.
Mais chacun pour soi-même est toujours indulgent.
 Un avare idolâtre et fou de son argent [4],
Rencontrant la disette au sein de l'abondance,
Appelle sa folie une rare prudence,
Et met toute sa gloire et son souverain bien
A grossir un trésor [5] qui ne lui sert de rien.
Plus il le voit accru, moins il en fait usage.
Sans mentir, l'avarice est une étrange rage,
Dira cet autre fou, non moins privé de sens,
Qui jette, furieux, son bien à tous venans,
Et dont l'âme inquiète, à soi-même importune,
Se fait un embarras de sa bonne fortune.
Qui des deux en effet est le plus aveuglé?
L'un et l'autre, à mon sens, ont le cerveau troublé,
Répondra chez Frédoc [6], ce marquis sage et prude,
Et qui sans cesse au jeu, dont il fait son étude,
Attendant son destin d'un quatorze ou d'un sept,
Voit sa vie ou sa mort sortir de son cornet.
Que si d'un sort fâcheux la maligne inconstance
Vient par un coup fatal faire tourner la chance,
Vous le verrez bientôt les cheveux hérissés,
Et les yeux vers le ciel de fureur élancés,
Ainsi qu'un possédé que le prêtre exorcise,
Fêter dans ses sermens tous les saints de l'Eglise.
Qu'on le lie, ou je crains à son air furieux,
Que ce nouveau Titan n'escalade les cieux.
Mais laissons-le plutôt en proie à son caprice;
Sa folie aussi-bien lui tient lieu de supplice.

Il est d'autres erreurs dont l'aimable poison
D'un charme bien plus doux enivre la raison :
L'esprit dans ce nectar heureusement s'oublie.
   Chapelain veut rimer, et c'est là sa folie.
Mais bien que ses durs vers [7], d'épithètes enflés,
Soient des moindres grimauds chez Ménage sifflés [8],
Lui-même il s'applaudit, et, d'un esprit tranquille,
Prend le pas au Parnasse au-dessus de Virgile.
Que ferait-il, hélas ! si quelque audacieux
Allait pour son malheur lui dessiller les yeux,
Lui faisant voir ses vers et sans force et sans grâces,
Montés sur deux grands mots [9], comme sur deux
       échasses ;
Ses termes sans raison l'un de l'autre écartés,
Et ses froids ornemens à la ligne plantés ?
Qu'il maudirait le jour, où son âme insensée
Perdit l'heureuse erreur qui charmait sa pensée !
   Jadis certain bigot [10], d'ailleurs homme sensé,
D'un mal assez bizarre eut le cerveau blessé,
S'imaginant sans cesse, en sa douce manie,
Des esprits bienheureux entendre l'harmonie.
Enfin un médecin, fort expert en son art,
Le guérit par adresse, ou plutôt par hasard ;
Mais voulant de ses soins exiger le salaire :
Moi ! vous payer [11] ! lui dit le bigot en colère ;
Vous dont l'art infernal, par des secrets maudits,
En me tirant d'erreur, m'ôte du paradis !
   J'approuve son courroux ; car, puisqu'il faut le dire,
Souvent de tous nos maux la raison est le pire.
C'est elle qui, farouche au milieu des plaisirs,
D'un remords importun vient brider nos désirs.
La fâcheuse a pour nous des rigueurs sans pareilles ;
C'est un pédant qu'on a sans cesse à ses oreilles,
Qui toujours nous gourmande, et loin de nous
       toucher,
Souvent, comme Joly [12], perd son temps à prêcher.
En vain certains rêveurs nous l'habillent en reine,
Veulent sur tous nos sens la rendre souveraine,

Et, s'en formant en terre une divinité,
Pensent aller par elle à la félicité.
C'est elle, disent-ils, qui nous montre à bien
    vivre.
Ces discours, il est vrai, sont fort beaux dans un
    livre;
Je les estime fort : mais je trouve en effet
Que le plus fou souvent est le plus satisfait.

NOTES.

1 *D'où vient, cher Le Vayer*, etc. M. l'abbé Le Vayer était fils unique de M. de La Mothe Le Vayer, conseiller d'état, précepteur de *Monsieur*, Philippe de France, frère unique du roi.

Le début de cette satire rappelle celui de la première satire d'Horace, liv. I, v. 1.

Qui fit, Mecœnas, ut nemo quam sibi sortem
Seu ratio dederit, seu fors objecerit, illâ
Contentus vivat, laudet diversa sequentes?

C'est le même mouvement poétique.

2 *Un pédant enivré*, etc., et vers suivans. Ces idées ont été imitées avec bonheur par un poète moderne. Berchoux a lancé aussi sur ces savans hérissés de grec, un trait que l'auteur des satires n'aurait pas désavoué.

. . . . . ce savant austère
Amoureux de la langue et du pays d'Homère,
Qui, fondant sur le grec sa gloire et ses succès,
Se dédommage ainsi d'être un sot en français.

3 *Comme on voit*, etc. Ici le poète imite et traduit presque littéralement les vers d'Horace.

SAT. III, liv. II, v. 46.

Nunc accipe quare
Desipiant omnes æque ac tu, qui tibi nomen
Insano posuére. Velut silvis, ubi passim
Palantes error certo de tramite pellit,
Ille sinistrorsum, hic dextrorsum abit; unus utrique
Error, sed variis illudit partibus : hoc te
Crede modo insanum, nihilo ut sapientior ille
Qui te deridet caudam trahat. Est genus unum
Stultitiæ. . . . .

4 *Un avare idolâtre et fou de son argent.* Les six vers qui peignent le caractère de l'avare, sont encore imités d'Horace, même satire, même livre déjà cités, v. 108.

. . . . . . *Qui discrepat istis,*
Qui nummos aurumque recondit, nescius uti
Compositis, metuensque velut contingere sacrum ?

5 *A grossir un trésor*, etc. Après ce vers il y en avait treize autres que l'auteur a retranchés dans les dernières éditions. Les voici :

Dites-moi, pauvre esprit, âme basse et vénale,
Ne vous souvient-il point du tourment de Tantale,
Qui, dans le triste état où le ciel l'a réduit,
Meurt de soif au milieu d'un fleuve qui le fuit ?
Vous riez : savez-vous que c'est votre peinture,
Et que c'est vous par là que la Fable figure.
Chargé d'or et d'argent, loin de vous en servir,
Vous brûlez d'une soif qu'on ne peut assouvir.
Vous nagez dans les biens ; mais votre âme altérée
Se fait de sa richesse une chose sacrée ;
Et tous ces vains trésors que vous allez cacher,
Sont pour vous un dépôt que vous n'osez toucher.

NOTES.

Quoi donc? de votre argent ignorez-vous l'usage?

Ces vers sont la traduction de ceux d'Horace.
SAT. I, liv. 1, v. 68.

*Tantalus à labris sitiens fugientia captat
Flumina. Quid rides? mutato nomine, de te
Fabula narratur : congestis undique saccis
Indormis inhians, et tanquam parcere sacris
Cogeris, aut pictis tanquam gaudere tabellis.
Nescis quò valeat nummus, quem præbeat usum?*

Ovide, au livre IV des Métamorphoses, dit aussi, en parlant de Tantale :

*. . . . Tibi, Tantale, nullæ
Deprenduntur aquæ, quæque imminet, effugit
arbos.*

Voyez, pour le caractère de l'avare, la comédie de Plaute, et surtout l'*Avare* de Molière. Nous trouverons aussi dans Phèdre quelques idées semblables à celles de Boileau. Fable XXVI, liv. 1.

*Itaque aurum dum custodit, oblitus cibi,
Fame est consumptus.*

Et dans les nouvelles Fables, publiées à Naples, en 1808, par M. Ant. Cassiti, et depuis commentées par M. Janelli, Napolitain.

*Quòd stans in amne Tantalus medio sitit,
Avari describuntur, quos circumfluit
Usus bonorum ; sed nil possunt tangere.*
FAB. III.

6 *Répondra chez Frédoc*, etc. Frédoc tenait une académie de jeu, très-fréquentée en ce temps-là.

(Voyez, pour le caractère du joueur, les comédies de Dufresni et de Regnard.)

7 *Mais bien que ses durs vers*, etc. Boileau donne l'exemple avec le précepte ; car il a affecté d'exprimer, dans cet hémistiche qui est fort rude, la dureté qu'on trouve dans les vers de Chapelain.

8 *Soient des moindres grimauds chez Ménage sifflés.* Tous les mercredis, l'abbé Ménage tenait chez lui une assemblée, où allaient beaucoup de petits esprits. Voyez son Dictionnaire étymologique, au mot Grimaud.

9 *Montés sur deux grands mots*, etc. Dans le poëme de Chapelain, on trouve plusieurs vers composés de deux grands mots, dont chacun remplit la moitié du vers. Boileau, pour se moquer de ces mots gigantesques (qu'Horace appelle *sesquipedalia verba*, et Racine.......... (les Plaideurs, act. III, scèn. 3.)

Ils me font dire aussi des mots longs d'une toise,
De grands mots qui tiendraient d'ici jusqu'à Pontoise.)

Citait ordinairement ce vers de Chapelain :

De ce sourcilleux *Roc* l'inébranlable cime.

Et il disposait ainsi ce vers :

Roc Dans cette disposition, il semble que le mot *Roc* soit monté sur deux échasses, qui sont *sourcilleux* et *inébranlable*.

De ce sourcilleux

l'inébranlable cime.

NOTES.

Il y a dans le poëme de Chapelain plusieurs vers semblables :

D'insupportables maux une suite enchaînée.

Des sourcilleuses tours saper le fondement.

10 *Jadis certain bigot*, etc. Ce passage offre la même idée qu'Horace a exprimée dans les vers suivans :

Fuit haud ignobilis Argis,
Qui se credebat miros audire tragœdos,
In vacuo lætus sessor plausorque theatro ;
Cætera qui vitæ servaret munia recto
More ; bonus sanè vicinus, amabilis hospes,
Comis in uxorem ; posset qui ignoscere servis,
Et signo læso non insanire lagenæ ;
Posset qui rupem et puteum vitare patentem.
Hic ubi, cognatorum opibus curisque refectus,
Expulit elleboro morbum bilemque meraco,
Et redit ad sese : « Pol ! me occidistis, amici,
Non servastis, ait, cui sit extorta voluptas,
Et demptus per vim mentis gratissimus error. »
  Lib. II, epist. II, v. 128.

Ce trait :

Enfin un médecin, fort expert en son art,
Le guérit par adresse, ou plutôt par hasard.

Est encore dans Horace :

. . . . *Casus medicus-ve levarit*
Ægrum ex præcipiti.   Lib. II, Sat. III, v. 291.

11 *Moi ! vous payer ?* etc. Cette exclamation rappelle celle de la fable du loup et de la grue :

Ingrata es, inquit, ore quæ nostro caput
Incolume abstuleris, et mercedem postulas !
  Phèd., lib. I, fab. VIII.

La Fontaine a dit, après Phèdre et Esope :

> Votre salaire ! dit le loup ;
> Vous riez, ma bonne commère.
> Quoi ! ce n'est pas encor beaucoup
> D'avoir de mon gosier retiré votre cou ?
> Allez, vous êtes une ingrate,
> Ne tombez jamais sous ma pate.
> Liv. III, fab. ix.

La Fontaine traduit, et même alors, il sait être supérieur à son modèle.

12 *Souvent comme Joly*, etc. Prédicateur fameux, dont les sermons étaient touchans et pathétiques ; il était alors curé de Saint-Nicolas-des-Champs. Il fut ensuite nommé à l'évêché de Saint-Pol-de-Léon, en Bretagne, et peu de temps après, il obtint l'évêché d'Agen. Il était né en 1610, à Buzy-sur-l'Orne, dans le diocèse de Verdun, en Lorraine, et il mourut en 1678.

SATIRE V.

ARGUMENT.

Cette *Satire, faite en l'année* 1665, *est une imitation de la VIII.*^me *satire de Juvénal. Ici peut-être Boileau est inférieur à son modèle. Bien souvent on a imité la satire du poète latin; personne encore ne l'a surpassée. Si Boileau a échoué, quel auteur se flattera désormais d'y parvenir?*

La noblesse, Dangeau, n'est pas une chimère,
Quand, sous l'étroite loi d'une vertu sévère,
Un homme issu d'un sang fécond en demi-dieux,
Suit, comme toi, la trace où marchaient ses aïeux.
  Mais je ne puis souffrir qu'un fat, dont la mollesse
N'a rien pour s'appuyer qu'une vaine noblesse,
Se pare insolemment du mérite d'autrui,
Et me vante un honneur qui ne vient pas de lui.
Je veux que la valeur de ses aïeux antiques
Ait servi de matière aux plus vieilles chroniques;
Et que l'un des Capets¹, pour honorer leur nom,
Ait de trois fleurs de lis doté leur écusson.
Que sert ce vain amas d'une inutile gloire,
Si, de tant de héros célèbres dans l'histoire,
Il ne peut rien offrir aux yeux de l'univers,
Que de vieux parchemins qu'ont épargnés les vers;
Si, tout sorti qu'il est d'une source divine,
Son cœur dément en lui sa superbe origine,

Et n'ayant rien de grand qu'une sotte fierté,
S'endort dans une lâche et molle oisiveté?
Cependant, à le voir avec tant d'arrogance
Vanter le faux éclat de sa haute naissance,
On dirait que le ciel est soumis à sa loi,
Et que Dieu l'a pétri d'autre limon que moi.
Enivré de lui-même, il croit dans sa folie,
Qu'il faut que devant lui d'abord tout s'humilie.
Aujourd'hui toutefois, sans trop le ménager,
Sur ce ton un peu haut je vais l'interroger.
 Dites-moi, grand héros [2], esprit rare et sublime,
Entre tant d'animaux, qui sont ceux qu'on estime?
On fait cas d'un coursier qui, fier et plein de cœur,
Fait paraître en courant sa bouillante vigueur;
Qui jamais ne se lasse, et qui, dans la carrière,
S'est couvert mille fois d'une noble poussière:
Mais la postérité d'Alfane et de Bayard,
Quand ce n'est qu'une rosse, est vendue au hasard,
Sans respect des aïeux dont elle est descendue,
Et va porter la malle, ou tirer la charrue.
Pourquoi donc voulez-vous [3] que par un sot abus
Chacun respecte en vous un honneur qui n'est plus?
On ne m'éblouit point d'une apparence vaine:
La vertu d'un cœur noble [4] est la marque certaine.
Si vous êtes sorti de ces héros fameux,
Montrez-nous cette ardeur qu'on vit briller en eux,
Ce zèle pour l'honneur, cette horreur pour le vice.
Respectez-vous les lois? Fuyez-vous l'injustice?
Savez-vous pour la gloire oublier le repos,
Et dormir en plein champ, le harnois sur le dos?
Je vous connais pour noble à ces illustres marques:
Alors soyez issu [5] des plus fameux monarques;
Venez de mille aïeux, et, si ce n'est assez,
Feuilletez à loisir tous les siècles passés,
Voyez de quel guerrier il vous plaît de descendre;
Choisissez de César, d'Achille ou d'Alexandre;

SATIRE V.

En vain un faux censeur voudrait vous démentir,
Et si vous n'en sortez, vous en devez sortir.
Mais fussiez-vous issu d'Hercule en droite ligne,
Si vous ne faites voir qu'une bassesse indigne,
Ce long amas d'aïeux que vous diffamez tous,
Sont autant de témoins qui parlent contre vous ;
Et tout ce grand éclat de leur gloire ternie,
Ne sert plus que de jour [6] à votre ignominie.
En vain, tout fier d'un sang que vous déshonorez,
Vous dormez à l'abri de ces noms révérés ;
En vain vous vous couvrez des vertus de vos pères ;
Ce ne sont à mes yeux que de vaines chimères.
Je ne vois rien en vous qu'un lâche, un imposteur,
Un traître, un scélérat, un perfide, un menteur,
Un fou, dont les accès vont jusqu'à la furie,
Et d'un tronc fort illustre une branche pourrie.

Je m'emporte peut-être, et ma muse en fureur
Verse dans ses discours trop de fiel et d'aigreur.
Il faut avec les grands un peu de retenue.
Hé bien ! je m'adoucis. Votre race est connue.
Depuis quand ? répondez. Depuis mille ans entiers [7] ;
Et vous pouvez fournir deux fois seize quartiers [8].
C'est beaucoup. Mais enfin les preuves en sont claires ;
Tous les livres sont pleins des titres de vos pères.

Que maudit soit le jour où cette vanité
Vint ici de nos mœurs souiller la pureté !]
Dans les temps bienheureux du monde en son enfance,
Chacun mettait sa gloire en sa seule innocence ;
Chacun vivait content, et sous d'égales lois
Le mérite y faisait la noblesse et les rois ;
Et sans chercher l'appui d'une naissance illustre,
Un héros de soi-même empruntait tout son lustre.
Mais enfin, par le temps le mérite avili,
Vit l'honneur en reture et le vice ennobli :
Et l'orgueil, d'un faux titre appuyant sa faiblesse,
Maîtrisa les humains sous le nom de noblesse.

De là vinrent en foule et marquis et barons ;
Chacun pour ses vertus n'offrit plus que des noms;
Aussitôt maint esprit, fécond en rêveries,
Inventa le blason avec les armoiries ;
De ses termes obscurs fit un langage à part,
Composa tous ces mots de *Cimier* et d'*Ecart*,
De *Pal*, de *Contrepal*, de *Lambel* et de *Fasce*,
Et tout ce que Ségoing [9] dans son Mercure entasse.
Une vaine folie enivrant la raison,
L'honneur triste et honteux ne fut plus de saison.
Alors, pour soutenir son rang et sa naissance,
Il fallut étaler le luxe et la dépense :
Il fallut habiter un superbe palais,
Faire par les couleurs distinguer ses valets :
Et, traînant en tous lieux de pompeux équipages,
Le duc et le marquis se reconnut aux pages.

 Bientôt, pour subsister, la noblesse sans bien
Trouva l'art d'emprunter et de ne rendre rien,
Et, bravant des sergens la timide cohorte,
Laissa le créancier se morfondre à sa porte.
Mais, pour comble à la fin, le marquis en prison,
Sous le faix des procès vit tomber sa maison.
Alors le noble altier, pressé de l'indigence,
Humblement du faquin rechercha l'alliance ;
Avec lui trafiquant d'un nom si précieux,
Par un lâche contrat vendit tous ses aïeux,
Et, corrigeant ainsi la fortune ennemie,
Rétablit son honneur à force d'infamie.

 Car si l'éclat de l'or ne relève le sang,
En vain l'on fait briller la splendeur de son rang ;
L'amour de vos aïeux passe en vous pour manie,
Et chacun pour parent vous fuit et vous renie.
Mais quand un homme est riche, il vaut toujours son prix :
Et l'eût-on vu porter la mandille à Paris [10],
N'eût-il de son vrai nom ni titre ni mémoire,
D'Hozier lui trouvera [11] cent aïeux dans l'histoire.

Toi donc, qui de mérite et d'honneurs revêtu,
Des écueils de la cour as sauvé ta vertu,
DANGEAU, qui, dans le rang où notre roi t'appelle,
Le vois toujours orné [2] d'une gloire nouvelle,
Et plus brillant par soi que par l'éclat des lis,
Dédaigner tous ces rois dans la pourpre amollis;
Fuir d'un honteux loisir la douceur importune;
A ses sages conseils asservir la Fortune;
Et, de tout son honneur ne devant rien qu'à soi,
Montrer à l'univers ce que c'est qu'être roi :
Si tu veux te couvrir d'un éclat légitime,
Va par mille beaux faits mériter son estime :
Sers un si noble maître; et fais voir qu'aujourd'hui
Ton prince a des sujets qui sont dignes de lui.

NOTES.

1 *Et que l'un des Capets*, etc.
Ait de trois fleurs de lis, etc. L'illustre maison d'Estaing porte les armes de France, par concession du roi Philippe-Auguste, qui était un des descendans de Hugues-Capet, chef de la troisième race de nos rois. Philippe-Auguste, ayant été renversé de cheval, à la bataille de Bovines, *Déodat, ou Dieu-Donné* d'Estaing, l'un des vingt-quatre chevaliers commis à la garde de la personne royale, aida à tirer ce prince du péril où il était, et sauva aussi l'Ecu du Roi, sur lequel étaient peintes ses armes. En récompense d'un service si important, le roi lui permit de porter les armes de France, avec un chef d'or pour brisure.

2 *Dites-moi, grand héros*, etc. Ce vers et les suivans sont imités de Juvénal :

Dic mihi, Teucrorum proles, animalia muta
Quis generosa putet, nisi fortia? Nempè volucrem
Sic laudamus equum, facili cui plurima palma
Fervet, et exsultat rauco victoria Circo.
Nobilis hic, quocumque venit de gramine, cujus
Clara fuga ante alios, et primus in æquore pulvis.
Sed venale pecus Corythæ, posteritas et
Hirpini, si rara jugo victoria sedit.
Nil ibi majorum respectus, gratia nulla
Umbrarum : dominos pretiis mutare jubentur
Exiguis, tritoque trahunt epirhedia collo
Segnipedes, dignique molam versare Nepotis.
Ergò ut miremur te, non tua, primùm aliquid da,
Quod possim titulis incidere præter honores,
Quod illis damus et dedimus, quibus omnia debes.
          SAT. VIII, v. 54. Edit. de Jouv.

La postérité d'Alfane et de Bayard. Alfane et Bayard sont les noms de deux chevaux très-renommés dans nos vieux romanciers.

3 *Pourquoi donc voulez-vous*, etc. Duclos, dans ses Considérations sur les mœurs, a écrit les lignes suivantes qui méritent d'être citées ici. Il va nous prouver qu'il s'élève quelquefois à la hauteur de Montaigne et de La Bruyère :

« Le respect, *dit-il*, qu'on rend uniquement à la naissance, est un devoir de simple bienséance ; c'est un hommage à la mémoire des ancêtres qui ont illustré leur nom ; hommage qui, à l'égard de leurs descendans, ressemble en quelque sorte au culte des images auxquelles on n'attribue aucune vertu propre, dont la matière peut être méprisable, qui sont quelquefois des productions d'un art grossier, que la piété seule empêche de trouver ridicules, et pour lesquelles on n'a qu'un respect de relation. »

4 *La vertu d'un cœur noble;* etc.

. . . . *Nobilitas sola est atque unica virtus.*
Juv. Sat. VIII, v. 18. Edit. de Jouv.

Claudien, en vers harmonieux, a donné plus de développement à cette idée.

Ipsa quidem virtus pretium sibi, solaque latè
Fortunæ secura nitet, nec fascibus ullis
Erigitur, plausuque petit clarescere vulgi:
Nil opis externæ cupiens, nil indiga laudis,
Divitiis animosa suis, immotaque cunctis
Casibus: ex altá mortalia despicit arce.
Hanc tamen invitam blandè vestigat, et ultrò
Ambit honor; docuit toties a rure profectus
Lictor, et in mediis consul quæsitus aratris.

Ici point d'enflure, point de cette affectation ambitieuse que l'on a souvent avec raison reprochée à Claudien. Les idées sont justes et vraies; et l'expression est aussi pure que le sujet qui l'a inspirée. Voltaire, dans Mahomet :

Les mortels sont égaux : ce n'est point la naissance,
C'est la seule vertu qui fait la différence.
Act. I, scèn. iv.

5 *Alors soyez issu,* etc. Nous rencontrons toujours Juvénal dans les vers de notre poète.

Tunc licet à Pico numeres genus; altaque si te
Nomina delectant, omnem Titanida pugnam
Inter majores, ipsumque Promethea ponas :
De quacumque voles proavum tibi sumito libro.
Sat. VIII, v. 129. Edit. de Jouv.

6 *Ne sert plus que de jour*, etc. Juvénal ajoute : (v. 133.)

Quòd si præcipitem rapit ambitus atque libido,
Incipit ipsorum contrà te stare parentum
Nobilitas, claramque facem præferre pudendis.
Omne animi vitium tantò conspectius in se
Crimen habet, quantò major, qui peccat, habetur.

Salluste, dans une prose aussi énergique, que les vers de Juvénal sont mordans, a mis les mêmes idées dans la bouche de Marius, lorsque ce Romain dit au peuple, en parlant des nobles :

Eorum (majorum) *fortia facta memorando, clariores se putant : quòd contrà est. Nam quantò vita illorum præclarior, tantò horum socordia flagitiosior. Et profectò ità se res habet : majorum gloria posteris quasi lumen est ; neque bona, neque mala in occulto patitur.* Jugurt. ch. 87.

Molière, dans le Festin de Pierre, act. IV, sc. 6, nous offre le même tableau ; il ne traduit pas, il imite, mais en homme de génie, «*qui prend son bien partout où il le trouve.*»

« Ah ! quelle bassesse est la vôtre ! ne rougissez-vous point de mériter si peu votre naissance ? Etes-vous en droit, dites-moi, d'en tirer quelque vanité ? Et qu'avez-vous fait dans le monde pour être gentilhomme ? Croyez-vous qu'il suffise d'en porter le nom et les armes, et que ce nous soit une gloire d'être sortis d'un sang noble, lorsque nous vivons en infâmes ? non, non, la naissance n'est rien, où la vertu n'est pas. Aussi nous n'avons part à la gloire de nos ancêtres, qu'autant que nous nous efforçons de leur ressembler ; et cet éclat de leurs actions, qu'ils répandent sur nous, nous impose un engagement de leur faire le même honneur, de suivre les pas qu'ils nous tracent, et de ne point dégénérer de leur vertu, si nous voulons être estimés leurs véritables descendans. Ainsi vous descendez en vain des aïeux dont vous êtes né : ils vous désavouent pour leur sang, et tout ce qu'ils ont fait d'illustre ne vous donne aucun avantage. Au contraire, l'éclat n'en rejaillit sur vous qu'à votre déshonneur, et leur gloire est un flambeau qui éclaire aux yeux d'un chacun la honte de vos actions. Apprenez enfin qu'un gentilhomme qui vit mal, est un monstre dans la nature; que la vertu est le premier titre de noblesse; que je regarde bien moins au nom qu'on signe, qu'aux actions qu'on fait; et que je ferais plus d'état du fils d'un crocheteur, qui serait honnête homme, que du fils d'un monarque qui vivrait comme vous. »

Le *Menteur*, de P. Corneille, sans avoir un rapport bien direct avec le sujet que nous développons, nous présente à peu près les mêmes idées pour le fond.

GÉRONTE.

Etes-vous gentilhomme ?

DORANTE.

Ah ! rencontre fâcheuse !
Etant sorti de vous, la chose est peu douteuse.

GÉRONTE.

Croyez-vous qu'il suffit d'être sorti de moi ?

DORANTE.

Avec toute la France, aisément je le crois ?

GÉRONTE.

Et ne savez-vous pas, avec toute la France,
D'où ce titre d'honneur a tiré sa naissance,
Et que la vertu seule a mis en ce haut rang
Ceux qui l'ont, jusqu'à moi, fait passer dans leur sang ?

DORANTE.

J'ignorerais un point que n'ignore personne,
Que la vertu l'acquiert, comme le sang le donne !

GÉRONTE.

Où le sang a manqué, si la vertu l'acquiert,
Où le sang l'a donné, le vice aussi le perd.
Ce qui naît d'un moyen périt par son contraire ;
Tout ce que l'un a fait, l'autre peut le défaire ;
Et, dans la lâcheté du vice où je te vois,
Tu n'es plus gentilhomme, étant sorti de moi.

ACT. V, scèn. III.

7 *Depuis quand ? Répondez. Depuis mille ans entiers.*

PERS. Sat. III, v. 27. Edit. de Jouv.

. . . . An deceat pulmonem rumpere ventis,
Stemmate quòd Thusco ramum millesime ducis.

8 *Et vous pouvez fournir deux fois seize quartiers.* Les preuves de noblesse se comptaient par quartiers, en progression géométrique, quatre, huit, seize, trente-deux quartiers, etc. La plus haute preuve était ordinairement de trente-deux quartiers.

9 *Et tout ce que Ségoing*, etc. Charles Ségoing, avocat, auteur du Trésor Héraldique, ou Mercure Armorial, imprimé à Paris, en 1657.

NOTES.

10 *La mandille à Paris.* La mandille est une espèce de casaque ou de manteau, que les laquais portaient autrefois, et même encore dans le temps que cette satire fut publiée. La mandille était particulière aux laquais, et les faisait distinguer des autres valets. Elle était composée de trois pièces, dont l'une pendait sur le dos, et les deux autres sur les épaules.

11 *D'Hozier lui trouvera,* etc. Pierre d'Hozier, généalogiste de la maison du roi, juge général des armes et blasons de France.

12 *Le vois toujours orné,* etc. Boileau sait partout amener avec beaucoup d'adresse l'éloge de Louis XIV. Horace semble lui avoir légué son génie, lorsqu'il s'agit de célébrer les louanges du prince. Partout, dans ses œuvres, le poète latin inséra, avec autant de délicatesse que de grâce, quelques vers en l'honneur d'Auguste. Boileau, son imitateur et son rival, ne lui cède point cette palme; mais tous deux, loin d'être courtisans fades et adulateurs, dispensent l'éloge avec sagesse et mesure. C'est à leur école qu'il faut apprendre à louer un grand roi.

SATIRE VI.

ARGUMENT.

Dans *le principe, cette Satire faisait partie de la première; elle fut composée en même temps. Boileau, depuis, sépara ce que Juvénal avait réuni dans sa IIIme satire, la retraite d'un philosophe, et les embarras de la ville de Rome.*

Qui frappe l'air, bon Dieu, de ces lugubres cris?
Est-ce donc pour veiller [1] qu'on se couche à Paris?
Et quel fâcheux démon, durant les nuits entières,
Rassemble ici les chats de toutes les gouttières?
J'ai beau sauter du lit, plein de trouble et d'effroi,
Je pense qu'avec eux tout l'enfer est chez moi.
L'un miaule en grondant comme un tigre en furie:
L'autre roule sa voix comme un enfant qui crie:
Ce n'est pas tout encor: les souris et les rats
Semblent, pour m'éveiller, s'entendre avec les chats,
Plus importuns pour moi, durant la nuit obscure,
Que jamais en plein jour ne fut l'abbé de Pure.
   Tout conspire à la fois à troubler mon repos,
Et je me plains ici du moindre de mes maux,
Car à peine les coqs [2], commençant leur ramage,
Auront de cris aigus frappé le voisinage,

SATIRE VI.

Qu'un affreux serrurier, laborieux Vulcain,
Qu'éveillera bientôt l'ardente soif du gain,
Avec un fer maudit, qu'à grand bruit il apprête,
De cent coups de marteau me va rompre la tête.
J'entends déjà partout les charrettes courir,
Les maçons travailler, les boutiques s'ouvrir :
Tandis que dans les airs mille cloches émues,
D'un funèbre concert font retentir les nues,
Et, se mêlant au bruit de la grêle et des vents,
Pour honorer les morts, font mourir les vivans.
 Encor je bénirais la bonté souveraine,
Si le Ciel à ces maux avait borné ma peine.
Mais si, seul en mon lit, je peste avec raison,
C'est encor pis vingt fois en quittant la maison.
En quelque endroit que j'aille [3], il faut fendre la presse
D'un peuple d'importuns qui fourmillent sans cesse.
L'un me heurte d'un ais dont je suis tout froissé ;
Je vois d'un autre coup mon chapeau renversé.
Là, d'un enterrement [4] la funèbre ordonnance,
D'un pas lugubre et lent vers l'église s'avance :
Et plus loin des laquais, l'un l'autre s'agaçans,
Font aboyer les chiens, et jurer les passans.
Des paveurs en ce lieu me bouchent le passage.
Là, je trouve une croix de funeste présage [5],
Et des couvreurs grimpés au toit d'une maison,
En font pleuvoir l'ardoise et la tuile à foison.
Là sur une charrette [6] une poutre branlante
Vient menaçant de loin la foule qu'elle augmente.
Six chevaux attelés à ce fardeau pesant,
Ont peine à l'émouvoir sur le pavé glissant.
D'un carrosse en tournant il accroche une roue,
Et d'un choc le renverse en un grand tas de boue ;
Quand un autre à l'instant, s'efforçant de passer,
Dans le même embarras se vient embarrasser.
Vingt carroses bientôt arrivant à la file,
Y sont en moins de rien suivis de plus de mille :

Et, pour surcroît de maux, un sort malencontreux
Conduit en cet endroit un grand troupeau de bœufs.
Chacun prétend passer : l'un mugit, l'autre jure.
Des mulets en sonnant augmentent le murmure.
Aussitôt cent chevaux dans la foule appelés,
De l'embarras qui croît ferment les défilés,
Et partout des passans enchaînant les brigades,
Au milieu de la paix font voir les barricades [7].
On n'entend que des cris poussés confusément ;
Dieu, pour s'y faire ouïr, tonnerait vainement.
Moi donc, qui dois souvent en certain lieu me rendre,
Le jour déjà baissant, et qui suis las d'attendre,
Ne sachant plus tantôt à quel saint me vouer,
Je me mets au hasard de me faire rouer.
Je saute vingt ruisseaux, j'esquive, je me pousse :
Guenaud sur son cheval [8] en passant m'éclabousse :
Et n'osant plus paraître en l'état où je suis,
Sans songer où je vais, je me sauve où je puis.
Tandis que dans un coin, en grondant je m'essuie,
Souvent, pour m'achever, il survient une pluie.
On dirait que le ciel [9], qui se fond tout en eau,
Veuille inonder ces lieux d'un déluge nouveau.
Pour traverser la rue au milieu de l'orage,
Un ais sur deux pavés forme un étroit passage.
Le plus hardi laquais n'y marche qu'en tremblant.
Il faut pourtant passer sur ce pont chancelant,
Et les nombreux torrens qui tombent des gouttières,
Grossissant les ruisseaux, en ont fait des rivières.
J'y passe en trébuchant ; mais, malgré l'embarras,
La frayeur de la nuit précipite mes pas.

Car sitôt que du soir [10] les ombres pacifiques
D'un double cadenas font fermer les boutiques,
Que, retiré chez lui, le paisible marchand
Va revoir ses billets, et compter son argent ;
Que dans le Marché-Neuf [11] tout est calme et tranquille,
Les voleurs à l'instant [12] s'emparent de la ville.

SATIRE VI.

Le bois le plus funeste et le moins fréquenté,
Est, au prix de Paris, un lieu de sûreté.
Malheur donc à celui qu'une affaire imprévue
Engage un peu trop tard au détour d'une rue !
Bientôt quatre bandits lui serrant les côtés,
La bourse : il faut se rendre ; ou bien non, résistez,
Afin que votre mort, de tragique mémoire,
Des massacres fameux aille grossir l'histoire.
   Pour moi fermant ma porte, et cédant au sommeil,
Tous les jours je me couche avecque le soleil [13].
Mais en ma chambre à peine ai-je éteint la lumière,
Qu'il ne m'est plus permis de fermer la paupière,
Des filous effrontés, d'un coup de pistolet,
Ebranlent ma fenêtre, et percent mon volet.
J'entends crier partout : Au meurtre, on m'assassine ;
Ou, le feu vient de prendre à la maison voisine.
Tremblant et demi-mort, je me lève à ce bruit,
Et souvent sans pourpoint je cours toute la nuit.
Car le feu, dont la flamme en onde se déploie,
Fait de notre quartier une seconde Troie,
Où maint Grec affamé, maint avide Argien,
Au travers des charbons va piller le Troyen.
Enfin, sous mille crocs la maison abîmée,
Entraîne aussi le feu qui se perd en fumée.
   Je me retire donc encor pâle d'effroi :
Mais le jour est venu quand je rentre chez moi.
Je fais pour reposer un effort inutile ;
Ce n'est qu'à prix d'argent [14] qu'on dort en cette ville ;
Il faudrait, dans l'enclos d'un vaste logement,
Avoir loin de la rue un autre appartement.
   Paris est pour un riche un pays de Cocagne [15] :
Sans sortir de la ville, il trouve la campagne.
Il peut dans son jardin, tout peuplé d'arbres verts,
Receler le printemps au milieu des hivers,

Et foulant le parfum de ses plantes fleuries,
Aller entretenir ses douces rêveries.
    Mais moi, grâce au destin, qui n'ai ni feu ni lieu,
Je me loge où je puis, et comme il plaît à Dieu.

NOTES.

1 *Est-ce donc pour veiller*, etc.

Plurimus hic æger moritur vigilando.
          Juv. Sat. III, v. 217. Edit. de Jouv.

              Rhedarum transitus arcto
Vicorum inflexu et stantis convicia mandræ
Eripient somnum.....
          Juv. Sat. III, v. 221. Edit. de Jouv.

Et Martial. epigr. 57, liv. XII.

          Paludis Malleator Hispanæ
Tritum nitenti fuste verberat saxum.

2 *Car à peine les coqs*, etc.
          Martial. lib. IX, epigr. LXIX.

    Nondum cristati rupére silentia galli,
Murmure jam sævo verberibusque tonas.
Tum grave percussis incudibus æra resultant,
Caussidicum medio quum faber aptat equo.

3 *En quelque endroit que j'aille*, etc. Ce vers et les trois suivans, sont imités de Juvénal.
          Sat. III, v. 228. Edit. de Jouv.

NOTES.

..... *Nobis properantibus obstat*
Unda prior, magno populus premit agmine
    lumbos
Qui sequitur : ferit hic cubito, ferit assere duro
Alter ; at hic tignum capiti incutit, ille metretam.

4 *Là, d'un enterrement*, etc.

Tristia robustis luctantur funera plaustris.
        Hor. Lib. II, Epist. 11, v. 75.

5 *Une croix de funeste présage.* C'est une de ces croix composées de deux lattes attachées au bout d'une corde, que les maçons et les couvreurs sont obligés de suspendre devant les maisons sur lesquelles ils travaillent, afin d'avertir les passans de n'en point approcher.

6 *Là, sur une charrette*, etc.

        Juv. Sat. III, v. 239. Edit. de Jouv.
    .... *Modò longa coruscat,*
Sarraco veniente, abies, atque altera pinum
Plaustra vehunt, nutant altè, populoque minantur.

Et Horace, en parlant des mêmes embarras.

        Lib. II, Epist. 11, v. 74.
Torquet nunc lapidem, nunc ingens machina
    tignum.

7 *Font voir les barricades.* Boileau désigne ici celles que l'on fit, à Paris, au mois d'août 1648, pendant la guerre de la Fronde.

8 *Guénaud sur son cheval*, etc. Guénaud, médecin de la reine.

9 *On dirait que le ciel*, etc.

Fit fragor, et densi funduntur ab æthere nimbi.
        Ovid. Metam. Lib. I.

SATIRE VI. — NOTES.

10 *Car sitôt que du soir*, etc.

Nam qui spoliet te
Non deerit, clausis domibus, postquàm omnis
ubique
Fixa catenatæ siluit compago tabernæ.
Interdum et ferro subitus grassator agit rem.
Juv. Sat. III, v. 287. Edit. de Jouv.

11 *Que dans le Marché-Neuf*, etc. Place de Paris, où se tient un marché, entre le pont Saint-Michel et le pont de l'Hôtel-Dieu.

12 *Les voleurs à l'instant*, etc.

Stat contrà, starique jubet; parere necesse est.
Nam quid agas, quum te furiosus cogat, et idem
Fortior. Juv. Sat. III, v. 273. Edit. de Jouv.

Les dangers étaient alors d'autant plus grands, qu'il n'y avait point encore de réverbères dans les rues, et que les patrouilles étaient moins nombreuses qu'à présent.

13 *Avecque le soleil. Avecque* ne s'emploierait plus aujourd'hui dans la poésie, quoique les exemples en soient fréquens, même dans nos meilleurs poètes, Corneille, Racine, Molière, Regnard.

14 *Ce n'est qu'à prix d'argent*, etc.

Juv. Sat. III, v. 220. Edit. de Jouv.

Magnis opibus dormitur in urbe.

15 *Un pays de Cocagne.* Pays imaginaire, où les habitans vivent dans l'abondance, au sein d'une molle oisiveté. C'est sans doute ce pays que Fénélon a voulu décrire dans sa Fable intitulée: *Voyage dans l'île des Plaisirs*.

SATIRE VII.

ARGUMENT.

HORACE, *par sa satire Ire du livre 2, a fourni à Boileau l'idée de cette VIIme satire, qui fut composée immédiatement après la Ire et la VIme, à la fin de l'année 1663. Le poète renonce, dit-il, à la satire; et c'est alors qu'il lance les traits les plus piquans. On peut lui appliquer ici le vers si connu du bon La Fontaine* :

Chassez le naturel, il revient au galop.

traduit d'un vers d'Horace. J'aurai occasion de le citer.

Muse, changeons de style, et quittons la satire :
C'est un méchant métier que celui de médire ;
A l'auteur qui l'embrasse il est toujours fatal :
Le mal qu'on dit d'autrui ne produit que du mal.
Maint poète, aveuglé d'une telle manie,
En courant à l'honneur trouve l'ignominie ;
Et tel mot, pour avoir réjoui le lecteur,
A coûté bien souvent des larmes à l'auteur [1].
Un éloge ennuyeux, un froid panégyrique,
Peut pourrir à son aise au fond d'une boutique,

SATIRE VII.

Ne craint point du public les jugemens divers,
Et n'a pour ennemis que la poudre et les vers.
Mais un auteur malin, qui rit et qui fait rire,
Qu'on blâme en le lisant, et pourtant qu'on veut lire,
Dans ses plaisans accès, qui se croit tout permis,
De ses propres rieurs se fait des ennemis.
Un discours trop sincère aisément nous outrage :
Chacun dans ce miroir pense voir son visage,
Et tel, en vous lisant, admire chaque trait,
Qui dans le fond de l'âme et vous craint et vous hait.
Muse, c'est donc en vain que la main vous démange :
S'il faut rimer ici, rimons quelque louange,
Et cherchons un héros parmi cet univers
Digne de notre encens, et digne de nos vers.
Mais à ce grand effort en vain je vous anime :
Je ne puis pour louer rencontrer une rime.
Dès que j'y veux rêver, ma veine est aux abois.
J'ai beau frotter mon front [2], j'ai beau mordre mes doigts ;
Je ne puis arracher du creux de ma cervelle
Que des vers plus forcés que ceux de la Pucelle.
Je pense être à la gêne, et pour un tel dessein,
La plume et le papier résistent à ma main.
Mais quand il faut railler, j'ai ce que je souhaite,
Alors, certes, alors je me connais poète :
Phébus, dès que je parle, est prêt à m'exaucer :
Mes mots viennent sans peine, et courent se placer.
Faut-il peindre un fripon fameux dans cette ville ?
Ma main, sans que j'y rêve, écrira Raumaville. [3]
Faut-il d'un sot parfait montrer l'original ?
Ma plume au bout du vers trouve d'abord Sofal.
Je sens que mon esprit travaille de génie.
Faut-il d'un froid rimeur dépeindre la manie ?

SATIRE VII.

Mes vers comme un torrent coulent sur le papier.
Je rencontre à la fois Perrin et Pelletier [4],
Bonnecorse, Pradon, Colletet, Titreville [5],
Et pour un que je veux, j'en trouve plus de mille.
Aussitôt je triomphe, et ma muse en secret
S'estime et s'applaudit du beau coup qu'elle a fait.
C'est en vain qu'au milieu de ma fureur extrême,
Je me fais quelquefois des leçons à moi-même :
En vain je veux au moins faire grâce à quelqu'un :
Ma plume aurait regret d'en épargner aucun;
Et sitôt qu'une fois ma verve me domine,
Tout ce qui s'offre à moi passe par l'étamine.
Le mérite pourtant m'est toujours précieux ;
Mais un fat me déplaît et me blesse les yeux;
Je le poursuis partout, comme un chien fait sa
  proie,
Et ne le sens jamais, qu'aussitôt je n'aboie.
Enfin, sans perdre temps en de si vains propos,
Je sais coudre une rime [6] au bout de quelques
  mots :
Souvent j'habille en vers une maligne prose.
C'est par-là que je vaux, si je vaux quelque chose.
Ainsi, soit que bientôt, par une dure loi [7],
La mort d'un vol affreux vienne fondre sur moi,
Soit que le Ciel me garde un cours long et tranquille,
A Rome ou dans Paris, aux champs ou dans la
  ville,
Dût ma muse par-là choquer tout l'univers,
Riche, gueux, triste ou gai, je veux faire des
  vers.
Pauvre esprit, dira-t-on, que je plains ta folie!
Modère ces bouillons de ta mélancolie;
Et garde qu'un de ceux que tu penses blâmer,
N'éteigne dans ton sang cette ardeur de rimer.
 Hé quoi! lorsqu'autrefois Horace [8], après Lucile,
Exhalait en bons mots les vapeurs de sa bile,
Et vengeant la vertu par des traits éclatans,
Allait ôter le masque aux vices de son temps;

SATIRE VII.

Ou bien quand Juvénal, de sa mordante plume
Faisant couler des flots de fiel et d'amertume,
Gourmandait en courroux tout le peuple latin,
L'un ou l'autre fit-il une tragique fin?
Et que craindre, après tout, d'une fureur si vaine!
Personne ne connaît ni mon nom, ni ma veine;
On ne voit point mes vers [9], à l'envi de Montreuil,
Grossir impunément les feuillets d'un recueil.
A peine quelquefois [10] je me force à les lire,
Pour plaire à quelque ami que charme la satire,
Qui me flatte peut-être, et d'un air imposteur,
Rit tout haut de l'ouvrage, et tout bas de l'auteur;
Enfin, c'est mon plaisir, je veux me satisfaire :
Je ne puis bien parler, et ne saurais me taire;
Et dès qu'un mot plaisant vient luire à mon esprit,
Je n'ai point de repos qu'il ne soit en écrit :
Je ne résiste point au torrent qui m'entraîne.
Mais c'est assez parlé. Prenons un peu d'haleine :
Ma main, pour cette fois, commence à se lasser.
Finissons. Mais demain, muse, à recommencer.

NOTES.

1 *On connaît le proverbe latin :*

Est cui magno constitit dicterium.

2 *J'ai beau frotter mon front,* etc.

Hor. Sat. X, lib. 1, v. 70.
..... in versu faciendo
Sœpè caput scaberet, vivos et roderet ungues.

3 *Ecrira Raumaville.* Nom de pure invention, aussi-bien que *Sofal* placé deux vers plus bas.

4 *Perrin et Pelletier.* L'abbé Perrin avait été introducteur des ambassadeurs de Gaston de France, duc d'Orléans. Il a traduit en vers français l'Enéide de Virgile, et il a fait plusieurs autres poésies qui furent imprimées en 1661. Cet abbé fut le premier qui obtint, en 1669, le privilége d'établir en France des opéra, à l'imitation de Venise; mais en 1672, il fut obligé de le céder au célèbre Lully. Perrin était né à Lyon.

5 *Bonnecorse, Pradon, Colletet, Titreville.* Boileau parlera de Bonnecorse, au vers 64 de l'Epître IX.

Il citera également Pradon au dernier vers de l'Epître VII.

On sait que Pradon eut la sotte prétention d'être le rival de Racine. La tragédie de Phèdre, de Pradon, fut applaudie, et celle de Racine sifflée : c'était le sort des admirables productions de ce grand homme. Le chef-d'œuvre de la scène française, Athalie, fut sifflé avec tant d'acharnement, et si long-temps, que Racine mourut dans la persuasion, non pas qu'il avait fait un mauvais ouvrage, mais que jamais Athalie ne réussirait au théâtre. « *On y reviendra*, » lui disait Boileau. La postérité a confirmé ce jugement.

Qu'on me pardonne d'exhumer ici deux vers de Pradon. Pour antidote, je citerai les vers où Racine eut la même idée que son ridicule antagoniste.

Hippolyte dit à Aricie (*dans Pradon*) :

Depuis que je vous vois, j'abandonne la chasse;
Et quand j'y vais, ce n'est que pour penser à vous.

Dans Racine, Hippolyte dit la même chose, mais il s'exprime ainsi :

Mon arc, mes javelots, mon char, tout m'importune;
Je ne me souviens plus des leçons de Neptune;

Mes seuls gémissemens font retentir les bois,
Et mes coursiers oisifs ont oublié ma voix.

Et voilà le poète que l'on sifflait, tandis que Pradon était applaudi!

Colletet. Guillaume Colletet, de l'Académie française, mort en 1659.

Titreville, poète très-obscur, dont il y a quelques vers dans les recueils de poésies.

6 *Je sais coudre une rime*, etc.

Hor. Lib. I, Sat. iv, v. 39.
Neque enim concludere versum
Dixeris esse satis.

7 *Ainsi soit que bientôt par une dure loi,*
La mort, etc.

Ces deux vers rappellent celui d'Ovide :

Omnia sub leges mors vocat atra suas.

Les dix-sept vers placés ici sont imités d'Horace, Sat I, liv. II, v. 57.

Nè longum faciam ; seu me tranquilla senectus
Exspectat, seu mors atris circumvolet alis;
Dives, inops, Romæ, seu fors ità jusserit, exsul,
Quisquis erit vitæ, scribam, color. O puer, ut sis
Vitalis, metuo; et majorum ne quis amicus
Frigore te feriat.

8 *Hé quoi! lorsque autrefois Horace*, etc. Horace, au même endroit, vers 62.

Quid? quum est Lucilius ausus
Primus in hunc operis componere carmina morem,

*Detrahere et pellem, nitidus quá quisque per ora
Cederet, introrsùm turpis*, etc.

9 *On ne voit point mes vers*, etc.

Hor. Sat. IV, lib. 1, v 70.
*Nulla taberna meos habeat, neque pila libellos,
Queis manus insudet vulgi, Hermogenisque
Tigelli.*

A l'envi de Montreuil. Mathieu de Montreuil, fils d'un avocat de Paris, naquit en 1620. Il porta toujours l'habit ecclésiastique, sans être lié aux ordres. Il avait de l'esprit, et ses poésies lui donnèrent de la réputation; mais il affecta un peu trop de faire insérer ses vers dans les recueils de poésies choisies, que les libraires faisaient imprimer. Il mourut à Valence, au mois de juillet 1691.

10 *A peine quelquefois*, etc. Horace, au même endroit déjà cité, vers 72.

*Nec recitem cuiquam, nisi amicis, idque coactus;
Non ubivis, coramve quibuslibet.*

SATIRE VIII.

A M. MOREL, DOCTEUR DE SORBONNE.

ARGUMENT.

M. MOREL, *docteur de Sorbonne, auquel cette satire est adressée, était de Châlons en Champagne, d'une bonne famille de robe. Il mourut, à Paris, le 30 Avril 1679; il était alors doyen de la Faculté de théologie, et chanoine théologal de Paris.*

Cette Satire fut composée en 1667. Boileau la nommait la Satire de l'Homme. Elle est entièrement dans le génie de Perse, sans avoir l'obscurité du satirique latin. Dans cet accès de misanthropie, l'auteur rappelle plus d'une fois l'Alceste de Molière.

DE tous les animaux qui s'élèvent dans l'air,
Qui marchent sur la terre, ou nagent dans la mer;
De Paris au Pérou, du Japon jusqu'à Rome,
Le plus sot animal, à mon avis, c'est l'homme.
    Quoi! dira-t-on d'abord, un ver, une fourmi,
Un insecte rampant qui ne vit qu'à demi,
Un taureau qui rumine, une chèvre qui broute,
Ont l'esprit mieux tourné que n'a l'homme? Oui
        sans doute.

SATIRE VIII.

Ce discours te surprend, docteur, je l'aperçoi:
L'homme de la nature est le chef et le roi;
Bois, prés, champs, animaux, tout est pour son usage,
Et lui seul a, dis-tu, la raison en partage?
Il est vrai, de tout temps la raison fut son lot,
Mais de-là je conclus que l'homme est le plus sot.
  Ces propos, diras-tu, sont bons dans la satire,
Pour égayer d'abord un lecteur qui veut rire.
Mais il faut les prouver en forme. J'y consens.
Réponds-moi donc, docteur, et mets-toi sur les bancs.
  Qu'est-ce que la sagesse? Une égalité d'âme,
Que rien ne peut troubler, qu'aucun désir n'enflâme,
Qui marche en ses conseils à pas plus mesurés
Qu'un doyen au palais ne monte les degrés.
Or, cette égalité dont se forme le sage,
Qui jamais moins que l'homme en a connu l'usage?
La fourmi, tous les ans [1], traversant les guérets,
Grossit ses magasins des trésors de Cérès;
Et dès que l'aquilon ramenant la froidure,
Vient de ses noirs frimas attrister la nature,
Cet animal tapi dans son obscurité,
Jouit l'hiver des biens conquis durant l'été :
Mais on ne la voit point, d'une humeur inconstante,
Paresseuse au printemps, en hiver diligente,
Affronter en plein champ les fureurs de janvier,
Ou demeurer oisive au retour du Bélier [2].
Mais l'homme, sans arrêt [3] dans sa course insensée,
Voltige incessamment de pensée en pensée.
Voilà l'homme en effet. Il va du blanc au noir :
Il condamne au matin ses sentimens du soir.
Importun à tout autre, à soi-même incommode,
Il change à tout moment d'esprit comme de mode;

Il tourne au moindre vent, il tombe au moindre choc,
Aujourd'hui dans un casque, et demain dans un froc.
Cependant, à le voir plein de vapeurs légères,
Soi-même se bercer de ses propres chimères,
Lui seul de la nature est la base et l'appui,
Et le dixième ciel ne tourne que pour lui.
De tous les animaux, il est, dit-il, le maître.
Qui pourrait le nier, poursuis-tu? Moi, peut-être.
Mais sans examiner si, vers les antres sourds
L'ours a peur du passant, ou le passant de l'ours;
Et si, sur un édit des pâtres de Nubie [4],
Les lions de Barca videraient la Libye :
Ce maître prétendu qui leur donne des lois,
Ce roi des animaux, combien a-t-il de rois?
L'ambition, l'amour, l'avarice ou la haine,
Tiennent comme un forçat son esprit à la chaîne.
Le sommeil sur ses yeux [5] commence à s'épancher :
Debout, dit l'avarice, il est temps de marcher.
Hé, laissez-moi? Debout. Un moment. Tu répliques?
A peine le soleil fait ouvrir les boutiques.
N'importe, lève-toi. Pourquoi faire, après tout?
Pour courir l'Océan de l'un à l'autre bout,
Chercher jusqu'au Japon la porcelaine et l'ambre,
Rapporter de Goa [6] le poivre et le gingembre.
Mais j'ai des biens en foule, et je puis m'en passer.
On n'en peut trop avoir, et pour en amasser,
Il ne faut épargner ni crime, ni parjure :
Il faut souffrir la faim, et coucher sur la dure :
Eût-on plus de trésors que n'en perdit Galet [7],
N'avoir en sa maison ni meuble ni valet :
Parmi les tas de blé, vivre de seigle et d'orge,
De peur de perdre un liard, souffrir qu'on vous égorge,
Et pourquoi cette épargne enfin? L'ignores-tu?
Afin qu'un héritier bien nourri, bien vêtu,

Profitant d'un trésor en tes mains inutile,
De son train quelque jour embarrasse la ville.
Que faire? Il faut partir. Les matelots sont prêts.
Ou si, pour l'entraîner, l'argent manque d'attraits,
Bientôt l'ambition, et toute son escorte,
Dans le sein du repos, vient le prendre à main forte,
L'envoie en furieux au milieu des hasards,
Se faire estropier sur les pas des Césars;
Et cherchant sur la brèche une mort indiscrète,
De sa folle valeur embellir la gazette.
Tout beau, dira quelqu'un, raillez plus à propos;
Ce vice fut toujours la vertu des héros.
Quoi donc? à votre avis fut-ce un fou qu'Alexandre?
Qui? cet écervelé qui mit l'Asie en cendre [8],
Ce fougueux l'Angeli, [9], qui de sang altéré,
Maître du monde entier, s'y trouvait trop serré [10]?
L'enragé qu'il était, né roi d'une province,
Qu'il pouvait gouverner en bon et sage prince,
S'en alla follement, et pensant être Dieu [11],
Courir comme un bandit qui n'a ni feu, ni lieu;
Et traînant avec soi les horreurs de la guerre,
De sa vaste folie emplir toute la terre.
Heureux, si, de son temps, pour cent bonnes raisons,
La Macédoine eût eu des petites-maisons,
Et qu'un sage tuteur l'eût en cette demeure,
Par avis de parens, enfermé de bonne heure.
 Mais sans nous égarer dans ces digressions,
Traiter, comme Sénaut [12], toutes les passions;
Et les distribuant par classes et par titres,
Dogmatiser en vers, et rimer par chapitres:
Laissons-en discourir la Chambre et Coëffeteau [13],
Et voyons l'homme enfin par l'endroit le plus beau.
Lui seul vivant, dit-on, dans l'enceinte des villes,
Fait voir d'honnêtes mœurs, des coutumes civiles,

Se fait des gouverneurs, des magistrats, des rois,
Observe une police, obéit à des lois.
Il est vrai. Mais pourtant, sans lois et sans police,
Sans craindre archers, prévôt, ni suppôt de justice,
Voit-on les loups brigands [14], comme nous inhumains,
Pour détrousser les loups, courir les grands chemins?
Jamais pour s'agrandir, vit-on, dans sa manie,
Un tigre en factions partager l'Hyrcanie [15]?
L'ours a-t-il dans les bois la guerre avec les ours?
Le vautour dans les airs fond-il sur les vautours?
A-t-on vu quelquefois dans les plaines d'Afrique,
Déchirant à l'envi leur propre république,
Lions contre lions, parens contre parens,
Combattre follement pour le choix des tyrans?
L'animal le plus fier qu'enfante la nature,
Dans un autre animal respecte sa figure,
De sa rage avec lui modère les accès,
Vit sans bruit, sans débats, sans noises, sans procès.
Un aigle sur un champ [16] prétendant droit d'aubaine,
Ne fait point appeler un aigle à la huitaine.
Jamais contre un renard chicanant un poulet,
Un renard de son sac n'alla charger Rolet [17].
On ne connaît chez eux ni placets, ni requêtes,
Ni haut ni bas conseil, ni chambre des enquêtes,
Chacun l'un avec l'autre en toute sûreté,
Vit sous les pures lois de la simple équité.
L'homme seul, l'homme seul, en sa fureur extrême,
Met un brutal honneur à s'égorger soi-même.
C'était peu que sa main [18] conduite par l'enfer,
Eût pétri le salpêtre, eût aiguisé le fer:
Il fallait que sa rage à l'univers funeste,
Allât encor de lois embrouiller un digeste,
Cherchât pour l'obscurcir, des gloses, des docteurs,
Accablât l'équité sous des monceaux d'auteurs;

SATIRE VIII.

Et pour comble de maux apportât dans la France,
Des harangueurs du temps l'ennuyeuse éloquence.
Doucement, diras-tu, que sert de s'emporter?
L'homme a ses passions, on n'en saurait douter;
Il a comme la mer ses flots et ses caprices;
Mais ses moindres vertus balancent tous ses vices.
N'est-ce pas l'homme enfin, dont l'art audacieux,
Dans le tour d'un compas a mesuré les cieux [19]?
Dont la vaste science, embrassant toutes choses,
A fouillé la nature, en a percé les causes?
Mais sans chercher au fond si notre esprit déçu
Sait rien de ce qu'il sait, s'il a jamais rien su;
Toi-même, réponds-moi. Dans le siècle où nous sommes,
Est-ce au pied du savoir qu'on mesure les hommes?
Veux-tu voir tous les grands [20] à ta porte courir?
Dit un père à son fils dont le poil va fleurir :
Prends-moi le bon parti. Laisse là tous les livres.
Cent francs au denier cinq [21] combien font-ils?
    Vingt livres.
C'est bien dit. Va, tu sais tout ce qu'il faut savoir.
Que de biens, que d'honneurs sur toi s'en vont pleuvoir!
Exerce-toi, mon fils, dans ces hautes sciences.
Prends au lieu d'un Platon le guidon des finances [22] :
Sache quelle province enrichit les traitans,
Combien le sel au roi peut fournir tous les ans.
Endurcis-toi le cœur. Sois arabe, corsaire,
Injuste, violent, sans foi, double, faussaire.
Ne va point sottement faire le généreux :
Engraisse-toi, mon fils, du suc des malheureux,
Et trompant de Colbert [23] la prudence importune,
Va par tes cruautés mériter la fortune.
Aussitôt tu verras poëtes, orateurs,
Rhéteurs, grammairiens, astronomes, docteurs,
Dégrader les héros pour te mettre en leurs places,
De tes titres pompeux enfler leurs dédicaces,

Te prouver à toi-même, en grec, hébreu, latin,
Que tu sais de leur art et le fort et le fin.
Quiconque est riche est tout [24]. Sans sagesse il est sage.
Il a sans rien savoir la science en partage.
Il a l'esprit, le cœur, le mérite, le rang,
La vertu, la valeur, la dignité, le sang.
Il est aimé des grands, il est chéri des belles :
Jamais surintendant ne trouva de cruelles.
L'or même à la laideur donne un teint de beauté ;
Mais tout devient affreux avec la pauvreté.
C'est ainsi qu'à son fils un usurier habile
Trace vers la richesse une route facile :
Et souvent tel y vient qui sait pour tout secret,
Cinq & quatre font neuf, ôtez deux, reste sept.
Après cela, docteur, va pâlir sur la Bible,
Va marquer les écueils de cette mer terrible :
Perce la sainte horreur de ce livre divin ;
Confonds dans un ouvrage et Luther et Calvin :
Débrouille des vieux temps les querelles célèbres ;
Éclaircis des rabbins les savantes ténèbres,
Afin qu'en ta vieillesse, un livre en maroquin
Aille offrir ton travail à quelque heureux faquin,
Qui, pour digne loyer de la Bible éclaircie,
Te paye, en l'acceptant, d'un : *Je vous remercie*.
Ou, si ton cœur aspire à des honneurs plus grands,
Quitte là le bonnet, la Sorbonne et les bancs ;
Et prenant désormais un emploi salutaire,
Mets-toi chez un banquier, ou bien chez un notaire,
Laisse là saint Thomas s'accorder avec Scot [25],
Et conclus avec moi qu'un docteur n'est qu'un sot.
Un docteur, diras-tu ? Parlez de vous, poëte ;
C'est pousser un peu loin votre muse indiscrète.
Mais sans perdre en discours le temps hors de saison,
L'homme, venez au fait, n'a-t-il pas la raison ?
N'est-ce pas son flambeau, son pilote fidèle ?
Oui : mais de quoi lui sert que sa voix le rappelle,

SATIRE VIII.

Si, sur la foi des vents, tout prêt à s'embarquer,
Il ne voit point d'écueil, qu'il ne l'aille choquer?
Et que sert à Cotin la raison qui lui crie:
N'écris plus, guéris-toi d'une vaine furie,
Si tous ces vains conseils, loin de la réprimer,
Ne font qu'accroître en lui la fureur de rimer?
Tous les jours de ses vers, qu'à grand bruit il récite,
Il met chez lui voisins, parens, amis, en fuite [26].
Car lorsque son démon commence à l'agiter,
Tout jusqu'à sa servante, est prêt à déserter.
Un âne, pour le moins, instruit par la nature,
A l'instinct qui le guide obéit sans murmure,
Ne va point follement de sa bizarre voix
Défier aux chansons les oiseaux dans les bois.
Sans avoir la raison, il marche sur sa route.
L'homme seul, qu'elle éclaire, en plein jour ne voit goutte,
Réglé par ses avis, fait tout à contre-temps,
Et dans tout ce qu'il fait, n'a ni raison, ni sens.
Tout lui plaît et déplaît, tout le choque et l'oblige.
Sans raison il est gai, sans raison il s'afflige.
Son esprit au hasard aime, évite, poursuit,
Défait, refait [27], augmente, ôte, élève, détruit.
Et voit-on, comme lui, les ours et les panthères,
S'effrayer sottement de leurs propres chimères,
Plus de douze attroupés craindre le nombre impair,
Ou croire qu'un corbeau [28] les menace dans l'air?
Jamais l'homme, dis-moi, vit-il la bête folle
Sacrifier à l'homme, adorer son idole,
Lui venir, comme au dieu des saisons et des vents,
Demander à genoux la pluie ou le beau temps?
Non: mais cent fois la bête a vu l'homme hypocondre,
Adorer le métal que lui-même il fit fondre;
A vu dans un pays les timides mortels,
Trembler aux pieds d'un singe [29] assis sur leurs autels;

Et sur les bords du Nil les peuples imbéciles,
L'encensoir à la main, chercher les crocodiles....
   Mais pourquoi, diras-tu, cet exemple odieux !
Que peut servir ici l'Egypte et ses faux dieux ?
Quoi ! me prouverez-vous par ce discours profane,
Que l'homme, qu'un docteur, est au-dessous d'un
    âne,
Un âne, le jouet de tous les animaux,
Un stupide animal, sujet à mille maux,
Dont le nom seul en soi comprend une satire ?
Oui, d'un âne; et qu'a-t-il qui nous excite à rire ?
Nous nous moquons de lui; mais s'il pouvait un
    jour,
Docteur, sur nos défauts s'exprimer à son tour,
Si pour nous réformer, le Ciel prudent et sage,
De la parole enfin lui permettait l'usage;
Qu'il pût dire tout haut ce qu'il se dit tout bas :
Ah ! docteur, entre nous, que ne dirait-il pas ?
Et que peut-il penser, lorsque dans une rue,
Au milieu de Paris, il promène sa vue,
Qu'il voit de toutes parts les hommes bigarrés,
Les uns gris, les uns noirs, les autres chamarrés ?
Que dit-il, quand il voit, avec la mort en trousse,
Courir chez un malade un assassin en housse,
Qu'il trouve de pédans un escadron fourré,
Suivi par un recteur [30], de bedeaux entouré,
Ou qu'il voit la justice, en grosse compagnie,
Mener tuer un homme avec cérémonie ?
Que pense-t-il de nous lorsque sur le midi,
Un hasard au palais le conduit un jeudi;
Lorsqu'il entend de loin, d'une gueule infernale,
La chicane en fureur mugir dans la grand'salle ?
Que dit-il, quand il voit les juges, les huissiers,
Les clercs, les procureurs, les sergens, les gref-
    fiers ?
Oh ! que si l'âne alors, à bon droit misanthrope,
Pouvait trouver la voix qu'il eut au temps d'E-
    sope [31] !

De tous côtés, docteur, voyant les hommes fous,
Qu'il dirait de bon cœur, sans en être jaloux,
Content de ses chardons, et secouant la tête :
Ma foi, non plus que nous, l'homme n'est qu'une bête !

NOTES.

1 *La fourmi tous les ans*, etc.

Hor. Sat. I, lib. 1, v. 33.
*Parvula (nam exemplo est) magni formica laboris
Ore trahit quodcumque potest, atque addit acervo
Quem struit, haud ignara ac non incauta futuri.
Quæ, simul inversum contristat Aquarius annum,
Non usquàm prorepit, et illis utitur antè
Quæsitis sapiens.*

2 *Au retour du bélier.* C'est-à-dire, au retour du printemps ; car cette saison commence quand le soleil entre dans le signe du bélier.

3 *Mais l'homme sans arrêt*, etc.

Hor. Epist. I, lib. 1, v. 97.
*. . . Quid ! mea quum pugnat sententia secum ?
Quod petiit, spernit ; repetit quod nuper omisit ;
Æstuat, et vitæ disconvenit ordine toto.
Insanire putas me ?....*

4 *Et si, sur un édit des pâtres de Nubie*, etc.
La Nubie est un vaste pays de l'Afrique, situé au midi du royaume de Barca.

5 *Le sommeil sur ses yeux*, etc.

Pers. Sat. V, v. 132. Edit. de Jouv.
Mane, piger, stertis : surge, inquit, *avaritia, eia
Surge. Negas ; instat : surge*, inquit. *Non queo :
  surge.
En quid agam ? rogitas ? En, saperdam advehe
  Ponto,
Castoreum, stupas, ebenum, thus, lubrica Coa ;
Tolle recens primus piper e sitiente camelo :
Verte aliquid ; jura. Sed Jupiter audiet. Eheu,
Baro, regustatum digito terebrare salinum
Contentus perages, si vivere cum Jove tendis.*

6 *Rapporter de Goa*, etc. Capitale que les Portugais possèdent dans les Indes orientales. Ce fut dans cette ville que l'auteur de *la Lusiade*, l'infortuné Camoëns, demanda à Ataïd, vice-roi des Indes, la permission de retourner à Lisbonne, sa patrie, où de nouveaux malheurs l'attendaient encore.

7 *Eût-on plus de trésors que n'en perdit Galet.* Fameux joueur, qui avait gagné au jeu des sommes immenses qu'il reperdit ensuite. Il avait fait bâtir, à Paris, l'hôtel de Sully, dans la rue Saint-Antoine ; mais il le joua en un coup de dé. Après avoir perdu tout son bien, il allait encore, dit-on, jouer avec les laquais dans les rues, et même sur les degrés de la maison qui lui avait appartenu.

8 *Qui ? cet écervelé qui mit l'Asie en cendre ?* Comme Boileau, Jean-Baptiste Rousseau a déploré les conquêtes des guerriers trop fameux dans l'histoire. (Ode à la Fortune.)

  Quoi ! Rome et l'Italie en cendre
    Me feront honorer Sylla ?
    J'admirerai dans Alexandre
    Ce que j'abhorre en Attila ?

9 *Ce fougueux l'Angéli*, etc. Voyez le vers 112

de la satire 1, et la remarque sur ce même vers, où il est parlé de l'Angéli.

10 *Maître du monde entier s'y trouvait trop serré.* Juv. Sat. X, v. 168. Edit. de Jouv.

Unus Pellæo juveni non sufficit orbis :
Æstuat infelix angusto limite mundi.

11 *Et pensant être Dieu.* On sait qu'Alexandre-le-Grand voulut se faire passer pour le fils de Jupiter-Ammon. Il porta même un décret pour que tous les peuples de la Grèce reconnussent en lui un dieu. Les Lacédémoniens firent alors une réponse qui marquait assez leur mépris pour une ambition si folle, et la sagesse qui éclairait la république de Sparte.

« *Puisque Alexandre veut être dieu, qu'il le soit.* »

12 *Traiter, comme Sénaut,* etc. Le P. Jean-François Sénaut, général de la congrégation de l'Oratoire, a fait un *Traité de l'usage des passions.*

13 *Laissons-en discourir La Chambre et Coëffeteau.* Marin Cureau de *La Chambre*, médecin ordinaire du roi, a fait le *Caractère des Passions*, outre plusieurs autres ouvrages. Il était de l'Académie française, et mourut, à Paris, au mois de novembre 1669, âgé de soixante-seize ans.

Nicolas Coëffeteau, religieux de l'ordre de Saint-Dominique, nommé à l'évêché de Marseille, a composé *le Tableau des passions humaines, leurs causes et leurs effets.*

14 *Voit-on les loups brigands,* etc.

Hor. Epod. VII, v. 11.
Neque hic lupis mos, nec fuit leonibus,
Unquam, nisi in dispar, feris.
Furor-ne cæcus, an rapit vis acrior ?

Sed jam serpentum major concordia : parcit
Cognatis maculis similis fera. Quando leoni

Fortior eripuit vitam leo ? Quo nemore unquàm
Exspiravit aper majoris dentibus apri?
Indica tigris agit rabidâ cum tigride pacem
Perpetuam : sævis inter se convenit ursis.
   Juv, Sat. XV, v. 159. Edit. de Jouv.

 15 *Partager l'Hyrcanie*. Province de la Perse, au midi de la mer Caspienne.

 16 *Un aigle sur un champ*, etc. Le droit d'aubaine est le droit de prendre la succession d'un étranger qui meurt en France. Ce droit appartenait au roi seul dans son royaume.

 17 *Un renard de son sac n'alla charger Rolet*. procureur du parlement, dont il a été parlé dans la Satire I, v. 52.

 18 *C'était peu que sa main*, etc.

Ast homini ferrum lethale incude nefandâ
Produxisse parum est.
   Juv. Sat. XV, v. 165. Edit. de Jouv.

 19 *Dans le tour d'un compas a mesuré les cieux ?*

Descripsit radio totum qui gentibus orbem.
    Virg. Eclog. III, v. 41.
Et Horace :

Aerias tentâsse domos, animoque rotundum
Percurrisse polum. Ode XXIII, lib. 1, v. 5.

 20 *Veux-tu voir tous les grands*, etc.

Romani pueri longis rationibus assem
Discunt in partes centum diducere. Dicat
Filius Albini, si de quincunce remota est
Uncia, quid superat? Poteras dixisse, triens. Eu !
Rem poteris servare tuam. Redit uncia, quid fit?
Semis.   Hor. Ars poet., v. 325.

 21 *Cent francs au denier cinq*, etc. C'est un usu-

rier qui parle, et qui, au lieu d'interroger son fils sur le pied du denier vingt, qui était l'intérêt légitime, l'interroge sur le pied du denier cinq, qui était un intérêt exorbitant.

22 *Le guidon des finances*. Livre qui traitait des droits et des revenus du roi, et de tout ce qui concerne les finances.

23 *Et trompant de Colbert*, etc. Ministre et secrétaire d'état, contrôleur général des finances.

24 *Quiconque est riche est tout*, etc.

Scilicet uxorem cum dote, fidemque et amicos,
Et genus, et formam regina pecunia donat;
Ac benè nummatum decorat Suadela Venusque.
Hor. Lib. I, Epist. VI, v. 36.

Voyez les mêmes idées développées dans le conte de Jeannot et Colin, par Voltaire.

25 *Laisse-là Saint-Thomas s'accorder avec Scot.* Les disputes des Thomistes et des Scotistes sont fameuses dans les écoles. Jean Duns, vulgairement appelé *Scot*, parce qu'il était Ecossais, fut surnommé le docteur subtil : ses opinions sont souvent opposées à celles de Saint-Thomas.

26 *Il met chez lui voisins, parens, amis en fuite.*

Indoctum, doctumque fugat recitator acerbus,
Quem verò arripuit, tenet, occiditque legendo.
Hor. Ars poet., v. 474.

27 *Défait, refait*, etc.

Hor. Epist. I, v. 100.
Diruit, ædificat, mutat quadrata rotundis.

28 *Ou croire qu'un corbeau*, etc.

Sæpè sinistra cava prædixit ab ilice cornix.
Virg. Eclog. I, v. 18.

29 *Trembler aux pieds d'un singe*, etc. Imitation de Juvénal, qui commence ainsi sa XVe satire :

Quis nescit, Volusi Bithynice, qualia demens
Ægyptus portenta colat? crocodilon adorat
Pars hæc; illa pavet saturam serpentibus Ibin.
Effigies sacri nitet aurea Cercopitheci.

30 *Suivi par un recteur*, etc. L'université de Paris faisait alors ses processions quatre fois l'année. Le recteur y assistait avec ses suppôts. Les quatre facultés de théologie, de droit, de médecine et des arts, marchaient aussi à leur rang, et avec les habits qui leur étaient affectés.

31 *Pouvait trouver la voix qu'il eut au temps d'Esope!* Le passage grec suivant va nous donner, en quelque sorte, une idée précise et exacte des fables d'Esope :

Αἰσώπῳ τῷ Φρυγὶ πεποίηνται λόγοι διὰ τῶν θηρίων τῆς ξυνυσίας· διαλέγεται δὲ αὐτῷ καὶ τὰ δένδρα, καὶ οἱ ἰχθύες, ἄλλο ἄλλῳ, καὶ ἀνθρώποις ἀμιγῆ· καταμέμικται ἐν τοῖς λόγοις τέτοις νῦς βραχύς, αἰνιττόμενός τι τῶν ἀληθῶν.

Esope le Phrygien a composé des fables sur les entretiens des animaux. Il fait parler les arbres, les poissons, l'un avec l'autre, et les hommes avec eux. Dans tous ses apologues se trouve mêlé quelque trait de raison qui renferme toujours une vérité.
(*Traduction de l'Editeur.*)

Voyez aussi, au sujet d'Esope, un dialogue fort piquant entre Homère et le Phrygien, dans les œuvres de Fontenelle.

SATIRE IX.

ARGUMENT.

Composée en 1667, cette satire ne fut imprimée que l'année suivante. On y retrouve tout le sel et toute la finesse d'Horace. Jamais Boileau n'est plus terrible pour les Pradons et les Cotins de son siècle, que lorsqu'il feint de censurer lui-même ses ouvrages ; il les accable des traits qu'il semble ne lancer qu'à lui.

C'est à vous, mon esprit, à qui je veux parler [1] ;
Vous avez des défauts que je ne puis céler.
Assez et trop long-temps ma lâche complaisance,
De vos jeux criminels a nourri l'insolence.
Mais puisque vous poussez ma patience à bout,
Une fois en ma vie il faut vous dire tout.
   On croirait, à vous voir, dans vos libres caprices,
Discourir en Caton des vertus et des vices,
Décider du mérite et du prix des auteurs,
Et faire impunément la leçon aux docteurs,
Qu'étant seul à couvert des traits de la satire,
Vous avez tout pouvoir de parler et d'écrire.
Mais moi, qui dans le fond sais bien ce que j'en crois,
Qui compte tous les jours vos défauts par mes doigts,

Je ris, quand je vous vois, si faible et si stérile,
Prendre sur vous le soin de réformer la ville,
Dans vos discours chagrins plus aigre et plus mordant
Qu'une femme en furie, ou Gautier en plaidant [2].
Mais répondez un peu. Quelle verve indiscrète,
Sans l'aveu des neuf Sœurs, vous a rendu poète ?
Sentiez-vous, dites-moi, ces violens transports
Qui d'un esprit divin font mouvoir les ressorts ?
Qui vous a pu souffler une si folle audace ?
Phébus a-t-il pour vous aplani le Parnasse ?
Et ne savez vous pas que sur ce mont sacré,
Qui ne vole au sommet [3], tombe au plus bas degré,
Et qu'à moins d'être au rang d'Horace ou de Voiture,
On rampe dans la fange avec l'abbé de Pure ?
Que si tous mes efforts ne peuvent réprimer
Cet ascendant malin [4] qui vous force à rimer,
Sans perdre en vains discours tout le fruit de vos veilles,
Osez chanter du roi les augustes merveilles.
Là, mettant à profit vos caprices divers,
Vous verriez tous les ans fructifier vos vers ;
Et par l'espoir du gain votre muse animée,
Vendrait au poids de l'or une once de fumée.
Mais en vain, dites-vous, je pense vous tenter
Par l'éclat d'un fardeau trop pesant à porter.
Tout chantre ne peut pas, sur le ton d'un Orphée,
Entonner en grands vers, *la discorde étouffée*,
Peindre *Bellone en feu tonnant de toutes parts*,
Et le Belge effrayé [5] *fuyant sur ses remparts*....
Sur un ton si hardi, sans être téméraire,
Racan pourrait chanter [6] sur le ton d'un Homère ;
Mais pour Cotin et moi [7], qui rimons au hasard,
Que l'amour de blâmer fit poètes par art ;
Quoiqu'un tas de grimauds vante notre éloquence,
Le plus sûr est pour nous de garder le silence.
Un poëme insipide et sottement flatteur
Déshonore à la fois le héros et l'auteur ;

SATIRE IX.

Enfin de tels projets passent notre faiblesse.
Ainsi parle un esprit languissant de mollesse,
Qui sous l'humble dehors d'un respect affecté,
Cache le noir venin de sa malignité.
Mais dussiez-vous en l'air voir vos ailes fondues,
Ne valait-il pas mieux vous perdre dans les nues,
Que d'aller sans raison d'un style peu chrétien,
Faire insulte en rimant [8] à qui ne vous dit rien;
Et du bruit dangereux d'un livre téméraire,
A vos propres périls enrichir le libraire?

Vous vous flattez peut-être en votre vanité,
D'aller comme un Horace à l'immortalité :
Et déjà vous croyez, dans vos rimes obscures,
Aux Saumaises futurs préparer des tortures [9].
Mais combien d'écrivains, d'abord si bien reçus,
Sont de ce fol espoir honteusement déçus,
Combien, pour quelques mois, ont vu fleurir leur
    livre,
Dont les vers en paquet se vendent à la livre?
Vous pourrez voir un temps vos écrits estimés,
Courir de main en main par la ville semés,
Puis delà tout poudreux, ignorés sur la terre,
Suivre chez l'épicier Neuf-Germain et la Serre [10];
Ou de trente feuillets réduits peut-être à neuf,
Parer demi-rongés les rebords du Pont-Neuf [11].
Le bel honneur pour vous, en voyant vos ouvrages
Occuper le loisir des laquais et des pages;
Et souvent dans un coin renvoyés à l'écart,
Servir de second tome aux airs du Savoyard [12] !

Mais je veux que le sort, par un heureux caprice,
Fasse de vos écrits prospérer la malice,
Et qu'enfin votre livre aille au gré de vos vœux,
Faire siffler Cotin [13] chez nos derniers neveux :
Que vous sert-il qu'un jour l'avenir vous estime,
Si vos vers aujourd'hui vous tiennent lieu de crime,
Et ne produisent rien, pour fruits de leurs bons
    mots,
Que l'effroi du public, et la haine des sots?

* 6

Quel démon vous irrite, et vous porte à médire ?
Un livre vous déplaît : qui vous force à le lire ?
Laissez mourir un fat dans son obscurité.
Un auteur ne peut-il pourrir en sûreté ?
Le Jonas inconnu [14] sèche dans la poussière ;
Le David imprimé n'a point vu la lumière.
Le Moïse commence à moisir par les bords.
Quel mal cela fait-il ? Ceux qui sont morts, sont morts.
Le tombeau contre vous ne peut-il les défendre ?
Et qu'ont fait tant d'auteurs, pour remuer leur cendre ?
Que vous ont fait Perrin [15], Bardin, Pradon, Hainaut,
Colletet, Pelletier, Titreville, Quinault,
Dont les noms en cent lieux, placés comme en leurs niches,
Vont de vos vers malins remplir les hémistiches ?
Ce qu'ils font vous ennuie. O le plaisant détour !
Ils ont bien ennuyé le roi, toute la cour,
Sans que le moindre édit ait, pour punir leur crime,
Retranché les auteurs, ou supprimé la rime.
Ecrive qui voudra ; chacun à ce métier
Peut perdre impunément de l'encre et du papier.
Un roman, sans blesser les lois ni la coutume,
Peut conduire un héros au dixième volume.
Delà vient que Paris voit chez lui de tout temps,
Les auteurs à grands flots déborder tous les ans,
Et n'a point de portail où jusques aux corniches
Tous les piliers ne soient enveloppés d'affiches.
Vous seul plus dégoûté, sans pouvoir et sans nom,
Viendrez régler les droits et l'état d'Apollon ?
Mais vous qui raffinez sur les écrits des autres,
De quel œil pensez-vous qu'on regarde les vôtres ?
Il n'est rien, en ce temps, à couvert de vos coups.
Mais savez-vous aussi comme on parle de vous ?
  Gardez-vous, dira l'un [16] de cet esprit critique :
On ne sait bien souvent quelle mouche le pique.

Mais c'est un jeune fou, qui se croit tout permis,
Et qui pour un bon mot va perdre vingt amis.
Il ne pardonne pas aux vers de la pucelle,
Et croit régler le monde au gré de sa cervelle.
Jamais dans le barreau trouva-t-il rien de bon ?
Peut-on si bien prêcher, qu'il ne dorme au sermon ?
Mais lui, qui fait ici le régent du Parnasse,
N'est qu'un gueux revêtu des dépouilles d'Horace [17].
Avant lui, Juvénal avait dit en latin,
Qu'on est assis à l'aise aux sermons de Cotin.
L'un et l'autre avant lui s'étaient plaints de la rime,
Et c'est aussi sur eux qu'il rejette son crime.
Il cherche à se couvrir de ces noms glorieux.
J'ai peu lu ces auteurs : mais tout n'irait que mieux,
Quand de ces médisans l'engeance toute entière
Irait la tête en bas rimer dans la rivière [18].
Voilà comme on vous traite, et le monde effrayé
Vous regarde déjà comme un homme noyé.
En vain quelque rieur, prenant votre défense,
Veut faire au moins de grâce adoucir la sentence.
Rien n'apaise un lecteur toujours tremblant d'effroi,
Qui voit peindre en autrui ce qu'il remarque en soi.
Vous ferez-vous toujours des affaires nouvelles ?
Et faudra-t-il sans cesse essuyer des querelles ?
N'entendrai-je qu'auteurs se plaindre et murmurer ?
Jusqu'à quand vos fureurs doivent-elles durer ?
Répondez, mon esprit, ce n'est plus raillerie :
Dites..... Mais, direz-vous, pourquoi cette furie ?
Quoi ? pour un maigre auteur que je glose en passant,
Est-ce un crime, après tout, et si noir et si grand ?
Et qui, voyant un fat s'applaudir d'un ouvrage
Où la droite raison trébuche à chaque page,
Ne s'écrie aussitôt : *L'impertinent auteur !*
L'ennuyeux écrivain ! le maudit traducteur !

SATIRE IX.

A quoi bon mettre au jour tous ces discours frivoles,
Et ces riens enfermés dans de grandes paroles !
Est-ce donc là médire, ou parler franchement ?
Non, non, la médisance y va plus doucement.
Si l'on vient à chercher [19] pour quel secret mystère
Alidor à ses frais bâtit un monastère :
Alidor, dit un fourbe, *il est de mes amis :*
Je l'ai connu laquais avant qu'il fût commis.
C'est un homme d'honneur, de piété profonde,
Et qui veut rendre à Dieu ce qu'il a pris au monde.
 Voilà jouer d'adresse et médire avec art ;
Et c'est avec respect enfoncer le poignard.
Un esprit né sans fard, sans basse complaisance,
Fuit ce ton radouci que prend la médisance.
Mais de blâmer des vers ou durs ou languissans,
De choquer un auteur qui choque le bon sens,
De railler un plaisant qui ne sait pas nous plaire,
C'est ce que tout lecteur eut toujours droit de faire.
 Tous les jours à la cour un sot de qualité
Peut juger de travers avec impunité :
A Malherbe, à Racan préférer Théophile,
Et le clinquant du Tasse [20] à tout l'or de Virgile.
Un clerc, pour quinze sous, sans craindre le holà,
Peut aller au parterre attaquer Attila ;
Et si le roi des Huns ne lui charme l'oreille,
Traiter de Visigoths tous les vers de Corneille.
Il n'est valet d'auteur, ni copiste à Paris,
Qui, la balance en main, ne pèse les écrits.
Dès que l'impression fait éclore un poète,
Il est esclave né de quiconque l'achète ;
Il se soumet lui-même aux caprices d'autrui,
Et ses écrits tout seuls doivent parler pour lui.
Un auteur à genoux, dans une humble préface,
Au lecteur qu'il ennuie a beau demander grâce ;
Il ne gagnera rien sur ce juge irrité,
Qui lui fait son procès de pleine autorité.

Et je serai le seul qui ne pourrai rien dire !
On sera ridiculé, et je n'oserai rire ?
Et qu'ont produit mes vers de si pernicieux,
Pour armer contre moi tant d'auteurs furieux ?
Loin de les décrier, je les ai fait paraître ;
Et souvent sans ces vers, qui les ont fait connaître,
Leur talent dans l'oubli demeurerait caché.
Et qui saurait sans moi [21] que Cotin a prêché ?
La satire ne sert qu'à rendre un fat illustre.
C'est une ombre au tableau, qui lui donne du
    lustre.
En les blâmant enfin, j'ai dit ce que j'en croi ;
Et tel qui m'en reprend, en pense autant que moi.
  Il a tort, dira l'un ; *pourquoi faut-il qu'il
    nomme ?*
Attaquer Chapelain ! ah ! c'est un si bon homme.
Balzac en fait l'éloge [22] *en cent endroits divers :*
*Il est vrai, s'il m'eût cru, qu'il n'eût point fait de
    vers ;*
Il se tue à rimer : que n'écrit-il en prose ?
Voilà ce que l'on dit. Et que dis-je autre chose ?
En blâmant ses écrits, ai-je d'un style affreux
Distillé sur sa vie un venin dangereux ?
Ma muse, en l'attaquant, charitable et discrète,
Sait de l'homme d'honneur distinguer le poète.
Qu'on vante en lui la foi, l'honneur, la probité ;
Qu'on prise sa candeur et sa civilité ;
Qu'il soit doux, complaisant, officieux, sincère,
On le veut, j'y souscris, et suis prêt à me taire.
Mais que pour un modèle on montre ses écrits,
Qu'il soit le mieux renté [23] de tous les beaux es-
    prits ;
Comme roi des auteurs qu'on l'élève à l'empire ;
Ma bile alors s'échauffe, et je brûle d'écrire :
Et s'il ne m'est permis de le dire au papier,
J'irai creuser la terre [24], et comme ce barbier,
Faire dire aux roseaux, par un nouvel organe,
Midas, le roi Midas, a des oreilles d'âne.

Quel tort lui fais-je enfin ? ai-je par un écrit
Pétrifié sa veine, et glacé son esprit ?
Quand un livre au palais se vend et se débite,
Que chacun par ses yeux juge de son mérite ;
Que Billaine l'étale ²⁵, au deuxième pilier ;
Le dégoût du censeur peut-il se décrier ?
En vain contre le Cid ²⁶ un ministre se ligue,
Tout Paris pour Chimène a les yeux de Rodrigue.
L'académie en corps a beau le censurer,
Le public révolté s'obstine à l'admirer.
Mais lorsque Chapelain met une œuvre en lumière,
Chaque lecteur d'abord lui devient un Linière ²⁷ :
En vain il a reçu l'encens de mille auteurs,
Son livre en paraissant dément tous ses flatteurs.
Ainsi, sans m'accuser, quand tout Paris le joue,
Qu'il s'en prenne à ses vers que Phébus désavoue ;
Qu'il s'en prenne à sa muse allemande en françois ;
Mais laissons Chapelain pour la dernière fois.
La satire, dit-on, est un métier funeste,
Qui plaît à quelques gens, et choque tout le reste.
La suite en est à craindre. En ce hardi métier,
La peur plus d'une fois ²⁸ fit repentir Regnier.
Quittez ces vains plaisirs dont l'appât vous abuse :
A de plus doux emplois occupez votre muse,
Et laissez à Feuillet ²⁹ réformer l'univers.
Et sur quoi donc faut-il que s'exercent mes vers ?
Irai-je dans une ode, en phrases de Malherbe,
Troubler dans ses roseaux le Danube superbe,
Délivrer de Sion le peuple gémissant,
Faire trembler Memphis, ou pâlir le croissant,
Et passant du Jourdain les ondes alarmées,
Cueillir, mal à propos, *les palmes Iduméess* ³⁰.
Viendrai-je, en une églogue, entouré de troupeaux,
Au milieu de Paris enfler mes chalumeaux ;
Et dans mon cabinet, assis au pied des hêtres,
Faire dire aux échos des sottises champêtres ?
Faudra-t-il de sang froid, et sans être amoureux,
Pour quelque Iris en l'air faire le langoureux ;

Lui prodiguer les noms de soleil et d'aurore ;
Et toujours bien mangeant, mourir par métaphore ?
Je laisse aux doucereux ce langage affété,
Où s'endort un esprit de mollesse hébété.
   La satire, en leçons, en nouveautés fertile,
Sait seule assaisonner le plaisant et l'utile [31],
Et d'un vers qu'elle épure aux rayons du bon sens,
Détromper les esprits des erreurs de leurs temps.
Elle seule, bravant l'orgueil et l'injustice,
Va jusque sous le dais faire pâlir le vice ;
Et souvent sans rien craindre, à l'aide d'un bon
      mot,
Va venger la raison des attentats d'un sot.
C'est ainsi que Lucile [32], appuyé de Lélie,
Fit justice en son temps des Cotins d'Italie,
Et qu'Horace, jetant le sel à pleines mains,
Se jouait aux dépens des Pelletiers romains.
C'est elle qui, m'ouvrant le chemin qu'il faut
      suivre,
M'inspira dès quinze ans la haine d'un sot livre ;
Et sur ce mont fameux où j'osai la chercher,
Fortifia mes pas, et m'apprit à marcher.
C'est pour elle, en un mot, que j'ai fait vœu d'é-
      crire.
   Toutefois, s'il le faut, je veux bien m'en dédire ;
Et pour calmer enfin tous ces flots d'ennemis,
Réparer en mes vers les maux qu'ils ont commis.
Puisque vous le voulez, je vais changer de style.
Je le déclare donc : Quinault est un Virgile.
Pradon comme un soleil en nos ans a paru.
Pelletier écrit mieux qu'Ablancourt ni Patru [33].
Cotin, à ses sermons traînant toute la terre,
Fend les flots d'auditeurs pour aller à sa chaire.
Sofal est le Phénix des esprits relevés.
Perrin.... Bon, mon esprit, courage, poursuivez.
Mais ne voyez-vous pas que leur troupe en furie
Va prendre encor ces vers pour une raillerie ?

Et dieu sait, aussitôt, que d'auteurs en courroux,
Que de rimeurs blessés s'en vont fondre sur vous !
Vous les verrez bientôt, féconds en impostures,
Amasser contre vous des volumes d'injures ;
Traiter en vos écrits chaque vers d'attentat,
Et d'un mot innocent ³⁴ faire un crime d'état.
Vous aurez beau vanter le roi dans vos ouvrages,
Et de ce nom sacré sanctifier vos pages ;
Qui méprise Cotin, n'estime point son roi,
Et n'a, selon Cotin, ni Dieu, ni foi, ni loi.
Mais quoi ! répondez-vous, Cotin nous peut-il
  nuire ?
Et par ses cris enfin que saurait-il produire ?
Interdire à mes vers, dont peut-être il fait cas,
L'entrée aux pensions, où je ne prétends pas ?
Non pour louer un roi que tout l'univers loue,
Ma langue n'attend point que l'argent la dénoue ;
Et sans espérer rien de mes faibles écrits,
L'honneur de le louer m'est un trop digne prix.
On me verra toujours, sage dans mes caprices,
De ce même pinceau dont j'ai noirci les vices,
Et peint de noms d'auteurs tant de sots revêtus,
Lui marquer mon respect, et tracer ses vertus.
Je vous crois ; mais pourtant on crie, on vous
  menace.
Je crains peu, direz-vous, les braves du Parnasse.
Hé, mon Dieu, craignez tout d'un auteur en cour-
  roux,
Qui peut.... Quoi ? Je m'entends. Mais encor ?
  Taisez-vous.

NOTES.

1 *C'est à vous, mon esprit, à qui je veux parler.*
On a beaucoup critiqué ce vers, en lui reprochant une faute de français, une tournure non avouée par la grammaire. En effet, *à vous à qui* ne serait pas français aujourd'hui ; mais il faut croire qu'au temps de Boileau, cette construction était correcte et régulière. Notre auteur est trop pur, pour avoir laissé échapper une faute de langue. Il serait en opposition avec le précepte qu'il a donné lui-même dans l'Art poétique :

Surtout qu'en vos écrits la langue révérée,
Dans vos plus grands excès vous soit toujours sacrée.
En vain vous me frappez d'un son mélodieux,
Si le terme est impropre, ou le tour vicieux :
Mon esprit n'admet point un pompeux barbarisme,
Ni d'un vers ampoulé l'orgueilleux solécisme :
Sans la langue, en un mot, l'auteur le plus divin
Est toujours, quoi qu'il fasse, un méchant écrivain.
Chant I, v. 56.

Et l'on sait que, dans tous ses écrits, l'exemple est toujours chez lui à côté du précepte.

2 *Ou Gautier en plaidant.* Claude Gautier, avocat fameux et très-mordant, qui mourut le 16 septembre 1666, âgé de 76 ans.

3 *Qui ne vole au sommet,* etc.

Si paulùm à summo discessit, vergit ad imum.
Hor. Ars poet., v. 380.

4 *Cet ascendant malin*, etc.

*Aut si tantus amor scribendi te rapit, aude
Cæsaris invicti res dicere, multa laborum
Præmia laturus. — Cupidum, pater optime, vires
Deficiunt.* Hor. Sat. I, lib. II, v. 10.

5 *Et le Belge effrayé*, etc. Cette satire a été faite dans le temps que le roi prit Lille, au mois d'août 1667.

6 *Racan pourrait chanter*, etc. Honorat de Beuil, marquis de Racan, poëte estimé. Il était de l'Académie française, et mourut en 1670. Cet auteur, auquel on ne peut refuser du talent et du mérite, n'a pas toujours un tour heureux et facile : il manque quelquefois de pureté et de correction ; ses expressions ont quelque chose de bas et d'ignoble. Je citerai seulement son Imitation de cette pensée d'Horace :

> *Pallida mors æquo pulsat pede*
> *Pauperum tabernas*
> *Regumque turres.* Ode IV, lib. I, v. 19.

> Les lois de la mort sont fatales
> Aussi-bien aux maisons royales
> Qu'aux taudis couverts de roseaux.
> Tous nos jours sont sujets aux Parques :
> Ceux des bergers et des monarques
> Sont coupés des mêmes ciseaux.
>   RACAN.

Cependant ne jugeons pas Racan sur ce seul passage. Boileau lui a donné des éloges : c'est dire qu'il les a mérités.

7 *Mais pour Cotin et moi*, etc.

Si natura negat, facit indignatio versum

NOTES.

Qualemcumque potest, quales ego, vel Cluvienus.
JUV. Sat. I, v. 64. Edit. de Jouv.

8 *Faire insulte en rimant*, etc.

*Quantò rectius hoc quàm tristi lædere versu
Pantolabum scurram Nomentanumque nepotem!*
HOR. Lib. II, Sat. 1, v. 21.

9 *Aux Saumaises futurs préparer des tortures.*
(Evitez dans la poésie française que le premier hémistiche rime, ne fût-ce que pour l'oreille, avec le second, comme dans ce vers de notre auteur.)
Claude Saumaise, savant critique et commentateur, a éclairci une infinité d'endroits obscurs et difficiles des auteurs anciens. Il mourut en 1663.

10 *Neuf-Germain et La Serre.* Louis de Neuf-Germain était un poète ridicule et extravagant, qui vivait sous le règne de Louis XIII. On a parlé de La Serre au vers 176 de la satire III.

11 *Les rebords du Pont-Neuf*, où, du temps de Boileau, on étalait d'ordinaire les livres de rebut. Souvent pareille chose arrive de nos jours.

12 *Servir de second tome aux airs du Savoyard.* Fameux chanteur du Pont-Neuf, dont on vantait les chansons. Elles ont été imprimées en un petit volume, sous le titre de *Recueil nouveau des chansons du Savoyard, par lui seul chantées à Paris.*

13 *Faire siffler Cotin*, etc. Les satiriques affectionnent cette expression : *siffler*. Elle convient au style mordant de la satire. Horace a dit :

. . . . *Populus me sibilat.*
LIB. I, Sat. 1, v. 66.

Nous la retrouvons plusieurs fois dans les écrits

de l'infortuné Gilbert, qui promettait à la France un digne successeur de Boileau.

Vous sifflez l'univers dont vous êtes sifflé.

Ils vengent les Cotins des affronts du sifflet.

Mais qui sont ces auteurs dont les noms offensés
Se virent par ma plume au sifflet dénoncés ?

Et dans ces vers, où tout le fiel de la satire semble s'être exhalé :

Dois-je, au lieu de La Harpe, obscurément écrire ?
C'est ce petit rimeur de tant de prix enflé,
Qui, sifflé pour ses vers, pour sa prose sifflé,
Tout meurtri des faux pas de sa muse tragique,
Tomba de chute en chute au trône académique.
                                        GILBERT.

Gardons-nous cependant d'accueillir, sans restriction, le jugement de Gilbert sur La Harpe. Cet écrivain, malgré la satire du poète, est et sera toujours le Quintilien français.

14 *Le Jonas inconnu*, etc., et vers suivans. Le Jonas inconnu, le David imprimé, le Moïse, poëmes héroïques qui n'ont eu aucun succès.

15 *Que vous ont fait Perrin*, etc. Ce vers et le suivant font allusion aux vers 44 et 45 de la satire VII, où la plupart des mêmes noms sont placés.

Hainaut, poète de ce temps-là, connu par le fameux sonnet de l'*Avorton*, dont il était l'auteur, et par quelques autres pièces, tant en vers qu'en prose, qui furent imprimées à Paris, en 1670, mourut en l'année 1682.

16 *Gardez-vous, dira l'un*, etc.

Omnes hi metuunt versus, odère poëtas.

Fenum habet in cornu, longè fuge ; dummodò risum
Excutiat sibi, non hic cuiquam parcet amico.
Hor. Sat. IV, lib. 1, v. 34.

17 *N'est qu'un gueux revêtu des dépouilles d'Horace.* Regnard, qui n'a pas toujours été l'admirateur et l'ami de Boileau, a composé une satire intitulée : *Le Tombeau de Boileau-Despréaux*, où on lit les vers suivans, qui font allusion au vers de notre poète :

Ci-gît maître Boileau, qui vécut de médire,
Et qui mourut aussi par un trait de satire :
Le coup, dont il frappa, lui fut enfin rendu.
Si, par malheur, un jour son livre était perdu,
A le chercher bien loin, passant, ne t'embarrasse,
Tu le retrouveras tout entier dans Horace.

Malgré la satire de Regnard, on peut dire de Boileau ce qu'il a écrit de lui-même, qu'il fut :

Même en imitant toujours original.

Ce que l'on prend aux anciens, est de bonne prise, lorsqu'on sait, avec art, rassembler ces heureux débris. Regnard lui-même n'a pas craint de faire à Plaute quelques larcins, lorsqu'il composa ses Ménechmes.

18 *Irait la tête en bas rimer dans la rivière.* L'austère vertu dont le duc de Montausier faisait profession, lui fit regarder les précédentes satires de Boileau, comme des médisances affreuses qu'on ne devait pas autoriser. De sorte qu'un jour il dit, dans un mouvement de colère, qu'il faudrait envoyer Boileau et tous les satiriques rimer dans la rivière. Cependant on sait que ce duc, qui s'était mêlé de poésie dans sa jeunesse, avait lui-même

composé des satires, qui passaient pour vives et piquantes.

19 *Si l'on vient à chercher*, etc.

> . . . . *Mentio si qua*
> *De Capitolini furtis injecta Petilli*
> *Te coram fuerit, defendas, ut tuus est mos :*
> *Me Capitolinus convictore usus amicoque*
> *A puero est, causâque meâ permulta rogatus*
> *Fecit ; et incolumis lætor quòd vivit in urbe :*
> *Sed tamen admiror quo pacto judicium illud*
> *Fugerit.* — *Hic nigræ succus loliginis ; hæc est*
> *Ærugo mera.* Hor. Lib. I, Sat. IV, v. 92.[1]

20 *Et le clinquant du Tasse*, etc. Torquato Tasso, poète italien très-célèbre, qui a vécu dans le seizième siècle. Plusieurs auteurs, et particulièrement les Italiens, n'ont pas fait difficulté de mettre le Tasse en parallèle avec Virgile. Si la Jérusalem délivrée ne vaut pas l'Enéide, on reconnaît du moins dans les vers de l'auteur italien, autre chose que du clinquant.

21 *Et qui saurait, sans moi*, etc. Allusion à ce vers de la satire III :
Qu'aux sermons de Cassagne ou de l'abbé Cotin.

22 *Balzac en fait l'éloge*, etc. Voyez les lettres de Balzac à Chapelain : il y en a six livres entiers, depuis le 17e jusqu'au 22e inclusivement.

23 *Qu'il soit le mieux renté*, etc. Le roi donnait une pension de mille écus à Chapelain. M. le duc de Longueville lui en faisait une de quatre mille livres.

24 *J'irai creuser la terre*, etc. Midas, roi de Phrygie, possédait de grands trésors : ce qui a

NOTES.

donné lieu aux poètes de feindre que ce prince changeait en or tout ce qu'il touchait ; mais il était aussi sot qu'opulent. Pan ayant osé appeler Apollon au combat du chant, les deux rivaux prirent Midas pour juge. Cet arbitre inepte adjugea le prix à Pan. Apollon, pour se venger, donna des oreilles d'âne à Midas. Ce prince cachait avec soin sa disgrâce ; mais son barbier découvrit le bout de l'oreille. Midas lui défendit, sous peine de la vie, de dire à qui que ce fût ce qu'il avait remarqué. Le barbier, pour qui un tel secret était un fardeau trop pesant, fit dans la terre un creux, où il dit tout bas : *Midas a des oreilles d'âne.* Il crut avoir enterré son secret ; mais la terre produisit des roseaux, qui, agités par le vent, redisaient tout haut :

Midas a des oreilles d'âne.

Voyez Ovide, métamorph., lib. XI.

J'irai creuser la terre.

Perse. Sat. I, v. 115. Edit. de Jouv.

P. *Men' mutire nefas, nec clàm, nec cum scrobe ?*
A. *Nunquàm.*
P. *Hic tamen infodiam : vidi, vidi ipse, libelle :*
Auriculas asini Mida rex habet. Hoc ego opertum,
Hoc ridere meum, tam nil, nullâ tibi vendo
Iliade.

25 *Que Billaine l'étale,* etc. Louis Billaine, fameux libraire du Palais.

26 *En vain contre le Cid,* etc. Quelque succès qu'eût cette tragédie, le cardinal de Richelieu obligea l'Académie française d'en faire la critique. Voy. *Histoire de l'Académie,* part. 3.

27 *Lui devient un Linière*, etc. Auteur qui a écrit contre le poëme de la Pucelle, de Chapelain.

28 *La peur plus d'une fois*, etc. Et moi aussi, disait quelquefois l'auteur. — Mathurin Regnier, poëte satirique, né à Chartres, le 21 décembre 1573, et mort à Rouen, le 22 octobre 1616.

29 *Et laissez à Feuillet*, etc. Nicolas Feuillet, chanoine de Saint-Cloud, prédicateur célèbre. Il mourut à Paris, le 7 septembre 1693.

30 *Les palmes Idumées.* L'Idumée est une province voisine de la Judée, abondante en palmiers.

31 *Sait seule assaisonner le plaisant et l'utile.*

Omne tulit punctum qui miscuit utile dulci.
Hor. Ars poet., v. 343.

32 *C'est ainsi que Lucile*, etc. Lucilius, poëte satirique, de Rome, fort estimé de Scipion et de Lélius. Horace en parle avec honneur.

Et Perse dit sur ce même poète (Satire I, v. 110. Edit. de Jouv.)

. . . . Secuit Lucilius urbem,
Te Lupe, te Muti, et genuinum fregit in illis.
Omne vafer vitium ridenti Flaccus amico
Tangit, et admissus circùm præcordia ludit,
Callidus excusso populum suspendere naso.

33 *Pelletier écrit mieux qu'Ablancourt ni Patru.* L'auteur a déjà parlé plusieurs fois de Pelletier, notamment au vers 54 du Discours au Roi. *Ablancourt.* Nicolas Perrot d'Ablancourt, célèbre par les traductions qu'il a données. Il était de l'Académie française, et mourut en 1664. — *Patru.* Olivier Patru, de l'Académie française, fut un des plus célèbres avocats du parlement de Paris.

34 *Et d'un mot innocent*, etc. Le duc de Montausier avait voulu faire un crime d'état à notre satirique, de ce qu'il avait traité ce siècle, de *siècle de fer*, dans la satire I.

SATIRE X.

A MONSIEUR DE VALINCOUR.

ARGUMENT.

Cette satire, commencée vers le mois de novembre 1698, établit la distinction du vrai et du faux honneur. Il appartenait à un poète, tel que Boileau, de traiter un si noble sujet, et de répandre sur cette matière les ornemens de la poésie, sans que le raisonnement perdît rien de sa force et de son élévation.

Oui l'honneur, Valincour [1], est chéri dans le monde,
Chacun pour l'exalter en paroles abonde.
A s'en voir revêtu chacun met son bonheur :
Et tout crie, ici-bas, l'honneur ! vive l'honneur !
Entendons discourir [2] sur les bancs des galères,
Ce forçat abhorré même de ses confrères :
Il plaint par un arrêt injustement donné,
L'honneur en sa personne à ramer condamné.

En un mot, parcourons et la mer et la terre :
Interrogeons marchands, financiers, gens de guerre,
Courtisans, magistrats ; chez eux, si je les croi,
L'intérêt ne peut rien, l'honneur seul fait la loi.
 Cependant, lorsqu'aux yeux ³ leur portant la lanterne,
J'examine au grand jour l'esprit qui les gouverne,
Je n'aperçois partout que folle ambition,
Faiblesse, iniquité, fourbe, corruption ;
Que ridicule orgueil de soi-même idolâtre.
Le monde, à mon avis, est comme un grand théâtre,
Où chacun en public, l'un par l'autre abusé,
Souvent à ce qu'il est, joue un rôle opposé.
Tous les jours on y voit, orné d'un faux visage,
Impudemment le fou représenter le sage,
L'ignorant s'ériger en savant fastueux,
Et le plus vil faquin trancher du vertueux.
Mais quelque fol espoir dont leur orgueil les berce,
Bientôt on les connaît, et la vérité perce.
On a beau se farder aux yeux de l'univers,
A la fin sur quelqu'un de nos vices couverts
Le public malin jette un œil inévitable ;
Et bientôt la censure au regard formidable,
Sait, le crayon en main, marquer nos endroits faux,
Et nous développer avec tous nos défauts.
Du mensonge toujours le vrai demeure maître.
Pour paraître honnête homme, en un mot, il faut l'être :
Et jamais, quoi qu'il fasse, un mortel ici-bas
Ne peut aux yeux du monde être ce qu'il n'est pas.
En vain ce misanthrope, aux yeux tristes et sombres,
Veut par un air riant en éclaircir les ombres :
Le ris sur son visage est en mauvaise humeur ;
L'agrément fuit ses traits, ses caresses font peur ;
Ses mots les plus flatteurs paraissent des rudesses,
Et la vanité brille en toutes ses bassesses.

Le naturel toujours sort ⁴ et sait se montrer ;
Vainement on l'arrête, on le force à rentrer :
Il rompt tout, perce tout, et trouve enfin passage.
 Mais loin de mon projet, je sens que je m'engage :
Revenons de ce pas à mon texte égaré.
L'honneur partout, disais-je, est du monde admiré :
Mais l'honneur en effet qu'il faut que l'on admire,
Quel est-il, VALINCOUR ? pourras-tu me le dire ?
L'ambitieux le met souvent à tout brûler,
L'avare à voir chez lui ⁵ le Pactole rouler ;
Un faux brave à vanter sa prouesse frivole,
Un vrai fourbe à jamais ne garder sa parole ;
Ce poète à noircir d'insipides papiers ;
Ce marquis à savoir frauder ses créanciers ;
Un libertin à rompre et jeûnes et carême ;
Un fou perdu d'honneur, à braver l'honneur même.
L'un d'eux a-t-il raison ? qui pourrait le penser ?
Qu'est-ce donc que l'honneur que tout doit embrasser ?
Est-ce de voir, dis-moi, vanter notre éloquence :
D'exceller en courage, en adresse, en prudence ;
De voir à notre aspect tout trembler sous les cieux,
Et posséder enfin mille dons précieux ?
Mais, avec tous ces dons de l'esprit et de l'âme,
Un roi même souvent peut n'être qu'un infâme,
Qu'un Hérode, un Tibère effroyable à nommer.
Où donc est cet honneur qui seul doit nous charmer ?
Quoi qu'en ses beaux discours Saint-Evremond nous prône,
Aujourd'hui j'en croirai Sénèque avant Pétrone ⁶.
 Dans le monde il n'est rien de beau que l'équité,
Sans elle la valeur, la force, la bonté,
Et toutes les vertus dont s'éblouit la terre,
Ne sont que faux brillans, et que morceaux de verre.
Un injuste guerrier, terreur de l'univers,
Qui sans sujet courant chez cent peuples divers,

S'en va tout ravager jusqu'aux rives du Gange,
N'est qu'un plus grand voleur [7] que du Tertre et Saint-Ange.
Du premier des Césars on vante les exploits;
Mais dans quel tribunal, jugé suivant les lois,
Eût-il pu disculper son injuste manie?
Qu'on livre son pareil en France à la Reynie [8],
Dans trois jours nous verrons le phénix des guerriers
Baisser sur l'échafaud sa tête et ses lauriers [9].
C'est d'un roi [10] que l'on tient cette maxime auguste,
Que jamais on n'est grand qu'autant que l'on est juste.
Rassemblez à-la-fois Mithridate et Sylla;
Joignez-y Tamerlan, Genseric, Attila :
Tous ces fiers conquérans, rois, princes, capitaines,
Sont moins grands à mes yeux que ce bourgeois d'Athènes [11],
Qui sut pour tous exploits, doux, modéré, frugal,
Toujours vers la justice aller d'un pas égal.
Oui, la justice en nous est la vertu qui brille;
Il faut de ses couleurs qu'ici bas tout s'habille.
Dans un mortel chéri, tout injuste qu'il est,
C'est quelque air d'équité qui séduit et qui plaît.
A cet unique appas l'âme est vraiment sensible.
Même aux yeux de l'injuste, un injuste est horrible,
Et tel qui n'admet point la probité chez lui,
Souvent à la rigueur l'exige chez autrui.
Disons plus : il n'est point d'âme livrée au vice,
Où l'on ne trouve encor des traces de justice.
Chacun de l'équité ne fait pas son flambeau,
Tout n'est pas Caumartin, Bignon, ni d'Aguesseau [12].
Mais jusqu'en ces pays où tout vit de pillage,
Chez l'Arabe et le Scythe elle est de quelque usage,

Et du butin acquis en violant les lois,
C'est elle entre eux qui fait le partage et le choix.
Mais allons voir le vrai jusqu'en sa source même.
Un dévot aux yeux creux, et d'abstinence blême,
S'il n'a point le cœur juste, est affreux devant Dieu.
L'évangile au chrétien ne dit en aucun lieu :
Sois dévot. Il nous dit : soit doux, simple, équi-
  table.
Car du dévot souvent au chrétien véritable
La distance est deux fois plus longue, à mon avis,
Que du pôle [13] antarctique au détroit de Davis.
Encor, par ce dévot ne crois pas que j'entende
Tartuffe, ou Molinos [14], et sa mystique bande.
J'entends un faux chrétien, mal instruit, mal guidé,
Et qui de l'évangile en vain persuadé,
N'en a jamais conçu l'esprit ni la justice :
Un chrétien qui s'en sert pour disculper le vice ;
Qui toujours près des grands, qu'il prend soin
  d'abuser,
Sur leurs faibles honteux sait les autoriser ;
Et croit pouvoir au ciel, par ses folles maximes,
Avec le sacrement faire entrer tous les crimes.
Des faux dévots pour moi voilà le vrai héros.
Mais, pour borner enfin tout ce vague propos ;
Concluons qu'ici bas le seul honneur solide,
C'est de prendre toujours la vérité pour guide ;
De regarder en tout la raison et la loi ;
D'être doux pour tout autre, et rigoureux pour soi,
D'accomplir tout le bien que le Ciel nous inspire,
Et d'être juste enfin, ce seul mot veut tout dire.
Je doute que le flot des vulgaires humains
A ce discours pourtant donne aisément les mains ;
Et pour t'en dire ici la raison historique,
Souffre que je l'habille en fable allégorique.
 Sous le bon roi Saturne, ami de la douceur,
L'Honneur, cher VALINCOUR, et l'Equité sa sœur,
De leurs sages conseils éclairant tout le monde,
Régnaient, chéris du Ciel, dans une paix profonde ;

Tout vivait en commun sous ce couple adoré :
Aucun n'avait d'enclos [15] ni de champ séparé.
La vertu n'était [16] point sujette à l'ostracisme,
Ni ne s'appelait [17] point alors un jansénisme.
L'Honneur beau par soi-même [18], et sans vains ornemens,
N'étalait point aux yeux l'or ni les diamans;
Et jamais ne sortant de ses devoirs austères,
Maintenait de sa sœur les règles salutaires.
Mais une fois au ciel par les dieux appelé,
Il demeura long-temps au séjour étoilé.

Un fourbe cependant assez haut de corsage,
Et qui lui ressemblait de geste et de visage,
Prend son temps, et partout ce hardi suborneur
S'en va chez les humains crier qu'il est l'honneur:
Qu'il arrive du Ciel, et que voulant lui-même
Seul porter désormais le faix du diadême,
De lui seul il prétend qu'on reçoive la loi.
A ces discours trompeurs le monde ajoute foi.
L'innocente équité honteusement bannie
Trouve à peine un désert où fuir l'ignominie.
Aussitôt sur un trône éclatant de rubis,
L'imposteur monte orné de superbes habits.
La hauteur, le dédain, l'audace l'environnent;
Et le luxe et l'orgueil de leurs mains le couronnent.
Tout fier, il montre alors un front plus sourcilleux.
Et le mien et le tien, deux frères pointilleux,
Par son ordre amenant les procès et la guerre,
En tous lieux de ce pas vont partager la terre;
En tous lieux sous les noms de bon droit et de tort,
Vont chez elle établir le seul droit du plus fort.
Le nouveau roi triomphe, et sur ce droit inique
Bâtit de vaines lois un code fantastique :
Avant tout aux mortels prescrit de se venger,
L'un l'autre au moindre affront les force à s'égorger,
Et dans leur âme, en vain de remords combattue,
Trace en lettres de sang ces deux mots : *meurs, ou tue.*

SATIRE X.

Alors, ce fut alors, sous ce vrai Jupiter,
Qu'on vit naître ici-bas [19] le noir siècle de fer.
Le frère au même instant s'arma contre le frère :
Le fils trempa ses mains dans le sang de son père :
La soif de commander enfanta les tyrans,
Du Tanaïs au Nil [20] porta les conquérans ;
L'ambition passa pour la vertu sublime ;
Le crime heureux fut juste, et cessa d'être crime.
On ne vit plus que haine et que division,
Qu'envie, effroi, tumulte, horreur, confusion.
Le véritable honneur sur la voûte céleste
Est enfin averti de ce trouble funeste.
Il part sans différer, et descendu des cieux,
Va partout se montrer dans les terrestres lieux :
Mais il n'y fait plus voir qu'un visage incommode :
On n'y peut plus souffrir ses vertus hors de mode ;
Et lui-même, traité de fourbe et d'imposteur,
Est contraint de ramper aux pieds du séducteur.
Enfin, las d'essuyer outrage sur outrage,
Il livre les humains à leur triste esclavage ;
S'en va trouver sa sœur, et dès ce même jour
Avec elle s'envole au céleste séjour.
Depuis, toujours ici, riche de leur ruine,
Sur les tristes mortels le faux honneur domine,
Gouverne tout, fait tout dans ce bas univers,
Et peut-être est-ce lui qui m'a dicté ces vers.
Mais en fut-il l'auteur, je conclus de sa fable
Que ce n'est qu'en Dieu seul qu'est l'honneur véritable.

NOTES.

1 *Oui l'honneur, Valincour*, etc. J. B. Henri du Trousset de Valincour, conseiller du roi en ses conseils, secrétaire général de la marine et des commandemens de M. le comte de Toulouse, était lié avec Boileau d'une étroite amitié. Il était de l'Académie de la Crusca, et fut reçu, en 1699, à l'Académie française, à la place de Racine. Il mourut le 5 janvier 1730.

2 *Entendons discourir*, etc. Allusion à une action mémorable du duc d'Ossonne, vice-roi de Sicile et de Naples. Ce seigneur étant un jour à Naples, et visitant les galères du port, eut la curiosité d'interroger les forçats; mais ils se trouvèrent tous innocens, à l'exception d'un seul, qui avoua de bonne foi, que, si on lui avait fait justice, il aurait été pendu. « Qu'on m'ôte d'ici ce coquin-là, dit le duc, en lui donnant la liberté, *il gâterait tous ces honnêtes gens.* »

3 *Cependant lorsqu'aux yeux*, etc. Diogène le cynique portait une lanterne en plein jour, en disant : « *Je cherche un homme.* »

4 *Le naturel toujours sort*, etc.

Naturam expelles furcâ, tamen usque recurret,
Et mala perrumpet furtim fastidia victrix.
   Hor. Lib. I. Epist. x, v. 24.

5 *L'avare à voir chez lui*, etc. Le Pactole est une rivière fameuse qui roule de l'or parmi son gravier.

Elle est dans l'Asie mineure; ses eaux, disent les poètes, roulent de l'or, depuis le moment où le roi Midas s'y baigna, pour obtenir la révocation du vœu imprudent qu'il avait fait de changer en or tout ce qu'il toucherait.

6 *Aujourd'hui j'en croirai Sénèque avant Pétrone.* Boileau oppose la morale stoïque de Sénèque à la morale licencieuse de Pétrone, pour condamner un sentiment déraisonnable de Saint-Evremond, dans son jugement sur *Sénèque, Plutarque et Pétrone*, où il débute ainsi : « Je commencerai, dit-il, par Sénèque, et vous dirai avec la dernière impudence, que j'estime beaucoup plus sa personne que ses ouvrages. J'estime le précepteur de Néron, un ambitieux qui prétendait à l'empire : du philosophe et de l'écrivain, je n'en fais pas grand cas. » Au contraire, les louanges que Saint-Evremond donne aux sentimens délicats, au luxe poli, et aux voluptés étudiées de Pétrone, qu'il appelle *un des plus honnêtes hommes du monde*, font bien juger qu'il a regardé ce fameux épicurien, comme son héros en fait de morale. Voyez ses réflexions sur la doctrine d'Epicure.

7 *N'est qu'un plus grand voleur*, etc. Ce vers et les trois précédens contiennent le sens de la réponse que fit un pirate à Alexandre-le-Grand. Ce prince lui reprochait son métier, le pirate lui répondit : « Je n'ai qu'un vaisseau, je suis un forban : tu as une flotte, tu es un amiral. » — *Que du Tertre et Saint-Ange.* Deux fameux voleurs de grand chemin. Du Tertre était un joueur de profession, qui était reçu dans les meilleures sociétés de Paris. Il fit un vol au milieu du Cours-la-Reine : on le prit, et il fut condamné au dernier supplice ordonné contre les voleurs de grand chemin. — *Saint-Ange*, autre voleur, eut la même destinée.

8 *A la Reynie.* Gabriel-Nicolas de la Reynie, conseiller d'état ordinaire, et lieutenant-général de police, né à Limoges, en 1625, mort en 1709.

9 *Sa tête et ses lauriers.* Jule-César était chauve, et il cachait ce défaut autant qu'il pouvait. Aussi, parmi les honneurs que le peuple et le sénat lui décernèrent, il reçut et conserva plus volontiers le privilége de porter une couronne de lauriers. C'est à quoi ce vers fait allusion.

10 *C'est d'un roi*, etc. Agésilas, roi de Sparte, selon Plutarque, traduit par Amyot, « avait toujours accoutumé de dire en ses privés dévis, que justice était la première de toutes les vertus; pour autant, disait-il, que promesse ne vaut rien, si elle n'est conjointe avec la justice; et que, si tous les hommes étaient justes, alors on n'aurait que faire de la promesse. » Et à ceux qui disaient *le grand roi* (le roi de Perse) le veut ainsi : « Et en quoi, disait-il, est-il plus grand que moi, s'il n'est plus juste ? » Le même Agésilas étant sollicité de tenir une promesse injuste : « Si la chose n'est pas juste, dit-il, je ne l'ai pas promise. »

• (Malgré le vieux français d'Amyot, ce serait peut-être une témérité de traduire Plutarque après lui.)

11 *Ce bourgeois d'Athènes.* Socrate.

12 *Tout n'est pas Caumartin, Bignon, ni d'Aguesseau. Caumartin.* Urbain-Louis Lefèvre de Caumartin, conseiller d'état, intendant des finances. — *Bignon.* M. l'abbé Bignon. Jean-Paul Bignon, abbé de Saint-Quentin, alors doyen de l'église collégiale de Saint-Germain-l'Auxerrois, conseiller d'état ordinaire, l'un des quarante de l'Académie française, ancien président des deux académies roya-

les des sciences et des inscriptions, et depuis bibliothécaire du roi. — *Daguesseau*, avocat général au parlement de Paris, ensuite procureur général, et enfin chancelier de France.

13 *Que du pôle*, etc. C'est-à-dire, d'un pôle à l'autre, ou d'une extrémité de la terre à l'autre ; car le détroit de Davis est presque sous le pôle arctique, près de la nouvelle Zemble, dans cette partie de la Groenlande, qui fut découverte en 1585, par Jean Davis, Anglais.

14 *Tartuffe ou Molinos*, etc. Les hypocrites désignés par Tartuffe ; et les quétistes désignés par Michel Molinos, leur chef.

15 *Aucun n'avait d'enclos*, etc.

. . . . . *Quum furem nemo timeret*
Caulibus aut pomis, et aperto viveret horto.
Paulatim deindè ad superos Astræa recessit
Hac comite, atque duæ pariter fugére sorores.

Juv. Sat. VI, v. 17, Edit. de Jouv.

16 *La vertu n'était*, etc. Loi chez les Athéniens qui permettait de bannir les citoyens dont la grande autorité était suspecte au peuple, et faisait craindre qu'elle ne dégénérât en tyrannie. Cet exil n'avait rien d'infamant, parce qu'il n'était pas ordonné pour la punition d'un crime. L'ostracisme durait ordinairement dix ans, et cependant le banni jouissait de ses biens. Thésée, roi d'Athènes, fut l'inventeur et la première victime de l'ostracisme. Les citoyens assemblés écrivaient sur une coquille enduite de cire le nom de celui qu'ils voulaient bannir.

17 *Ni ne s'appelait point*, etc. Le soupçon de jansénisme, bien ou mal fondé, a rendu parmi nous la vertu sujette à une espèce d'ostracisme.

18 *L'honneur, beau par soi-même*, etc. Les Romains représentaient l'honneur sous la figure d'un jeune homme, qui portait d'une main la *haste* de la divinité, et de l'autre, la corne d'abondance. Ce qui prouve qu'alors, comme aujourd'hui, l'on faisait entrer l'abondance dans l'idée de l'honneur, et que les richesses ont toujours attiré le respect. On voit des médailles sur lesquelles l'*Honneur* est ainsi représenté.

19 *Qu'on vit naître ici-bas*, etc.

*Protinus irrupit venæ pejoris in ævum
Omne nefas : fugére pudor, verumque, fidesque.*
. . . .
*Vivitur ex rapto : non hospes ab hospite tutus,
Non socer à genero : fratrum quoque gratia rara
     est.*
. . . .
Filius antè diem patrios inquirit in annos.
                                    Ovid. Métam. lib. 1.

20 *Du Tanaïs au Nil*, etc. Justin, liv. II, chap. III, rapporte que les premiers conquérans sortirent de la Scythie, arrosée par le Tanaïs, et chassèrent Véxoris ou Sésostris, roi d'Egypte, qui voulait les soumettre à sa domination.

Les anciens ne connaissaient point la source du Nil, ainsi que nous l'apprennent ces vers d'Ovide, dans l'aventure de Phaéton, au livre second des Métamorphoses :

*Nilus in extremum fugit perterritus orbem,
Occuluitque caput, quod adhuc latet.* . . .

DISCOURS
DE L'AUTEUR,
POUR SERVIR D'APOLOGIE A LA SATIRE SUIVANTE.

Quelque heureux succès qu'aient eu mes ouvrages, j'avais résolu depuis leur dernière édition de ne plus rien donner au public; et quoiqu'à mes heures perdues, il y a environ cinq ans (1), j'eusse encore fait contre l'équivoque une satire que tous ceux à qui je l'ai communiquée, ne jugeaient pas inférieure à mes écrits; bien loin de la publier, je la tenais soigneusement cachée, et je ne croyais pas que, moi vivant, elle dût jamais voir le jour. Ainsi donc, aussi soigneux désormais de me faire oublier, que j'avais été autrefois curieux de faire parler de moi, je jouissais à mes infirmités près, d'une assez grande tranquillité, lorsque tout d'un coup j'ai appris qu'on débitait dans le monde, sous mon nom, quantité de méchans écrits, et entre autres une pièce en vers (2) contre les jésuites, également odieuse et insipide, et où l'on me faisait, en mon propre nom, dire à toute leur société les injures les plus atroces et les plus grossières. J'avoue que cela m'a donné un très grand chagrin. Car, bien que tous les gens sensés aient connu sans peine que

---

(1) Ce discours fut composé en 1710.
(2) L'ouvrage dont il s'agit ici était une épître d'environ soixante vers.

la pièce n'était point de moi, et qu'il n'y ait eu que de très-petits esprits qui aient présumé que j'en pouvais être l'auteur, la vérité est pourtant que je n'ai pas regardé comme un médiocre affront, de me voir soupçonné, même par des ridicules, d'avoir fait un ouvrage si ridicule.

J'ai donc cherché les moyens les plus propres pour me laver de cette infamie; et tout bien considéré, je n'ai point trouvé de meilleur expédient que de faire imprimer ma satire contre l'*Equivoque*, parce qu'en la lisant, les moins éclairés même de ces petits esprits ouvriraient peut-être les yeux, et verraient manifestement le peu de rapport qu'il y a de mon style, même en l'âge où je suis, au style bas et rampant de l'auteur de ce pitoyable écrit. Ajoutez à cela que je pouvais mettre à la tête de ma satire, en la donnant au public, un avertissement en manière de préface, où je me justifierais pleinement, et tirerais tout le monde d'erreur. C'est ce que je fais aujourd'hui, et j'espère que le peu que je viens de dire, produira l'effet que je me suis proposé. Il ne me reste donc plus maintenant qu'à parler de la satire pour laquelle est fait ce discours.

Je l'ai composée par le caprice du monde le plus bizarre, et par une espèce de dépit et de colère poétique, s'il faut ainsi dire, qui me saisit à l'occasion de ce que je vais raconter. Je me promenais dans mon jardin d'Auteuil, et rêvais en marchant à un poëme que je voulais faire contre les mauvais critiques de notre siècle. J'en avais déjà même composé quelques vers dont j'étais assez content. Mais voulant continuer, je m'aperçus qu'il y avait dans ces vers une équivoque de langue; et m'étant sur-le-champ mis en devoir de la corriger, je n'en pus jamais venir à bout. Cela m'irrita de telle manière, qu'au lieu de m'appliquer davantage à réformer cette équivoque, et de poursuivre mon poëme contre les faux critiques, la folle pensée me vint de faire contre l'équivoque même une satire qui pût me venger de tous les chagrins qu'elle m'a causés depuis que je me mêle d'écrire. Je vis bien que je ne rencontrerais pas de médiocres difficultés à mettre en vers un sujet si sec. Et même il s'en présenta d'abord une qui m'arrêta tout court. Ce fut de savoir duquel des deux genres, masculin ou féminin, je ferais le mot d'équivoque, beaucoup d'habiles écrivains, ainsi que le remarque Vaugelas, le faisant masculin. Je me déterminai pourtant assez vite au féminin, comme au plus usité des deux. Et bien loin que cela empêchât l'exécution de mon projet, je crus que ce ne serait pas une méchante plaisanterie de commencer ma satire par cette difficulté même. C'est ainsi que je m'engageai dans la composition de cet ouvrage. Je croyais d'abord faire tout au plus cinquante ou soixante vers; mais ensuite les pensées me venant en foule, et les choses que j'avais à reprocher à l'équivoque se multipliant à mes yeux, j'ai poussé ces vers jusqu'à près de trois cent-cinquante.

C'est au public maintenant à voir si j'ai bien ou mal réussi. Je n'emploierai point ici, non plus que dans les préfaces de mes autres écrits, mon adresse et ma rhétorique à le prévenir en ma faveur. Tout ce que je puis lui dire, c'est que j'ai travaillé cette pièce avec le même soin que toutes mes autres poésies. Une chose pourtant, dont il est bon que les jésuites soient avertis, c'est qu'en attaquant l'équivoque, je n'ai pas pris ce mot dans toute l'étroite rigueur de sa signification grammaticale; le mot équivoque, en ce sens-là, ne voulant dire qu'une ambiguité de paroles; mais que je l'ai pris, comme le prend ordinairement le commun des hommes, pour toutes sortes d'ambiguités de sens, de pensées, d'expressions, et enfin pour tous ces abus et toutes ces méprises de l'esprit humain, qui font qu'il prend souvent une chose pour une autre. Et c'est dans ce sens que j'ai dit que l'idolâtrie avait pris naissance de l'équivoque : les hommes, à mon avis, ne pouvant pas s'*équivoquer* plus lourdement, que de prendre des pierres, de l'or et du cuivre pour Dieu. J'ajouterai à cela, que la Providence divine, ainsi que je l'établis clairement dans ma satire, n'ayant permis chez eux cet horrible aveuglement qu'en punition de ce que leur premier père avait prêté l'oreille aux promesses du démon, j'ai pu conclure infailliblement que l'idolâtrie est un fruit, ou, pour mieux dire, un véritable enfant de l'équivoque. Je ne vois donc pas qu'on me puisse faire sur cela aucune bonne critique ; surtout ma satire étant un pur jeu d'esprit, où il serait ridicule d'exiger une précision géométrique de pensées et de paroles.

Mais il y a une autre objection plus importante et plus considérable, qu'on me fera peut-être au sujet des propositions de morale relâchée que j'attaque dans la dernière partie de mon ouvrage. Car ces propositions ayant été, à ce qu'on prétend, avancées par quantité de théologiens, même célèbres, la moquerie que j'en fais, peut, dira-t-on, diffamer en quelque sorte ces théologiens, et causer ainsi une espèce de scandale dans l'Eglise. A cela je réponds, premièrement, qu'il n'y a aucune des propositions que j'attaque qui n'ait été plus d'une fois condamnée par toute l'église, et tout récemment encore par deux des plus grands papes qui aient depuis long-temps rempli le saint-siége. Je dis en second lieu, qu'à l'exemple de ces célèbres vicaires de Jésus-Christ, je n'ai point nommé les auteurs de ces propositions, ni aucun de ces théologiens dont on dit que je puis causer la diffamation, et contre lesquels même j'avoue que je ne puis rien décider, puisque je n'ai point lu, ni ne suis d'humeur à lire leurs écrits ; ce qui serait pourtant absolument nécessaire pour prononcer sur les accusations que l'on forme contre eux, leurs accusateurs pouvant les avoir mal entendus, et s'être trompés dans l'intelligence des passages où ils prétendent que sont ces erreurs dont ils les accusent. Je soutiens, en troisième lieu, qu'il est contre la droite raison de penser que je puisse exciter quelque scandale dans l'Église, en traitant de ridicules des propositions rejetées de toute l'Eglise, et plus dignes encore, par leur absurdité, d'être sifflées de tous les fidèles, que réfutées sérieusement. C'est ce que je me crois obligé de dire pour me justifier. Que si après cela il se trouve encore quelques théologiens qui se figurent qu'en décriant ces propositions, j'ai eu en vue de les décrier eux-mêmes, je déclare que cette fausse idée qu'ils ont de moi, ne saurait venir que des mauvais artifices de l'équivoque, qui, pour se venger des injures que je lui dis dans ma pièce, s'efforce d'intéresser dans sa cause ces théologiens, en me faisant penser ce que je n'ai pas pensé, et dire ce que je n'ai point dit.

Voilà, ce me semble, bien des paroles, et peut-être trop de paroles employées pour justifier un aussi peu considérable ouvrage qu'est la satire qu'on va voir. Avant néanmoins que de finir, je ne crois pas me pouvoir dispenser d'apprendre aux lecteurs, qu'en attaquant, comme je fais dans ma satire, ces erreurs, je ne me suis point fié à mes seules lumières; mais qu'ainsi que je l'ai pratiqué il y a environ dix ans, à l'égard de mon épître de l'amour de Dieu, j'ai non seulement consulté sur mon ouvrage tout ce que je connais de plus habiles docteurs, mais que je l'ai donnée à examiner au prélat de l'Eglise, qui, par l'étendue de ses connaissances, et par l'éminence de sa dignité, est le plus capable et le plus en droit de me prescrire ce que je dois penser sur ces matières; je veux dire, à M. le cardinal de Noailles, mon archevêque. J'ajouterai que ce pieux et savant cardinal a eu trois semaines ma satire entre les mains, et qu'à mes instantes prières, après l'avoir lue et relue plus d'une fois, il me l'a enfin rendue, en me comblant d'éloges, et m'a assuré qu'il n'y avait trouvé à redire qu'un seul mot, que j'ai corrigé sur-le-champ, et sur lequel je lui ai donné une entière satisfaction. Je me flatte donc qu'avec une approbation si authentique, si sûre et si glorieuse, je puis marcher la tête levée, et dire hardiment des critiques qu'on pourra faire désormais contre la doctrine de mon ouvrage, que ce ne sauraient être que de vaines subtilités d'un tas de misérables sophistes formés dans l'école du mensonge, et aussi affidés amis de l'équivoque, qu'opiniâtres ennemis de Dieu, du bon sens et de la vérité.

SATIRE XI.

SUR L'ÉQUIVOQUE.

ARGUMENT.

CETTE *satire fut composée en* 1705. *On vient de voir, dans le discours précédent, à quel sujet l'auteur entreprit de traiter l'équivoque. Je me garderai de rien ajouter à ce qu'il écrit à cet égard. Qui pourrait se flatter de commenter Boileau mieux que Boileau lui-même ?*

Du langage français bizarre hermaphrodite [1],
De quel genre te faire, équivoque maudite,
Ou maudit? car sans peine aux rimeurs hasardeux
L'usage encor, je crois, laisse le choix des deux.
Tu ne me réponds rien. Sors d'ici, fourbe insigne;
Mâle aussi dangereux que femelle maligne,
Qui crois rendre innocens les discours imposteurs;
Tourment des écrivains, juste effroi des lecteurs;
Par qui, de mots confus sans cesse embarrassée,
Ma plume en écrivant, cherche en vain ma pensée,
Laisse-moi, va charmer de tes vains agrémens
Les yeux faux et gâtés de tes louches amans,
Et ne viens point ici de ton ombre grossière
Envelopper mon style, ami de la lumière.

Tu sais bien que jamais chez toi, dans mes discours,
Je n'ai d'un faux brillant emprunté le secours.
Mais je sens que ta vue échauffe mon audace.
Viens, approche : voyons, malgré l'âge et sa glace,
Si ma muse aujourd'hui sortant de sa langueur,
Pourra trouver encor un reste de vigueur.
Mais où tend, dira-t-on, ce projet fantastique ?
Ne vaudrait-il pas mieux, dans mes vers moins caustique,
Répandre de tes jeux le sel réjouissant,
Que d'aller contre toi, sur ce ton menaçant,
Pousser jusqu'à l'excès ma critique boutade ?
Je ferais mieux, j'entends, d'imiter Benserade [2].
C'est par lui qu'autrefois mise en son plus beau jour,
Tu sus, trompant les yeux du peuple et de la cour,
Leur faire, à la faveur de tes bluettes folles,
Goûter comme bons mots tes quolibets frivoles.
Mais ce n'est plus le temps : le public détrompé
D'un pareil enjoûment ne se sent plus frappé.
Tes bons mots autrefois délices des ruelles,
Approuvés chez les grands, applaudis chez les belles,
Hors de mode aujourd'hui chez nos plus froids badins,
Sont des collets-montés, et des vertugadins [3].
Le lecteur ne sait plus admirer dans Voiture
De ton froid jeu de mot l'insipide figure.
C'est à regret qu'on voit cet auteur si charmant,
Et pour mille beaux traits vanté si justement,
Chez toi cherchant toujours quelque finesse aiguë,
Présenter au lecteur sa pensée ambiguë,
Et souvent du faux sens d'un proverbe affecté,
Faire de son discours la piquante beauté.
 Mais laissons là le tort qu'à ses brillans ouvrages
Fit le plat agrément de tes vains badinages.
Parlons des maux sans fin que ton sens de travers,
Source de toute erreur, sema dans l'univers ;

Et pour les contempler jusque dans leur naissance,
Dès le temps nouveau né [4], quand la Toute-Puissance
D'un mot forma le ciel, l'air, la terre et les flots,
N'est-ce pas toi, voyant le monde à peine éclos,
Qui par l'éclat trompeur d'une funeste pomme,
Et tes mots ambigus, fis croire au premier homme
Qu'il allait en goûtant de ce morceau fatal,
Comblé de tout savoir, à Dieu se rendre égal?
Il en fit sur-le-champ la folle expérience.
Mais tout ce qu'il acquit de nouvelle science,
Fut que triste et honteux de voir sa nudité,
Il sut qu'il n'était plus, grâce à sa vanité,
Qu'un chétif animal pétri d'un peu de terre,
A qui la faim, la soif partout faisaient la guerre,
Et qui, courant toujours de malheur en malheur,
A la mort arrivait enfin par la douleur.
Oui, de tes noirs complots et de ta triste rage
Le genre humain perdu fut le premier ouvrage;
Et bien que l'homme alors parût si rabaissé,
Par toi contre le ciel un orgueil insensé,
Armant de ses neveux la gigantesque engeance;
Dieu résolut enfin, terrible en sa vengeance,
D'abîmer sous les eaux tous ces audacieux.
Mais avant qu'il lâchât les écluses des cieux,
Par un fils de Noé fatalement sauvée,
Tu fus, comme serpent, dans l'arche conservée:
Et d'abord poursuivant tes projets suspendus,
Chez les mortels restans, encor tout éperdus,
De nouveau tu semas tes captieux mensonges,
Et remplis leurs esprits de fables et de songes.
Tes voiles offusquant leurs yeux de toutes parts,
Dieu disparut lui-même à leurs troubles regards.
 Alors tout ne fut plus que stupide ignorance,
Qu'impiété sans borne en son extravagance.
Puis de cent dogmes faux la superstition,
Répandant l'idolâtre et folle illusion,

Sur la terre en tous lieux disposée à les suivre,
L'art se tailla des dieux d'or, d'argent et de cuivre;
Et l'artisan lui même humblement prosterné
Aux pieds du vain métal par sa main façonné,
Lui demanda les biens, la santé, la sagesse :
Le monde fut rempli de dieux de toute espèce;
On vit le peuple fou qui du Nil boit les eaux,
Adorer les serpens, les poissons, les oiseaux,
Aux chiens, aux chats, aux boucs, offrir des sacrifices,
Conjurer l'ail, l'oignon, d'être à ses vœux propices,
Et croire follement maîtres de ses destins,
Ces dieux nés du fumier porté dans ses jardins.
Bientôt se signalant par mille faux miracles,
Ce fut toi qui partout fis parler les oracles.
C'est par ton double sens dans leurs discours jeté,
Qu'ils surent en mentant dire la vérité,
Et sans crainte rendant leurs réponses normandes [5],
Des peuples et des rois engloutir les offrandes.
Ainsi, loin du vrai jour par toi toujours conduit,
L'homme ne sortit plus de son épaisse nuit.
Pour mieux tromper ses yeux, ton adroit artifice
Fit à chaque vertu prendre le nom d'un vice :
Et par toi de splendeur faussement revêtu,
Chaque vice emprunta le nom d'une vertu.
Par toi l'humilité devint une bassesse;
La candeur se nomma grossièreté, rudesse.
Au contraire, l'aveugle et folle ambition
S'appela des grands cœurs la belle passion :
Du nom de fierté noble on orna l'impudence,
Et la fourbe passa pour exquise prudence :
L'audace brilla seule aux yeux de l'univers;
Et pour vraiment héros, chez les hommes pervers,
On ne reconnut plus qu'usurpateurs iniques,
Que tyranniques rois, censés grands politiques,
Qu'infâmes scélérats à la gloire aspirans,
Et voleurs revêtus du nom de conquérans.

SATIRE XI.

Mais à quoi s'attacha ta savante malice ?
Ce fut surtout à faire ignorer la justice.
Dans les plus claires lois ton ambiguité
Répandant son adroite et fine obscurité,
Aux yeux embarrassés des juges les plus sages,
Tout sens devint douteux, tout mot eut deux visages :
Plus on crut pénétrer, moins on fut éclairci ;
Le texte fut souvent par la glose obscurci :
Et pour comble de maux, à tes raisons frivoles
L'éloquence prêtant l'ornement des paroles,
Tous les jours accablé sous leur commun effort,
Le vrai passa pour faux, et le bon droit eut tort.
Voilà comment déchu de sa grandeur première,
Concluons, l'homme enfin perdit toute lumière,
Et par tes yeux trompeurs se figurant tout voir,
Ne vit, ne sut plus rien, ne put plus rien savoir.

De la raison pourtant, par le vrai Dieu guidée,
Il resta quelque trace encor dans la Judée.
Chez les hommes ailleurs sous ton joug gémissans,
Vainement on chercha la vertu, le droit sens.
Par l'humaine raison de clarté dépourvue,
L'humble et vraie équité fut à peine entrevue ;
Et par un sage altier, au seul faste attaché,
Le bien même accompli souvent fut un péché.

Pour tirer l'homme enfin de ce désordre extrême,
Il fallut qu'ici-bas Dieu, fait homme lui-même,
Vînt du sein lumineux de l'éternel séjour,
De tes dogmes trompeurs dissiper le faux jour.
A l'aspect de ce Dieu les démons disparurent ;
Dans Delphes, dans Délos, tes oracles se turent :
Tout marqua, tout sentit sa venue en ces lieux :
L'estropié marcha, l'aveugle ouvrit les yeux.
Mais bientôt contre lui ton audace rebelle,
Chez la nation même à son culte fidelle,
De tous côtés arma tes nombreux sectateurs,
Prêtres, pharisiens, rois, pontifes, docteurs ;

C'est par eux que l'on vit la vérité suprême,
De mensonge et d'erreur accusée elle-même,
Au tribunal humain le Dieu du Ciel traîné,
Et l'auteur de la vie à mourir condamné.
Ta fureur toutefois à ce coup fut déçue,
Et pour toi ton audace eut une triste issue.
Dans la nuit du tombeau ce Dieu précipité
Se releva soudain tout brillant de clarté,
Et partout sa doctrine en peu de temps portée,
Fut du Gange et du Nil, et du Tage écoutée [6];
Des superbes autels, à leur gloire dressés,
Tes ridicules dieux tombèrent renversés.
On vit en mille endroits leurs honteuses statues
Pour le plus bas usage [7] utilement fondues;
Et gémir vainement, Mars, Jupiter, Vénus,
Urnes, vases, trépieds, vils meubles devenus.
Sans succomber pourtant tu soutins cet orage,
Et sur l'idolâtrie enfin perdant courage,
Pour embarrasser l'homme en des nœuds plus subtils,
Tu courus chez Satan brouiller de nouveaux fils [8].
 Alors pour seconder ta triste frénésie,
Arriva de l'enfer ta fille l'Hérésie:
Ce monstre dès l'enfance à ton école instruit,
De tes leçons bientôt te fit goûter le fruit.
Par lui l'erreur, toujours finement apprêtée,
Sortant pleine d'attraits de sa bouche empestée,
De son mortel poison tout courut s'abreuver,
Et l'Eglise elle-même eut peine à s'en sauver.
Elle-même deux fois presque toute arienne,
Sentit chez soi trembler la vérité chrétienne;
Lorsqu'attaquant le verbe [9] et sa divinité,
D'une syllabe impie un saint mot augmenté
Remplit tous les esprits d'aigreurs si meurtrières,
Et fit du sang chrétien couler tant de rivières.
Le fidèle au milieu de ces troubles confus,
Quelque temps égaré, ne se reconnut plus:

SATIRE XI.

Et dans plus d'un affreux et ténébreux concile,
Le mensonge parut vainqueur de l'évangile.
Mais à quoi bon ici du profond des enfers,
Nouvel historien de tant de maux soufferts,
Rappeler Arius, Valentin et Pelage,
Et tous ces fiers démons que toujours, d'âge en âge,
Dieu, pour faire éclaircir à fond ses vérités,
A permis qu'aux chrétiens l'enfer ait suscités ?
Laissons heurler là-bas tous ces damnés antiques,
Et bornons nos regards aux troubles fanatiques
Que ton horrible fille ici sut émouvoir,
Quand Luther et Calvin, remplis de ton savoir,
Et soi-disant choisis pour réformer l'Eglise,
Vinrent du célibat affranchir la prêtrise;
Et des vœux les plus saints blâmant l'austérité,
Aux moines las du joug rendre la liberté.
Alors n'admettant plus d'autorité visible,
Chacun fut de la foi censé juge infaillible,
Et sans être approuvé par le clergé romain,
Tout protestant fut pape une Bible à la main.
De cette erreur dans peu naquirent plus de sectes,
Qu'en automne on ne voit de bourdonnans insectes
Fondre sur les raisins nouvellement mûris;
Ou qu'en toutes saisons sur les murs à Paris,
On ne voit affichés de recueils d'amourettes,
De vers, de contes bleus, de frivoles sornettes,
Souvent peu recherchés du public nonchalant,
Mais vantés à coup sûr du Mercure galant.
Ce ne fut plus partout que fous anabaptistes,
Qu'orgueilleux puritains, qu'exécrables déistes.
Le plus vil artisan eut ses dogmes à soi,
Et chaque chrétien fut de différente loi.
La Discorde au milieu de ces sectes altières,
En tous lieux cependant déploya ses bannières :
Et ta fille, au secours des vains raisonnemens,
Appelant le ravage et les embrasemens,
Fit en plus d'un pays aux villes désolées,
Sous l'herbe en vain chercher leurs églises brûlées.

L'Europe fut un champ de massacre et d'horreur :
Et l'orthodoxe même, aveugle en sa fureur,
De tes dogmes trompeurs nourrissant son idée,
Oublia la douceur aux chrétiens commandée ;
Et crut, pour venger Dieu de ses fiers ennemis,
Tout ce que Dieu défend, légitime et permis.
Au signal tout à coup ¹⁰ donné pour le carnage,
Dans les villes partout, théâtres de leur rage,
Cent mille faux zélés, le fer en main courans,
Allèrent attaquer leurs amis, leurs parens,
Et, sans distinction, dans tout sein hérétique,
Pleins de joie, enfoncer un poignard catholique ;
Car quel lion, quel tigre égale en cruauté
Une injuste fureur qu'arme la piété ?
Ces fureurs jusqu'ici du vain peuple admirées,
Etaient pourtant toujours de l'Eglise abhorrées,
Et dans ton grand crédit pour te bien conserver,
Il fallait que le Ciel parût les approuver.
Ce chef-d'œuvre devait couronner ton adresse.
Pour y parvenir donc, ton active souplesse,
Dans l'école abusant tes grossiers écrivains,
Fit croire à leurs esprits ridiculement vains,
Qu'un sentiment impie, injuste, abominable,
Par deux ou trois d'entre eux réputé soutenable,
Prenait chez eux un sceau de probabilité,
Qui même contre Dieu lui donnait sûreté ;
Et qu'un chrétien pouvait, rempli de confiance,
Même en le condamnant, le suivre en conscience.
 C'est sur ce beau principe, admis si follement,
Qu'aussitôt tu posas l'énorme fondement
De la plus dangereuse et terrible morale,
Que Lucifer, assis dans la chaire infernale,
Vomissant contre Dieu ses monstrueux sermons,
Ait jamais enseignée aux novices démons.
Soudain, au grand honneur de l'église payenne,
On entendit prêcher dans l'école chrétienne,
Que sous le joug du vice un pécheur abattu
Pouvait sans aimer Dieu, ni même la vertu,

SATIRE XI.

Par la seule frayeur au sacrement unie,
Admis au ciel, jouir de la gloire infinie;
Et que les clés en main, sur ce seul passe-port,
Saint Pierre à tout venant devait ouvrir d'abord.
Ainsi, pour éviter l'éternelle misère,
Le vrai zèle chrétien n'étant plus nécessaire,
Tu sus dirigeant bien en eux l'intention,
De tout crime laver la coupable action.
Bientôt se parjurer cessa d'être un parjure.
L'argent à tout denier se prêta sans usure.
Sans simonie, on put contre un bien temporel
Hardiment échanger un bien spirituel.
Du soin d'aider le pauvre on dispensa l'avare;
Et même chez les rois le superflu fut rare.
C'est alors qu'on trouva, pour sortir d'embarras,
L'art de mentir tout haut, en disant vrai tout bas.
C'est alors que l'on sut qu'on peut pour une pomme,
Sans blesser la justice, assassiner un homme.
Assassiner? Ah! non, je parle improprement;
Mais que prêt à la perdre, on peut innocemment,
Surtout ne la pouvant sauver d'une autre sorte,
Massacrer le voleur, qui fuit et qui l'emporte.
Enfin, ce fut alors que, sans se corriger,
Tout pécheur.... Mais, où vais-je aujourd'hui m'engager?
Veux-je d'un pape illustre [11] armé contre tes crimes,
A tes yeux mettre ici toute la bulle en rimes?
Exprimer tes détours burlesquement pieux,
Pour disculper l'impur, le gourmand, l'envieux;
Tes subtils faux-fuyans, pour sauver la mollesse,
Le larcin, le duel, le luxe, la paresse;
En un mot, faire voir à fond développés
Tous ces dogmes affreux d'anathème frappés,
Que, sans peur, débitant tes distinctions folles,
L'erreur encor pourtant maintient dans tes écoles?
Mais sur ce seul projet soudain puis-je ignorer
A quels nombreux combats il faut me préparer?

J'entends déjà d'ici tes docteurs frénétiques
Hautement me compter au rang des hérétiques,
M'appeler scélérat, traître, fourbe, imposteur,
Froid plaisant, faux bouffon, vrai calomniateur,
De Pascal, de Wendrock copiste misérable ;
Et, pour tout dire enfin, janséniste exécrable.
J'aurai beau condamner, en tous sens expliqués,
Les cinq dogmes fameux [12] par ta main fabriqués,
Blâmer de tes docteurs la morale risible ;
C'est, selon eux, prêcher un jansénisme horrible ;
C'est nier qu'ici bas, par l'amour appelé,
Dieu pour tous les humains voulut être immolé.
   Prévenons tout ce bruit ; trop tard dans le naufrage,
Confus on se repent d'avoir bravé l'orage.
Alte-là donc, ma plume. Et toi, sors de ces lieux,
Monstre, à qui, par un trait des plus capricieux,
Aujourd'hui, terminant ma course satirique,
J'ai prêté dans mes vers une âme allégorique.
Fuis, va chercher ailleurs tes patrons bien-aimés,
Dans ces pays par toi rendus si renommés,
Où l'Orme épand ses eaux [13], et que la Sarthe arrose ;
Ou, si plus sûrement tu veux gagner ta cause,
Porte-la dans Trévoux [14], à ce beau tribunal,
Où de nouveaux Midas un sénat monacal,
Tous les mois, appuyé de ta sœur l'Ignorance,
Pour juger Apollon, tient, dit-on, sa séance.

NOTES.

1 *Bizarre hermaphrodite.* Nous appelons *hermaphrodite*, un être qui a les deux sexes. De savans médecins ont prétendu, et sans doute avec raison, que cette bizarrerie de la nature ne pouvait exis-

ter. Les anciens prétendaient que le devin Tirésias était hermaphrodite. Dans l'origine, hermaprodite, selon la fable, était un fils de Mercure et de Vénus, ainsi que l'indique son nom : Ἑρμῆς, Mercure, et Ἀφροδίτη, Vénus.

2 *D'imiter Benserade.* Furetière, dans son second *Factum* contre l'Académie française, dit que : « Benserade s'était érigé en galant de la vieille cour, par des chansonnettes et des vers de ballet, qui lui avaient acquis quelque réputation pendant le règne du mauvais goût, *des équivoques et des pointes* qui subsistent encore chez lui. » Furetière répète encore la même raillerie dans son troisième *Factum*.

3 *Sont des collets montés et des vertugadins.* Les collets montés et les vertugadins faisaient anciennement partie de la toilette des femmes.

4 *Dès le temps nouveau né*, etc., et vers suivans. Voyez le premier chapitre de la Genèse (ou livre de Moïse), sur la création du monde. Les merveilles de la toute-puissance divine y sont racontées avec une belle et noble simplicité. On a surtout admiré, comme modèle de sublime, le troisième verset : Or Dieu dit : Que la lumière soit faite, et la lumière fut faite.

5 *Leurs réponses normandes.* Les Normands sont accusés d'être en général peu francs. *Répondre en Normand* est une expression qui est devenue proverbiale, pour dire que *l'on répond d'une manière équivoque*. Parler en Normand. Voyez le vers 120 de l'Epître IX.

6 *Fut du Gange et du Nil, et du Tage écou-*

tée. Ces trois fleuves sont les plus fameux des trois parties du monde, l'Asie, l'Afrique et l'Europe : l'Amérique n'était pas encore connue alors. Le Gange coule dans l'Inde, le Nil en Egypte, le Tage dans le Portugal.

7 *Pour mille bas usages*, etc.

> Deindè ex facie toto orbe secundá
> Fiunt urceoli, pelves, sartago, patellæ.
> Juv. Sat. X, v. 63. Edit. de Jouv.

8 *Tu courus chez Satan brouiller de nouveaux fils.* Expression proverbiale, pour dire : *causer de nouveaux troubles.*

9 *Lorsqu'attaquant le verbe*, etc. Boileau avait d'abord fait ces quatre vers de cette manière :

Lorsque chez les sujets l'un contre l'autre armés,
Et sur un Dieu fait homme au combat animés,
Tu fis dans une guerre et si triste et si longue,
Périr tant de chrétiens, martyrs d'une diphthongue.

Il s'agissait du mot ὁμοούσιος auquel les Ariens substituaient le mot ὁμοιούσιος.

10 *Au signal tout à coup*, etc. Le massacre des huguenots, fait en France, en 1572, le jour de Saint-Barthelemi.

11 *Veux-je d'un pape illustre*, etc. Ce vers fait allusion aux propositions condamnées par le pape Innocent XI. (*Veux-je* est un peu dur en poésie.)

12 *Les cinq dogmes fameux*, etc. C'est-à-dire, les cinq propositions attribuées à Jansénius.

NOTES.

13 *Où l'Orne épand ses eaux*, etc. L'Orne est une rivière de la Basse-Normandie. La Sarthe est une rivière du Mans.

14 *Porte-la dans Trévoux*, etc. Personne n'ignore ce qui anima Boileau contre les journalistes de Trévoux ; ce fut un extrait peu favorable qu'ils insérèrent dans leurs mémoires du mois de septembre 1703, à l'occasion de l'édition de ses œuvres, qui avait paru en 1701. Ce démêlé se termina par quelques épigrammes de part et d'autre.

FIN DES SATIRES.

ÉPITRE I.

AU ROI.

ARGUMENT.

COLBERT, *toujours attentif aux progrès des arts et des sciences, voyait avec peine que le roi songeait à rompre la paix qui avait été si heureusement conclue à Aix-la-Chapelle, en 1668. Pour seconder les intentions de ce ministre, Boileau composa, en 1669, cette épitre, où il célèbre les douceurs et les avantages de la paix. Que ceux qui ont reproché à Boileau de n'avoir été que le flatteur de Louis XIV, relisent cette épître; ils y verront, au contraire, le poète assez courageux pour donner au roi le plus puissant un conseil qui aurait pu lui déplaire.*

GRAND ROI, c'est vainement qu'abjurant la satire,
Pour toi seul désormais j'avais fait vœu d'écrire.
Dès que je prends la plume [1], Apollon éperdu
Semble me dire : Arrête, insensé, que fais-tu ?
Sais-tu dans quels périls aujourd'hui tu t'engages ?
Cette mer où tu cours est célèbre en naufrages.
Ce n'est pas qu'aisément, comme un autre, à ton char,
Je ne pusse attacher *Alexandre* et *César* ;

ÉPITRE I.

Qu'aisément je ne pusse en quelque ode insipide,
T'exalter aux dépens et de *Mars* et d'*Alcide*;
Te livrer le *Bosphore*, et d'un vers incivil
Proposer au *Sultan* de te céder le *Nil*.
Mais pour te bien louer, une raison sévère
Me dit qu'il faut sortir de la route vulgaire :
Qu'après avoir joué tant d'auteurs différens,
Phébus même aurait peur, s'il entrait sur les rangs,
Que par des vers tout neufs, avoués du Parnasse,
Il faut de mes dégoûts justifier l'audace;
Et si ma muse enfin n'est égale à mon roi,
Que je prête aux Cotins des armes contre moi.
Est-ce là cet auteur, l'effroi de la Pucelle,
Qui devait des bons vers nous tracer le modèle?
Ce censeur, diront-ils, qui nous réformait tous?
Quoi! ce critique affreux n'en sait pas plus que
  nous ?
N'avons-nous pas cent fois, en faveur de la France,
Comme lui, dans nos vers, pris *Memphis* et *By-
  sance*;
Sur les bords de l'*Euphrate* abattu le *turban*,
Et coupé, pour rimer, *les cèdres du Liban*[2]?
De quel front aujourd'hui vient-il sur nos brisées,
Se revêtir encor de nos phrases usées ?
  Que répondrais-je alors ? Honteux et rebuté,
J'aurais beau me complaire en ma propre beauté,
Et de mes tristes vers admirateur unique,
Plaindre en les relisant l'ignorance publique :
Quelque orgueil en secret dont s'aveugle un auteur,
Il est facheux, GRAND ROI, de se voir sans lecteur,
Et d'aller du récit de ta gloire immortelle
Habiller chez Francœur[3] le sucre et la canelle.
Ainsi, craignant toujours un funeste accident,
J'imite de Conrart[4] le silence prudent :
Je laisse aux plus hardis l'honneur de la carrière,
Et regarde le champ, assis sur la barrière.
  Malgré moi toutefois, un mouvement secret
Vient flatter mon esprit qui se tait à regret.

EPITRE I.

Quoi! dis-je, tout chagrin de ma verve infertile,
Des vertus de mon roi spectateur inutile,
Faudra-t-il sur sa gloire attendre à m'exercer,
Que ma tremblante voix commence à se glacer?
Dans un si beau projet, si ma muse rebelle
N'ose le suivre aux champs [5] de Lille et de Bruxelle,
Sans le chercher aux bords de l'Escaut et du Rhin,
La paix l'offre à mes yeux plus calme et plus serein.
Oui, GRAND ROI, laissons là les siéges, les
    batailles.
Qu'un autre aille en rimant renverser des murailles;
Et souvent sur tes pas marchant sans ton aveu,
S'aille couvrir de sang, de poussière et de feu.
A quoi bon d'une muse au carnage animée,
Echauffer ta valeur déjà trop allumée?
Jouissons à loisir du prix de tes bienfaits,
Et ne nous lassons point des douceurs de la paix.
    Pourquoi ces éléphans [6], ces armes, ce bagage,
Et ces vaisseaux tout prêts à quitter le rivage?
Disait au roi Pyrrhus un sage confident,
Conseiller très-sensé [7] d'un roi très-imprudent.
Je vais, lui dit ce prince, à Rome où l'on m'appelle.
Quoi faire? L'assiéger. L'entreprise est fort belle,
Et digne seulement [8] d'Alexandre ou de vous:
Mais Rome prise enfin, seigneur, où courons-nous?
Du reste des Latins la conquête est facile,
Sans doute on les peut vaincre: est-ce tout? La
    Sicile
De là nous tend les bras, et bientôt sans effort
Syracuse reçoit nos vaisseaux dans son port.
Bornez-vous là vos pas? Dès que nous l'aurons
    prise,
Il ne faut qu'un bon vent, et Carthage est conquise.
Les chemins sont ouverts: qui peut nous arrêter?
Je vous entends, seigneur, nous allons tout domp-
    ter:
Nous allons traverser les sables de Libye,
Asservir en passant l'Egypte, l'Arabie,

Courir delà le Gange en de nouveaux pays,
Faire trembler le Scythe aux bords du Tanaïs,
Et ranger sous nos lois tout ce vaste hémisphère.
Mais de retour enfin que prétendez-vous faire?
Alors, cher Cinéas, victorieux, contens,
Nous pourrons rire à l'aise et prendre du bon
   temps.
Hé! seigneur, dès ce jour, sans sortir de l'Epire,
Du matin jusqu'au soir qui vous défend de rire?
Le conseil était sage, et facile à goûter :
Pyrrhus vivait heureux, s'il eût pu l'écouter;
Mais à l'ambition d'opposer la prudence,
C'est aux prélats de cour prêcher la résidence.
 Ce n'est pas que mon cœur du travail ennemi,
Approuve un fainéant sur le trône endormi;
Mais quelques vains lauriers que promette la guerre,
On peut être héros sans ravager la terre.
Il est plus d'une gloire. En vain aux conquérans
L'honneur parmi les rois donne les premiers
   rangs :
Entre les grands héros ce sont les plus vulgaires.
Chaque siècle est fécond en heureux téméraires :
Chaque siècle produit des favoris de Mars :
La Seine a des Bourbons, le Tibre a des Césars.
On a vu mille fois des fanges Méotides [9],
Sortir des conquérans, Goths, Vandales, Gépides.
Mais un roi vraiment roi, qui, sage en ses projets,
Sache en un calme heureux maintenir ses sujets,
Qui du bonheur public ait cimenté sa gloire,
Il faut pour le trouver courir toute l'histoire.
La terre compte peu de ces rois bienfaisans :
Le Ciel à les former se prépare long-temps.
Tel fut cet empereur [10], sous qui Rome adorée
Vit renaître les jours de Saturne et de Rhée :
Qui rendit de son joug l'univers amoureux;
Qu'on n'alla jamais voir sans revenir heureux;
Qui soupirait le soir, si sa main fortunée
N'avait par ses bienfaits [11] signalé la journée.

Le cours ne fut pas long [12] d'un empire si doux !
  Mais où cherché-je ailleurs ce qu'on trouve chez nous ?
GRAND ROI, sans recourir aux histoires antiques,
Ne t'avons-nous pas vu [13] dans les plaines belgiques,
Quand l'ennemi vaincu désertant ses remparts,
Au-devant de ton joug courait de toutes parts,
Toi-même te borner au fort de ta victoire,
Et chercher dans la paix une plus juste gloire ?
Ce sont là les exploits que tu dois avouer :
Et c'est par-là, GRAND ROI, que je te veux louer.
Assez d'autres sans moi, d'un style moins timide,
Suivront aux champs de Mars ton courage rapide ;
Iront de ta valeur effrayer l'univers,
Et camper devant Dole [14] au milieu des hivers.
Pour moi, loin des combats, sur un ton moins terrible,
Je dirai les exploits [15] de ton règne paisible.
Je peindrai les plaisirs [16] en foule renaissans,
Les oppresseurs du peuple [17] à leur tour gémissans.
On verra par quels soins ta sage prévoyance
Au fort de la famine [18] entretient l'abondance.
On verra les abus [19] par ta main réformés ;
La licence et l'orgueil [20] en tous lieux réprimés ;
Du débris des traitans ton épargne grossie ;
Des subsides affreux [21] la rigueur adoucie ;
Le soldat dans la paix [22] sage et laborieux :
Nos artisans grossiers [23] rendus industrieux ;
Et nos voisins frustrés [24] de ces tributs serviles
Que payait à leur art le luxe de nos villes.
Tantôt je tracerai tes pompeux bâtimens [25],
Du loisir d'un héros nobles amusemens.
J'entends déjà frémir les deux mers étonnées [26],
De voir leurs flots unis aux pieds des Pyrénées.
Déjà de tous côtés la chicane aux abois
S'enfuit au seul aspect [27] de tes nouvelles lois.

ÉPITRE I.

Oh! que ta main par-là va sauver de pupilles!
Que de savans plaideurs [28] désormais inutiles!
Qui ne sent point l'effet de tes soins généreux?
L'univers sous ton règne a-t-il des malheureux?
Est-il quelque vertu dans les glaces de l'ourse,
Ni dans ces lieux brûlés où le jour prend sa source,
Dont la triste indigence ose encore approcher,
Et qu'en foule tes dons [29] d'abord n'aillent chercher?
C'est par toi qu'on va voir les Muses enrichies,
De leur longue disette à jamais affranchies.
GRAND ROI, poursuis toujours, assure leur repos.
Sans elles un héros n'est pas long-temps héros.
Bientôt, quoi qu'il ait fait, la mort d'une ombre noire
Enveloppe avec lui son nom et son histoire.
En vain pour s'exempter de l'oubli du cercueil,
Achille mit vingt fois tout Ilion en deuil.
En vain, malgré les vents, aux bords de l'Hespérie,
Enée enfin porta ses dieux et sa patrie:
Sans le secours des vers, leurs noms tant publiés,
Seraient depuis mille ans [30] avec eux oubliés.
Non, à quelques hauts faits que ton destin t'appelle,
Sans le secours soigneux d'une muse fidelle,
Pour t'immortaliser tu fais de vains efforts:
Apollon te la doit: ouvre lui tes trésors.
En poètes fameux rends nos climats fertiles:
Un Auguste aisément [31] peut faire des Virgiles.
Que d'illustres témoins de ta vaste bonté,
Vont pour toi déposer à la postérité!
 Pour moi, qui sur ton nom déjà brûlant d'écrire,
Sens au bout de ma plume expirer la satire,
Je n'ose de mes vers vanter ici le prix.
Toutefois, si quelqu'un de mes faibles écrits
Des ans injurieux peut éviter l'outrage [32],
Peut-être pour ta gloire aura-t-il son usage;
Et comme tes exploits, étonnant les lecteurs,
Seront à peine crus sur la foi des auteurs;

·EPITRE I.

Si quelque esprit malin les veut traiter de fables,
On dira quelque jour, pour les rendre croyables :
Boileau qui, dans ses vers pleins de sincérité,
Jadis à tout son siècle a dit la vérité,
Qui mit à tout blâmer son étude et sa gloire,
A pourtant de ce roi parlé comme l'histoire.

NOTES.

1 *Dès que je prends la plume*, etc.

Quum canerem reges, et prœlia, *Cynthius aurem Vellit*, et admonuit. Virg. Eglog. VI, v. 3.

2 *Et coupé, pour rimer, les cèdres du Liban.* Dans ce vers et les deux précédens, l'auteur se moque des mauvais imitateurs de Malherbe.

3 *Habiller chez Francœur*, etc. Claude Julienne, dit *Francœur*, fameux épicier, qui demeurait rue Saint-Honoré, devant la Croix du Tiroir.

4 *J'imite de Conrart*, etc. Valentin Conrart, académicien célèbre, qui n'a presque rien fait imprimer.

5 *N'ose le suivre aux champs de Lille et de Bruxelle.* La campagne de Flandre, faite par Louis XIV, en 1667.

6 *Pourquoi ces éléphans*, etc. Ce dialogue entre Pyrrhus et Cinéas, est tiré de Plutarque. (Vie de Pyrrhus.)

7 *Conseiller très-censé*, etc. Pyrrhus convenait qu'il avait conquis moins de villes par ses armes que par l'éloquence de Cinéas.

8 *Et digne seulement*, etc. Le poète compare

Pyrrhus à Alexandre, parce que Plutarque rapporte que ceux qui voyaient l'ardeur de Pyrrhus dans les combats, disaient qu'il faisait revivre Alexandre; et que, loin d'imiter, comme les autres rois, ce conquérant, par les habits de pourpre, par les gardes, par le penchement de cou, et par un son de voix élevé, Pyrrhus le représentait seulement par sa valeur et par ses belles actions. (Vie de Pyrrhus.)

Voici un passage latin, où nous trouvons la conversation du roi d'Epire et de son confident:

Dicere solebat Pyrrhus se plures urbes Cineæ eloquentiâ, quàm armorum vi expugnâsse. Cineas tamen regiam cupiditatem non adulabatur. Nam quùm in sermone Pyrrhus ei sua consilia aperiret, dixissetque se velle Italiam ditioni suæ subjicere, respondit Cineas : « Superatis Romanis, quid agere destinas, ô rex? — Italiæ vicina est Sicilia, inquit Pyrrhus; nec difficile erit eam armis occupare. — Tunc Cineas : occupatâ Siciliâ, quid postea acturus es? — Rex, qui nondùm Cineæ mentem perspiciebat: in Africam, inquit, trajicere mihi animus est. — Pergit Cineas : quid deindè, ô Rex? — Tum denique, mi Cinea, ait Pyrrhus, nos quieti dabimus, dulcique otio fruemur. — Quin tu, respondit Cineas, isto otio jam nunc frueris?»

9 *On a vu mille fois des fanges Méotides.* Le Palus, ou marais Méotide, nommé maintenant mer de Zabache, est situé entre l'Europe et l'Asie, dans la petite Tartarie, au nord de la mer Noire, avec laquelle il communique. Ce fut des environs de cette contrée que sortirent autrefois les Goths et les Gépides. A l'égard des Vandales, c'étaient des peuples plus septentrionaux, venus du côté de la mer Baltique, vers l'embouchure de l'Oder.

10 *Tel fut cet empereur*, etc. Titus, surnommé l'Amour et les Délices du genre humain.

11 *N'avait par ses bienfaits*, etc. Tout le monde connaît le mot si mémorable de cet empereur: « Mes amis, dit-il, j'ai perdu ma journée. » « *Amici*, inquit, *diem perdidi.* » Se rappelant un soir qu'il n'avait fait du bien à personne ce jour-là.

12 *Le cours ne fut pas long*, etc. Titus ne régna que deux ans, deux mois, et vingt jours.

13 *Ne l'avons-nous pas vu*, etc. La campagne de 1667, en Flandre, où le roi se rendit maître de plusieurs villes. Cette guerre fut bientôt terminée par le traité d'Aix-la-Chapelle, l'année suivante.

14 *Et camper devant Dôle*, etc. C'est la première campagne de la Franche-Comté. En 1668, le roi partit de Saint-Germain-en-Laye, le 2 février, et revint le 28, après avoir, en moins de huit jours, conquis toute cette province.

15 *Je dirai les exploits*, etc. Les vingt-cinq ou trente vers suivans rappellent les principales actions du roi, depuis qu'il commença à régner par lui-même, en 1661.

16 *Je peindrai les plaisirs*, etc. Les fêtes galantes, le carousel de l'an 1662, les ballets, les courses de bagues, et les fêtes données par le roi, à Versailles, sous le nom des *Plaisirs de l'Ile Enchantée*, au mois de mai 1664.

17 *Les oppresseurs du peuple*, etc. La chambre de justice établie au mois de décembre 1661, pour reconnaître les malversations commises par les traitans, dans le recouvrement et dans l'administration des deniers publics.

NOTES. 157

18 *Au fort de la famine*, etc. En 1662, le royaume, et particulièrement la ville de Paris, étaient menacés d'une famine causée par une stérilité de deux années. Le roi fit venir de Prusse et de Pologne une grande quantité de blé. On fit construire des fours dans le Louvre, et le pain fut distribué au peuple à un prix modique.

19 *On verra les abus*, etc. Les duels abolis, les édits contre le luxe.

20 *La licence et l'orgueil*, etc. L'établissement des grands jours, fait à Clermont, en Auvergne, par une déclaration du roi, en 1665.

21 *Des subsides affreux*, etc. Le roi diminua la taille de six millions. On dressa, en 1664 et 1667, des tarifs pour les marchandises. Par ces tarifs, le roi diminua ses droits; et il supprima la plupart de ceux qui étaient sur les rivières du royaume.

22 *Le soldat, dans la paix*, etc. Discipline militaire établie et maintenue parmi les troupes. Le roi faisait des revues fréquentes, et obligeait les officiers de tenir les soldats dans l'ordre et dans la discipline. Les soldats furent aussi employés aux travaux publics.

23 *Nos artisans grossiers*, etc. L'établissement de plusieurs manufactures, particulièrement des tapisseries aux Gobelins; des points de France, en 1665, et des glaces de miroirs, en 1666.

24 *Et nos voisins frustrés*, etc. La Fontaine faisait un cas singulier de ces vers et des suivans, dans lesquels l'auteur loue le roi d'avoir établi la manufacture des points de France, à la place des points de Venise. Après ces deux vers, il y en

avait quatre autres que Boileau a retranchés dans les dernières éditions :

Oh ! que j'aime à les voir, de ta gloire troublés,
Se priver follement du secours de nos blés !
Tandis que nos vaisseaux, partout maîtres des ondes,
Vont enlever pour nous les trésors des deux mondes.

25 *Tantôt je tracerai tes pompeux bâtimens.* Le roi faisait bâtir alors le Louvre, avec cette façade magnifique que l'on admire comme un des plus beaux morceaux d'architecture qu'il y ait au monde; mais le roi abandonna cette entreprise, pour faire bâtir à Versailles, et en plusieurs autres endroits.

26 *Les deux mers étonnées.* C'est la communication de la mer Méditerranée avec l'Océan, par le canal de Languedoc, commencé en 1665.

27 *S'enfuit au seul aspect*, etc. L'ordonnance civile, publiée en 1667; et l'ordonnance sur les matières criminelles, publiée en 1670.

28 *Que de savans plaideurs*, etc. Après ce vers, il y en avait trente-deux qui faisaient la conclusion de cette épître; mais Boileau les retrancha dans la seconde édition, y substituant ceux que l'on voit ici. Voici les vers qui ont été supprimés :

Muse, apaise ta voix : je veux les consoler,
Et, d'un conte, en passant, il faut les régaler.
Un jour, dit un auteur, *etc.*

Les douze vers qui contiennent la fable de l'Huître, se trouvent à la fin de l'épître II. Boileau continuait ainsi :

Mais quoi ! j'entends déjà quelque auteur satirique,
Qui trouve en cet endroit la fable un peu comique.
Que veut-il ? C'est ainsi qu'Horace dans ses vers
Souvent délasse Auguste en cent styles divers ;

Et, selon qu'au hasard son caprice l'entraîne,
Tantôt perce les cieux, tantôt rase la plaine.
Revenons toutefois ; mais par où revenir ?
GRAND ROI, je m'aperçois qu'il est temps de finir.
C'est assez : il suffit que ma plume fidèle
T'ait fait voir en ces vers quelque essai de mon zèle :
En vain je prétendrais contenter un lecteur,
Qui redoute surtout le nom d'admirateur ;
Et souvent, par raison, oppose à la science
L'invincible dégoût d'une injuste ignorance ;
Prêt à juger de tout, comme un jeune marquis,
Qui, plein d'un grand savoir chez les dames acquis,
Dédaignant le public, que lui seul il attaque,
Va pleurer au Tartuffe, et rire à l'Andromaque.

Boileau expliqua les raisons de ce changement dans un *Avertissement* qu'il mit à la seconde édition de son épître.

29 *Et qu'en foule tes dons*, etc. En 1663, le roi donna des pensions aux hommes de lettres dans toute l'Europe.

30 *Seraient depuis mille ans*, etc. On connaît le mot d'Alexandre-le-Grand, lorsqu'il vint, en Asie, visiter le tombeau d'Achille.

« *Fortunatum adolescentem*, inquit, *qui vivus fidum amicum, Patroclum, mortuus virtutis præconem, Homerum inveneris !* »

C'est un bel hommage que le guerrier rendait au poète. On sait qu'Alexandre avait toujours avec lui les poésies d'Homère. Cette idée a été très-heureusement rendue par un jeune poète couronné à l'Institut, il y a quelques années. Il dit, en parlant du jeune héros de Pella :

Et, voyageur armé pour conquérir la terre,
Alexandre en Asie emportait son Homère.

Horace a dit au liv. IV, Ode VIII, v. 25 :

> *Vixêre fortes antè Agamemnonā*
> *Multi : sed omnes illacrymabiles*
> *Urgentur, ignotique, longā*
> *Nocte, carent quia vate sacro.*

Il avait dit dans l'Ode VII, même liv., v. 27.

> *Dignum laude virum Musa vetat mori :*
> *Cœlo Musa beat.*

31 *Un Auguste aisément*, etc.
Sint Mœcenates, non deerunt, Flacce, Marones.
MART. Lib. VIII. Epigr. VI, v. 5.

32 *Des ans injurieux peut éviter l'outrage.* Boileau parle ici de ses ouvrages avec une modestie aussi rare que noble. Les anciens poètes ne connaissaient guère cette vertu, si nous en jugeons par ces vers d'Ovide, qui dit en parlant de ses écrits :

Jamque opus exegi, quod nec Jovis ira, nec ignes,
Nec poterit ferrum, nec edax abolere vetustas.

Et par ceux d'Horace, Ode XXIV, lib. III, v. 1.

> *Exegi monumentum ære perennius*
> *Regalique situ pyramidum altiùs ;*
> *Quod non imber edax, non aquilo impotens*
> *Possit diruere, aut innumerabilis*
> *Annorum series, et fuga temporum.*

EPITRE II.
A L'ABBÉ DES ROCHES [1].

ARGUMENT.

BOILEAU *décrit ici la sottise de ceux qui ont la fureur de plaider. Racine l'a montrée, comme lui, dans sa comédie des* Plaideurs; *mais Molière a frondé ce ridicule avec cette* vis comica *que lui seul posséda si bien. Voyez la scène* VIII, *acte* II, *des* Fourberies de Scapin, *où l'intrigant valet fait un tableau si vrai, si animé de tous les désagrémens qu'entraînent après eux les procès.*

Ce fut surtout pour conserver la Fable de l'Huître et des Plaideurs, qu'il avait retranchée de l'épître précédente, que Boileau composa cette pièce.

A quoi bon réveiller [2] mes muses endormies,
Pour tracer aux auteurs des règles ennemies?
Penses-tu qu'aucun d'eux veuille subir mes lois,
Ni suivre une raison qui parle par ma voix?
O le plaisant docteur qui, sur les pas d'Horace,
Vient prêcher, diront-ils, la réforme au Parnasse!
Nos écrits sont mauvais, les siens valent-ils mieux?
J'entends déjà d'ici [3] Linière furieux,

EPITRE II.

Qui m'appelle au combat : sans prendre un plus long terme,
De l'encre, du papier, dit-il, qu'on nous enferme :
Voyons qui de nous deux plus aisé dans ses vers,
Aura plutôt rempli la page et le revers.
Moi donc, qui suis peu fait à ce genre d'escrime,
Je le laisse tout seul verser rime sur rime,
Et souvent de dépit contre moi s'exerçant,
Punir de mes défauts le papier innocent.
Mais toi qui ne crains point qu'un rimeur te noircisse,
Que fais-tu cependant, seul en ton bénéfice ?
Attends-tu qu'un fermier payant, quoique un peu tard,
De ton bien pour le moins daigne te faire part ?
Vas-tu, grand défenseur des droits de ton église,
De tes moines mutins réprimer l'entreprise ?
Crois-moi, dût Auzanet [4] t'assurer du succès,
Abbé, n'entreprends point même un juste procès :
N'imite point ces fous dont la sotte avarice
Va de ses revenus engraisser la justice ;
Qui toujours assignans, et toujours assignés,
Souvent demeurent gueux de vingt procès gagnés.
Soutenons bien nos droits : sot est celui qui donne :
C'est ainsi devers Caen [5] que tout Normand raisonne ;
Ce sont là les leçons dont un père Manceau
Instruit son fils novice au sortir du berceau.
Mais pour toi, qui, nourri bien en-deçà de l'Oise [6],
As sucé la vertu picarde et champenoise,
Non, non, tu n'iras point, ardent bénéficier,
Faire enrouer pour toi Corbin ni le Mazier [7].
Toutefois, si jamais quelque ardeur bilieuse
Allumait dans ton cœur l'humeur litigieuse,
Consulte-moi d'abord ; et pour la réprimer,
Retiens bien la leçon que je te vais rimer.

Un jour, dit un auteur, n'importe en quel chapitre,
Deux voyageurs à jeûn rencontrèrent une huître ;
Tous deux la contestaient, lorsque dans leur chemin,
La Justice passa la balance à la main.
Devant elle à grand bruit ils expliquent la chose :
Tous deux avec dépens veulent gagner leur cause.
La Justice, pesant ce droit litigieux,
Demande l'huître, l'ouvre, et l'avale à leurs yeux ;
Et par ce bel arrêt terminant la bataille :
Tenez, voilà, dit-elle, à chacun une écaille,
Des sottises d'autrui nous vivons au palais :
Messieurs, l'huître était bonne.[8]. Adieu, vivez en paix.

NOTES.

1 *A l'abbé des Roches.* Jean-François-Armand Fumée, fils de François Fumée, seigneur des Roches. Il descendait d'Adam Fumée, premier médecin de Charles VII.

2 *A quoi bon réveiller*, etc. Les six premiers vers nous indiquent que Boileau travaillait à son Art poétique.

3 *J'entends déjà d'ici,* etc.

Hor. Lib. I, sat. IV, v. 14.
Crispinus minimo me provocat : « *accipe, si vis,*
Accipe jam tabulas ; detur nobis locus, hora,
Custodes ; videamus uter plus scribere possit.
Di bene fecerunt, inopis me quòdque pusilli
Finxerunt animi, rarò et perpauca loquentis. »

4 *Crois moi, dût Auzanet*, etc. Barthélemi Auzanet, célèbre avocat au parlement de Paris.

5 *C'est ainsi devers Caen*, etc. L'auteur aurait pu dire : *vers Caen*.

C'est ainsi que vers Caen tout Bas-Normand raisonne.

Mais il a préféré : *devers Caen*, qui est une espèce de normanisme.

6 *Mais pour toi, qui, nourri bien en-deçà de l'Oise.* Rivière qui a sa source dans la Picardie, vers les limites du Hainaut et de la Champagne.

7 *Faire enrouer pour toi Corbin ni le Mazier.* Deux avocats criards, qui se chargeaient souvent de mauvaises causes.

8 *Messieurs, l'huître était bonne.* La Fontaine, liv. IX, fab. IX, a aussi traité ce sujet : *l'Huître et les Plaideurs.* Il termine à peu près comme Boileau.

Le juge Perrin Dandin dit aux parties, après avoir avalé l'huître :

« Tenez, la cour vous donne à chacun une écaille
Sans dépens ; et qu'en paix chacun chez soi s'en aille.

Sans *dépens*, ce trait est charmant.

EPITRE III.

A M. ARNAULD.

ARGUMENT.

Cette épître, composée en 1673, a pour sujet la mauvaise honte, qui empêche le retour vers le bien, une fois qu'on s'en est écarté. L'auteur traite cette question philosophique avec une grande habileté. Profondeur de raisonnement, réfutation de sophismes, tableaux piquans et animés, tout se trouve réuni dans cette pièce, où l'élégance de la poésie prête un charme de plus au développement de la pensée.

Oui, sans peine, au travers des sophismes de Claude [1],
Arnauld, des novateurs [2] tu découvres la fraude,
Et romps de leurs erreurs les filets captieux.
Mais que sert que ta main leur dessille les yeux,
Si toujours dans leur âme une pudeur rebelle,
Près d'embrasser l'église, au prêche les rappelle?
Non, ne crois pas que Claude, habile à se tromper,
Soit insensible aux traits dont tu sais le frapper :
Mais un démon l'arrête, et quand ta voix l'attire,
Lui dit : si tu te rends, sais-tu ce qu'on va dire?

Dans son heureux retour lui montre un faux malheur,
Lui peint de Charenton [3] l'hérétique douleur ;
Et balançant Dieu même en son âme flottante,
Fait mourir dans son cœur la vérité naissante.
Des superbes mortels le plus affreux lien,
N'en doutons point, Arnauld, c'est la honte du bien [4].
Des plus nobles vertus cette adroite ennemie,
Peint l'honneur à nos yeux des traits de l'infamie,
Asservit nos esprits sous un joug rigoureux,
Et nous rend l'un et l'autre esclave malheureux ;
Par elle la vertu devient lâche et timide.
Vois-tu ce libertin en public intrépide,
Qui prêche contre un Dieu que dans son âme il croit ?
Il irait embrasser la vérité qu'il voit ;
Mais de ses faux amis il craint la raillerie,
Et ne brave ainsi Dieu que par poltronerie.

C'est là de tous nos maux le fatal fondement,
Des jugemens d'autrui nous tremblons follement ;
Et chacun l'un de l'autre adorant les caprices,
Nous cherchons hors de nous nos vertus et nos vices ;
Misérables jouets de notre vanité,
Faisons au moins l'aveu de notre infirmité.
A quoi bon, quand la fièvre [5] en nos artères brûle,
Faire de notre mal un secret ridicule ?
Le feu sort de vos yeux pétillans et troublés ;
Votre pouls inégal marche à pas redoublés ;
Quelle fausse pudeur à feindre vous oblige ?
Qu'avez-vous ? Je n'ai rien [6]. Mais.... Je n'ai rien, vous dis-je,
Répondra ce malade à se taire obstiné.
Mais cependant voilà tout son corps gangrené
Et la fièvre demain se rendant la plus forte,
Un bénitier aux pieds, va l'étendre à la porte [7].

Prévenons sagement un si juste malheur.
Le jour fatal est proche, et vient comme un
 voleur [8];
Avant qu'à nos erreurs le Ciel nous abandonne,
Profitons de l'instant que de grâce il nous donne.
Hâtons-nous; le temps fuit, et nous traîne avec
 soi;
Le moment où je parle [9] est déjà loin de moi.
 Mais quoi! toujours la honte en esclave nous lie,
Oui c'est toi qui nous perds, ridicule folie;
C'est toi qui fis tomber le premier malheureux,
Le jour que d'un faux bien sottement amoureux,
Et n'osant soupçonner sa femme d'imposture,
Au démon par pudeur il vendit la nature.
Hélas! avant ce jour qui perdit ses neveux,
Tous les plaisirs couraient au-devant de ses
 vœux [10].
La faim aux animaux ne faisait point la guerre:
Le blé pour se donner, sans peine ouvrant la terre,
N'attendait point qu'un bœuf, pressé par l'aiguillon,
Traçât à pas tardifs un pénible sillon.
La vigne offrait partout des grappes toujours pleines,
Et des ruisseaux de lait serpentaient dans les
 plaines.
Mais dès ce jour Adam déchu de son état,
D'un tribut de douleurs paya son attentat.
Il fallut qu'au travail son corps rendu docile,
Forçât la terre avare à devenir fertile.
Le chardon importun hérissa les guérets:
Le serpent venimeux rampa dans les forêts,
La canicule en feu désola les campagnes:
L'aquilon en fureur gronda sur les montagnes.
Alors, pour se couvrir durant l'âpre saison,
Il fallut aux brebis dérober leur toison.
La peste en même temps, la guerre et la famine
Des malheureux humains jurèrent la ruine:
Mais aucun de ces maux n'égala les rigueurs
Que la mauvaise honte exerça dans les cœurs.

De ce nid à l'instant sortirent tous les vices.
L'avare des premiers en proie à ses caprices,
Dans un infâme gain mettant l'honnêteté,
Pour toute honte alors compta la pauvreté.
L'honneur et la vertu n'osèrent plus paroître :
La piété chercha les déserts et le cloître.
Depuis on n'a point vu de cœur si détaché,
Qui par quelque lien ne tînt à ce péché.
Triste et funeste effet du premier de nos crimes,
Moi-même, ARNAULD, ici, qui te prêche en ces rimes,
Plus qu'aucun des mortels par la honte abattu,
En vain j'arme contre elle une faible vertu.
Ainsi, toujours douteux, chancelant et volage,
A peine du limon [1], où le vice m'engage,
J'arrache un pied timide, et sors en m'agitant,
Que l'autre m'y reporte, et s'embourbe à l'instant.
Car si, comme aujourd'hui, quelque rayon de zèle
Allume dans mon cœur une clarté nouvelle,
Soudain aux yeux d'autrui s'il faut la confirmer,
D'un geste, d'un regard je me sens alarmer;
Et même sur ces vers que je te viens d'écrire,
Je tremble en ce moment de ce que l'on va dire.

NOTES.

1 *Oui, sans peine, au travers des sophismes de Claude.* Jean Claude, ministre de Charenton, l'un des plus savans hommes de la religion prétendue réformée, naquit à la Sauverat, dans l'Angenois, en 1619. Son rare mérite le fit recevoir ministre de sa religion, à l'âge de vingt-six ans. Quoiqu'il eût un extérieur peu imposant, une voix assez désagréable, et même un style peu brillant, son éloquence était cependant très-séduisante. Le

style de ses écrits, qui est exact et serré, découvre un grand fond d'érudition, une grande justesse d'esprit, et une adresse merveilleuse à mettre en œuvre toutes les finesses de la logique. Les qualités du cœur répondaient chez lui à celles de l'esprit, et il a passé, même parmi ses adversaires, pour un homme aussi probe que vertueux. Il était l'âme et le chef de son parti en France ; et c'est, pour ainsi dire, au nom du corps des protestans, qu'il est entré en lice de vive voix, et par écrit, avec les plus grands hommes de la catholicité, tels qu'étaient les Arnauld, les Bossuet, les Nicole, etc. A la révocation de l'édit de Nantes, Claude se retira à La Haye, où il mourut le 12 janvier 1675.

2 *Arnauld, des novateurs* etc. Antoine Arnauld, docteur de la maison et société de Sorbonne, illustre par ses disgrâces et par son érudition, naquit à Paris, le 6 février 1612. Il fut reçu de la maison de Sorbonne, d'une manière assez singulière. Etant entré en licence, sans avoir fait les démarches nécessaires pour être admis dans cette société, et ne pouvant plus être reçu selon les règles ordinaires, la société de Sorbonne demanda au cardinal de Richelieu, qu'il fût reçu extraordinairement à cause de son rare mérite ; mais de puissans ennemis ayant desservi Arnauld auprès de cette éminence, cette grâce fut refusée alors, et même un an encore après la mort du cardinal. Mais enfin le mérite triompha de la cabale, et il fut reçu à la fin d'octobre 1648. Il avait pris le bonnet de docteur, dès le 15 décembre 1641. Il ne s'est guère trouvé de génie si étendu que celui de ce docteur : grammaire, géométrie, logique, physique, métaphysique, théologie, etc. En un mot, toutes les sciences étaient de son ressort ; et il a déployé tout ce qu'elles ont de plus solide et de plus subtil dans la multi-

tude innombrable d'écrits qu'il a donnés au public. De si rares talens, qui auraient dû n'attirer que des admirateurs, lui suscitèrent des ennemis, qui enfin réussirent à le rendre suspect à la cour. Il crut alors devoir sortir du royaume ; il se retira dans les Pays-Bas, où il continua de se signaler par de nouvelles productions qui le rendirent également redoutable aux protestans et aux corrupteurs de la morale. Il mourut à Bruxelles, le 8 août 1694.

3 *Lui peint de Charenton*, etc. Village à deux lieues au-dessus de Paris, où les réformés avaient un temple pour l'exercice de leur religion, avant la révocation de l'édit de Nantes.

4 *C'est la honte du bien.*

Hor. Lib. I, epist. 16, v. 24.
Stultorum incurata pudor malus ulcera celat.

5 *A quoi bon, quand la fièvre*, etc.

Hor. Lib. I, epist. 16, v. 21.
Neu, si te populus sanum rectèque valentem
Dictitet, occultam febrem sub tempus edendi
Dissimules, donec manibus tremor incidat unctis.

6 *Qu'avez-vous ? Je n'ai rien*, etc.

Perse, sat. III, v. 94. Edit. de Jouv.
Heus, bone, tu palles ? nihil est. Videas tamen istud
Quidquid id est ; surgit tacitè tibi lutea pellis.

NOTES.

7 *Va l'étendre à la porte.*

PERSE, même satire, v. 105. Edit. de Jouv.

In portam rigidos calces extendit. . . . .

8 *Le jour fatal est proche, et vient comme un voleur.* Cette comparaison de la mort avec un voleur est tirée des livres saints. *Dies Domini, sicut fur in nocte, ità veniet.*   I. Thess. v. 2.

9 *Le moment où je parle,* etc.

PERSE. Sat. V, v. 152. Edit. de Jouv.
*Vive memor leti; fugit hora, hoc quod loquor,
    indè est.*

10 *Tous les plaisirs couraient au-devant de ses vœux.*

*Ipsa quoque immunis, rastroque intacta, nec ullis
Saucia vomeribus, per se dabat omnia tellus.*
           OVID. Metam. lib. I.

*. . . . . Ipsaque tellus
Omnia liberius, nullo poscente, ferebat.*
           VIRG. Georg. lib. I, v. 127.

Flumina jam lactis, jam flumina nectaris ibant.
           OVID. Metam. lib. I.

*Reddit ubi Cererem tellus inarata quotannis,
   Et imputata floret usque vinea,
Germinat et nunquam fallentis termes olivæ,
   Suamque pulla ficus ornat arborem,
Mella cavâ manant ex ilice; montibus altis
   Levis crepante lympha desilit pede.*
           HOR. Epod. XI, v. 43.

Pro molli violâ, pro purpureo narcisso,
Carduus et spinis surgit paliurus acutis.
                    Virg. Eglog. IV, v. 38.

Molli paulatim flavescet campus aristâ,
Incultisque rubens pendebit sentibus uva,
Et duræ quercus sudabunt roscida mella.
                    Virg. Eglog. IV, v. 28.

Ut quamvis avido parerent arva colono.
                    Virg. Eneid. lib. I, v. 3.

11 *A peine du limon*, etc.

Necquicquam cœno cupiens evellere plantam.
                    Hor. Sat. VII, lib. II, v. 27.

EPITRE IV.
AU ROI.

ARGUMENT.

BOILEAU, *dans cette épître, célèbre la campagne de 1672. Parmi les événemens qui la rendirent si glorieuse pour Louis XIV, le poète choisit le passage du Rhin par l'armée française, le 12 juin 1672. Ce haut fait d'armes méritait d'être chanté par la muse de Boileau. L'auteur semble avoir voulu surpasser encore la noblesse de son sujet. Rien de plus harmonieux, de plus riche de poésie que cette épître, qui parut imprimée au mois d'août 1672. Dans ses vers toujours élégans et nombreux, Boileau se joue de la difficulté de présenter au lecteur une foule de noms hollandais, étonnés d'avoir pris place dans une pièce de poésie française.*

Tantæ molis erat Batavorum includere versu
Nomina!

EN vain pour te louer, ma muse toujours prête,
Vingt fois de la Hollande a tenté la conquête :
Ce pays où cent murs n'ont pu te résister,
GRAND ROI, n'est pas en vers si facile à dompter

EPITRE IV.

Des villes que tu prends, les noms durs et barbares,
N'offrent de toutes parts que syllabes bizarres;
Et, l'oreille effrayée, il faut depuis d'Issel [1],
Pour trouver un bon mot, courir jusqu'au Tessel [2].
Oui, partout de son nom chaque place munie,
Tient bon contre le vers, en détruit l'harmonie.
Et qui peut, sans frémir, aborder Woerden [3] ?
Quel vers ne tomberait au seul nom de Heusden [4] ?
Quelle muse à rimer en tous lieux disposée
Oserait approcher des bords du Zuiderzée [5] ?
Comment en vers heureux assiéger Doësbourg [6],
Zutphen, Wageninghen, Harderwic, Knotzem-
   bourg [7] ?
Il n'est fort entre ceux que tu prends par cen-
   taines,
Qui ne puisse arrêter un rimeur six semaines;
Et partout sur le Whal, ainsi que sur le Leck [8],
Le vers est en déroute, et le poète à sec.
Encor si tes exploits, moins grands et moins
   rapides,
Laissaient prendre courage à nos muses timides,
Peut-être avec le temps, à force d'y rêver,
Par quelque coup de l'art nous pourrions nous
   sauver.
Mais dès qu'on veut tenter cette vaste carrière,
Pégase s'effarouche et recule en arrière.
Mon Apollon s'étonne, et Nimègue est à toi [9],
Que ma muse est encor au camp devant Orsoi [10].
Aujourd'hui toutefois mon zèle m'encourage,
Il faut au moins du Rhin tenter l'heureux passage.
Un trop juste devoir veut que nous l'essayions;
Muses, pour le tracer, cherchez tous vos crayons.
Car puisqu'en cet exploit tout paraît incroyable,
Que la vérité pure y ressemble à la fable,
De tous vos ornemens vous pouvez l'égayer.
Venez donc, et surtout gardez bien d'ennuyer.
Vous savez des grands vers les disgrâces tragiques,
Et souvent on ennuie en termes magnifiques.

ÉPITRE IV.

Au pied du mont Adule [11], entre mille roseaux,
Le Rhin tranquille et fier du progrès de ses eaux,
Appuyé d'une main sur son urne penchante,
Dormait au bruit flatteur de son onde naissante;
Lorsqu'un cri tout à coup suivi de mille cris,
Vient d'un calme si doux retirer ses esprits.
Il se trouble, il regarde, et partout sur ses rives
Il voit fuir à grands pas ses Naïades craintives,
Qui toutes accourant vers leur humide roi,
Par un récit affreux redoublent son effroi.
Il apprend qu'un héros, conduit par la Victoire,
A de ces bords fameux flétri l'antique gloire;
Que Rhimberg et Vesel [12], terrassés en deux
   jours,
D'un joug déjà prochain menacent tout son cours.
Nous l'avons vu, dit l'une, affronter la tempête
De cent foudres d'airain tournés contre sa tête.
Il marche vers Tholus [13], et tes flots en courroux,
Au prix de sa fureur, sont tranquilles et doux.
Il a de Jupiter la taille et le visage;
Et depuis ce Romain, dont l'insolent passage
Sur un pont en deux jours trompa tous tes efforts,
Jamais rien de si grand n'a paru sur tes bords.
 Le Rhin tremble et frémit à ces tristes nouvelles;
Le feu sort à travers ses humides prunelles :
« C'est donc trop peu, dit-il, que l'Escaut en deux
   mois
Ait appris à couler [14] sous de nouvelles lois;
Et de mille remparts mon onde environnée
De ses fleuves sans nom suivra la destinée !
Ah! périssent mes eaux, ou par d'illustres coups
Montrons qui doit céder des mortels ou de nous. »
A ces mots essuyant sa barbe limoneuse [15],
Il prend d'un vieux guerrier la figure poudreuse.
Son front cicatrisé rend son air furieux,
Et l'ardeur du combat étincelle en ses yeux.
En ce moment il part, et, couvert d'une nue,
Du fameux fort de Skink [16] prend la route connue.

Là, contemplant son cours, il voit de toutes parts
Ses pâles défenseurs par la frayeur épars :
Il voit cent bataillons qui, loin de se défendre,
Attendent sur des murs l'ennemi pour se rendre.
Confus, il les aborde, et renforçant sa voix :
« Grands arbitres, dit-il, des querelles des rois [17],
Est-ce ainsi que votre âme aux périls aguerrie,
Soutient sur ces remparts l'honneur et la patrie [18] ?
Votre ennemi superbe en cet instant fameux,
Du Rhin près de Tholus fend les flots écumeux.
Du moins en vous montrant sur la rive opposée,
N'oseriez-vous saisir une victoire aisée ?
Allez, vils combattans, inutiles soldats,
Laissez là ces mousquets trop pesans pour vos bras :
Et la faux à la main parmi vos marécages,
Allez couper vos joncs et presser vos laitages ;
Ou gardant les seuls bords qui vous peuvent couvrir,
Avec moi de ce pas venez vaincre ou mourir. »
   Ce discours d'un guerrier que la colère enflamme,
Ressuscite l'honneur déjà mort en leur âme ;
Et leurs cœurs s'allumant d'un reste de chaleur,
La honte fait en eux l'effet de la valeur.
Ils marchent droit au fleuve, où Louis en personne,
Déjà prêt à passer, instruit, dispose, ordonne.
Par son ordre, Grammont [19] le premier dans les flots
S'avance soutenu des regards du héros.
Son coursier écumant sous un maître intrépide,
Nage tout orgueilleux de la main qui le guide.
Revel le suit de près [20] : sous ce chef redouté
Marche des cuirassiers l'escadron indompté.
Mais déjà devant eux une chaleur guerrière
Emporte loin du bord le bouillant Lesdiguière [21],
Vivonne, Nantouillet, et Coislin, et Salart [22] ;
Chacun d'eux au péril veut la première part.
Vendôme, que soutient [23] l'orgueil de sa naissance,
Au même instant dans l'onde impatient s'élance ;

EPITRE IV.

La Salle, Beringhen, Nogen, d'Ambre, Cavois [24]
Fendent les flots tremblans sous un si noble poids.
Louis les animant du feu de son courage,
Se plaint de sa grandeur qui l'attache au rivage.
Par ses soins cependant trente légers vaisseaux [25]
D'un tranchant aviron déjà coupent les eaux.
Cent guerriers s'y jetant signalent leur audace.
Le Rhin les voit d'un œil qui porte la menace.
Il s'avance en courroux, le plomb vole à l'instant,
Il pleut de toutes parts sur l'escadron flottant.
Du salpêtre en fureur l'air s'échauffe et s'allume,
Et des coups redoublés tout le rivage fume.
Déjà du plomb mortel plus d'un brave est atteint.
Sous les fougueux coursiers l'onde écume et se
    plaint.
De tant de coups affreux la tempête orageuse
Tient un temps sur les eaux la fortune douteuse ;
Mais Louis d'un regard sait bientôt la fixer :
Le destin à ses yeux n'oserait balancer ;
Bientôt avec Grammont courent Mars et Bellone ;
Le Rhin à leur aspect d'épouvante frisonne,
Quand pour nouvelle alarme à ses esprits glacés,
Un bruit s'épand qu'Enghien et Condé sont
    passés [26] :
Condé, dont le seul nom fait tomber les murailles,
Force les escadrons, et gagne les batailles :
Enghien, de son hymen le seul et digne fruit,
Par lui dès son enfance à la victoire instruit.
L'ennemi renversé fuit, et gagne la plaine :
Le Dieu lui-même cède au torrent qui l'entraîne,
Et seul, désespéré, pleurant ses vains efforts,
Abandonne à Louis la victoire et ses bords.
Du fleuve ainsi dompté la déroute éclatante
A Wurts jusqu'en son camp [27] va porter l'épou-
    vante ;
Wurts, l'espoir du pays, et l'appui de ses murs,
Wurts... ah ! quel nom, GRAND ROI, quel Hector
    que ce Wurts !

EPITRE IV.

Sans ce terrible nom, mal né pour les oreilles,
Que j'allais à tes yeux étaler de merveilles !
Bientôt on eût vu Skink dans mes vers emporté,
De ses fameux remparts [28] démentir la fierté.
Bientôt... Mais Wurts s'oppose à l'ardeur qui m'anime.
Finissons, il est temps : aussi-bien si la rime
Allait mal à propos m'engager dans Arnhein [29],
Je ne sais, pour sortir, de porte qu'Hildesheim [30].
  Oh ! que le ciel soigneux de notre poésie,
GRAND ROI, ne nous fit-il plus voisins de l'Asie [31] !
Bientôt victorieux de cent peuples altiers,
Tu nous aurais fourni des rimes à milliers.
Il n'est plaine en ce lieu si sèche et si stérile,
Qui ne soit en beaux mots partout riche et fertile.
Là plus d'un bourg fameux par son antique nom,
Vient offrir à l'oreille un agréable son.
Quel plaisir de te suivre aux rives de Scamandre !
D'y trouver d'Ilion la poétique cendre :
De juger si les Grecs qui brisèrent ses tours,
Firent plus en dix ans que LOUIS en dix jours !
Mais pourquoi sans raison désespérer ma veine ?
Est-il dans l'univers de plage si lointaine,
Où ta valeur, GRAND ROI ! ne te puisse porter,
Et ne m'offre bientôt des exploits à chanter ?
Non, non, ne faisons plus de plaintes inutiles ;
Puisqu'ainsi dans deux mois tu prends quarante villes,
Assuré des bons vers dont ton bras me répond,
Je t'attends dans deux ans aux bords de l'Hellespont.

NOTES.

1 *Il faut depuis l'Issel.* Rivière des Pays-Bas, qui se jette dans le Zuiderzée, ou la mer du Sud.

2 *Courir jusqu'au Tessel.* Ile de la Hollande, dans l'Océan germanique, à l'entrée du golfe nommé le Zuiderzée.

3 *Aborder Woerden?* Ville du comté de Hollande, située sur le Rhin.

4 *Au seul nom de Heusden?* Autre ville de la même province, près de la Meuse.

5 *Des bords du Zuiderzée.* Le Zuiderzée est un grand golfe entre les provinces de Frise, d'Over-Issel, de Gueldre et de Hollande.

6 *Assiéger Doësbourg.* Ville du comté de Zutphen, située à l'endroit où les eaux du Rhin se joignent à l'Issel, par le canal de Drusus.

7 *Zutphen, Wageninghen, Harderwic, Knotzembourg?* Zutphen, ville du comté de Zutphen, prise par Monsieur, le 26 juin. — *Wageninghen, Harderwic.* Villes du duché de Gueldre, qui se rendirent au roi, le 22 et le 23 juin. — *Knotzembourg* est un fort situé sur le Wahal, vis-à-vis de Nimègue. Il fut assiégé le 15 juin, et pris le 17, par Turenne.

8 *Et partout sur le Whal, ainsi que sur le*

Leck. Le Wahal et le Leck, sont deux branches du Rhin qui se mêlent avec la Meuse.

9 *Et Nimègue est à toi.* Ville considérable des Provinces-Unies, capitale du duché de Gueldre. Elle fut prise le 9 juillet 1672, par Turenne, après six jours de siége.

10 *Au camp devant Orsoi.* Ville et place-forte sur la rive gauche du Rhin, dans le duché de Clèves. Au commencement de la campagne, le roi fit assiéger *Orsoi*, le 1er juin, et le prit en deux jours.

11 *Au pied du mont Adule,* etc. Montagne d'où le Rhin prend sa source. On l'appelle vulgairement *le mont de Saint-Gothard.*

12 *Que Rhimberg et Vesel,* etc. Ces deux villes sont situées sur le Rhin, l'une sur la rive gauche du fleuve, et l'autre sur la rive droite. — *Vesel* est une ville du duché de Clèves, qui appartenait aux Hollandais depuis l'an 1629; et le prince de Condé la prit le 4 juin 1672, après deux jours de siége. — *Rhimberg* était aussi sous la domination des Hollandais, et fut pris le 6 du même mois.

13 *Il marche vers Tholus,* etc. Village sur la rive gauche du Rhin, au-dessous du fort de Skink, à la pointe du Betaw. Ce fut en cet endroit que les Français passèrent le Rhin à la nage.

14 *Ait appris à couler,* etc. En l'année 1667, le roi avait conquis une partie de la Flandre qui est arrosée par l'Escaut.

15 *Sa barbe limoneuse.* C'est le *Rheni luteum caput*, d'Horace, lib. I, Satire x, v. 37.

16 *Du fameux fort de Skink,* etc. Le fort de

Skink, ou *Schenk*, est situé à la pointe de l'île de *Bétaw*, ou *Bétuwel*, qui est l'endroit où le Rhin se divise.

17 *Grands arbitres, dit-il, des querelles des rois.* Ce vers contient une ironie très-amère. Les Hollandais s'étaient vantés d'avoir obligé le roi de France à faire la paix avec l'Espagne, par le traité d'Aix-la-Chapelle. Ils avaient même fait frapper une médaille, en 1668, dans laquelle ils prenaient les titres fastueux d'*arbitres des rois, de réformateurs de la religion, de protecteurs des lois,* et plusieurs autres. Cette médaille représentait, d'un côté, la liberté batavique, avec ses symboles; et au revers, on lisait cette inscription, qui contient tous ces titres ambitieux :

Assertis Legibus. Emendatis Sacris. Adjutis, Defensis, Conciliatis Regibus. Vindicatâ Marium Libertate. Pace Egregia Virtute Armorum Parta. Stabilita Orbis Europæi Quiete Numisma Hoc S. F. B. C. F. CIƆ IƆC. LXVIII.

Le roi fut indigné de la fierté de ces républicains, qui, par ces éloges fastueux, voulaient se donner la gloire des événemens de ce temps-là.

18 *L'honneur et la patrie.* Les drapeaux des Hollandais portaient cette inscription : *Pro honore et patria.*

19 *Par son ordre, Grammont,* etc. M. le comte de Guiche, fils aîné du maréchal de Grammont, fut le premier qui tenta le passage. Il était lieutenant général de l'armée de M. le prince; et le roi lui commanda de voir s'il trouverait un gué dans le Rhin, pour aller aux ennemis qui parai-

saient de l'autre côté. Il vint rapporter au roi qu'il avait trouvé un gué favorable vers Tolhuys, et promit de passer à la tête de la cavalerie. La vérité était pourtant qu'il n'y avait pas de gué ; de sorte que l'armée fut obligée de traverser une bonne partie du Rhin à la nage ; mais le comte de Guiche, qui avait servi en Pologne, s'y était accoutumé à passer ainsi les plus profondes rivières, à l'exemple des Polonais.

20 *Revel le suit de près*, etc. Le marquis de Revel, colonel des cuirassiers, frère de M. le comte de Broglio ; il fut blessé de trois coups d'épée, dans l'action qui suivit le passage du Rhin.

21 *Le bouillant Lesdiguière*. M. le comte de Saux. François-Emmanuel de Blanche-Fort de Bonne de Créqui, duc de Lesdiguière, pair de France, comte de Saux, gouverneur du Dauphiné, mort en 1681. Pendant le passage du Rhin, il fut blessé, mais il ne laissa pas d'avancer toujours, et ne perdit point son rang ; de manière qu'il sortit de l'eau le premier, et porta le premier coup. Sa valeur le fit beaucoup remarquer dans cette action ; il montait un cheval blanc, qui fut tué sous lui.

22 *Vivonne, Nantouillet, et Coislin et Salart. Vivonne.* Louis-Victor de Rochechouart, duc de Mortemar et de Vivonne, etc. ; alors général des galères de France, depuis l'an 1669, et ensuite maréchal de France, en 1675. Il mourut au mois de septembre 1688. — *Nantouillet.* Le chevalier de Nantouillet, ami particulier de Boileau, aussi-bien que M. de Vivonne. — *Coislin.* Armand de Cambout, duc de Coislin. Il reçut plusieurs blessures, après avoir passé le Rhin ; il mourut, le 16 septembre 1702, âgé de 67 ans.

23 *Vendôme, que soutient*, etc. M. le chevalier de Vendôme. Quoiqu'il n'eût pas encore dix-sept ans, il ne laissa pas de traverser le Rhin à cheval; il gagna même un drapeau et un étendart qu'il apporta au roi.

24 *La Salle, Beringhen, Nogent, d'Ambre, Cavois. La Salle.* Le marquis de La Salle fut des premiers à passer le Rhin; mais les cuirassiers ayant eu ordre de se jeter à l'eau et de passer, ils le firent si brusquement, qu'ayant rencontré M. de La Salle devant eux, ils le blessèrent de cinq coups, croyant qu'il était Hollandais, quoiqu'il fût habillé à la française, et qu'il portât l'écharpe blanche. — *Beringhen.* Le marquis de Beringhen, premier écuyer du roi, et colonel du régiment Dauphin. Son cheval ne voulant point passer, il se jeta dans le bateau de M. le Prince. Après le passage, il se battit vaillamment, et reçut un coup de mousquet dans la mamelle droite, et plusieurs coups dans ses habits. — *Nogent.* Armand de Bautru, comte de Nogent, capitaine des gardes de la porte, lieutenant général au gouvernement d'Auvergne, maître de la garde-robe, et maréchal de camp des armées du roi. Il fut tué, au passage du Rhin, d'un coup de mousquet à la tête, et son corps fut inhumé dans l'église de Zevenart, village de Gueldre. — *Cavois.* Louis d'Oger, marquis de Cavois, grand maréchal des logis de la maison du roi.

25 *Trente légers vaisseaux.* Des bateaux de cuivre.

26 *Qu'Enghien et Condé sont passés. Condé.* M. le prince de Condé, Louis de Bourbon, l'un des plus grands capitaines de l'Europe; il mourut le 11 décembre 1686. — *Enghien.* M. le duc d'Enghien, son fils.

27 *A Wurts jusqu'en son camp*, etc. Wurts, maréchal de camp des Hollandais, commandait le camp destiné à s'opposer au passage du Rhin.

28 *De ses fameux remparts*, etc. Le fort de Skink fut assiégé par nos troupes, le 18 juin, et pris le 21.

29 *M'engager dans Arnheim.* Ville considérable des Provinces-Unies, dans le duché de Gueldre. Elle fut prise par l'armée française, sous le commandement de Turenne, le 14 juin 1672.

30 *De porte qu'Hildesheim.* Petite ville de l'électorat de Trèves.

31 *Plus voisins de l'Asie!* De la Grèce asiatique, dans laquelle était située la célèbre ville de Troie, ou Ilion.

ÉPITRE V.

A MONSIEUR DE GUILLERAGUES.

ARGUMENT.

Composée en 1674, cette épître ne fut publiée que l'année suivante. Montrer que le bonheur consiste dans la connaissance de soi-même, et qu'il ne faut pas le chercher ailleurs ; tel a été le but de l'auteur, en écrivant cette pièce. Ces vers semblent être inspirés par cette célèbre maxime, citée par Juvénal :

γνῶθι σεαυτόν.
(Nosce te ipsum.)

Sat. XI, v. 27. Edit. de Jouv.

Esprit né pour la cour, et maître en l'art de plaire,
Guilleragues, qui sais et parler et te taire [1],
Apprends-moi si je dois ou me taire ou parler.
Faut-il dans la satire encor me signaler,
Et dans ce champ fécond en plaisantes malices,
Faire encore aux auteurs redouter mes caprices ?
Jadis, non sans tumulte, on m'y vit éclater,
Quand mon esprit plus jeune et prompt à s'irriter,

Aspirait moins au nom de discret et de sage,
Que mes cheveux plus noirs ombrageaient mon visage.
Maintenant que le temps a mûri mes désirs,
Que mon âge, amoureux de plus sages plaisirs,
Bientôt s'en va frapper à son neuvième lustre,
J'aime mieux mon repos qu'un embarras illustre.
Que d'une égale ardeur mille auteurs animés,
Aiguisent contre moi leurs traits envenimés ;
Que tout, jusqu'à Pinchène [2], et m'insulte et m'accable,
Aujourd'hui vieux lion, je suis doux et traitable ;
Je n'arme point contre eux mes ongles émoussés.
Ainsi que mes chagrins mes beaux jours sont passés.
Je ne sens plus l'aigreur de ma bible première,
Et laisse aux froids rimeurs une libre carrière.
 Ainsi donc philosophe à la raison soumis,
Mes défauts désormais sont mes seuls ennemis.
C'est l'erreur que je fuis, c'est la vertu que j'aime,
Je songe à me connaître, et me cherche en moi-même.
C'est là l'unique étude où je veux m'attacher.
Que l'astrolabe en main [3] un autre aille chercher
Si le soleil est fixe ou tourne sur son axe ;
Si Saturne à nos yeux peut faire un parallaxe [4] ;
Que Rohaut vainement [5] sèche pour concevoir
Comment, tout étant plein, tout a pu se mouvoir,
Ou que Bernier compose [6] et le sec et l'humide
Des corps ronds et crochus errans parmi le vide.
Pour moi sur cette mer qu'ici-bas nous courons,
Je songe à me pourvoir d'esquif et d'avirons,
A régler mes désirs, à prévenir l'orage,
A sauver, s'il se peut, ma raison du naufrage.
 C'est au repos d'esprit que nous aspirons tous :
Mais ce repos heureux se doit chercher en nous.
Un fou rempli d'erreur que le trouble accompagne ;
Et malade à la ville ainsi qu'à la campagne,

EPITRE V.

En vain monte à cheval pour tromper son ennui ;
Le chagrin monte en croupe [7] et galope avec lui.
Que crois-tu qu'Alexandre, en ravageant la terre,
Cherche parmi l'horreur, le tumulte et la guerre?
Possédé d'un ennui qu'il ne saurait dompter,
Il craint d'être à soi-même, et songe à s'éviter.
C'est là ce qui l'emporte aux lieux où naît l'aurore,
Où le Perse est brûlé de l'astre qu'il adore.
De nos propres malheurs auteurs infortunés,
Nous sommes loin de nous à toute heure entraînés.
A quoi bon ravir l'or au sein du nouveau monde?
Le bonheur, tant cherché [8] sur la terre et sur
    l'onde,
Est ici comme aux lieux où mûrit le coco [9],
Et se trouve à Paris, de même qu'à Cusco [10] :
On ne le tire point des veines du Potose [11] ;
Qui vit content de rien, possède toute chose.
Mais sans cesse ignorans de nos propres besoins,
Nous demandons au Ciel ce qu'il nous faut le
    moins.
    Oh! que si cet hiver [12] un rhume salutaire,
Guérissant de tous maux mon avare beau-père,
Pouvait, bien confessé, l'étendre en un cercueil,
Et remplir sa maison d'un agréable deuil :
Que mon âme, en ce jour de joie et d'opulence,
D'un superbe convoi plaindrait peu la dépense !
Disait le mois passé, doux, honnête et soumis,
L'héritier affamé de ce riche commis,
Qui, pour lui préparer cette douce journée,
Tourmenta quarante ans sa vie infortunée.
La mort vient de saisir le vieillard catarrheux ;
Voilà son gendre riche : en est-il plus heureux ?
Tout fier du faux éclat de sa vaine richesse,
Déjà nouveau seigneur, il vante sa noblesse,
Quoique fils de meûnier, encor blanc du moulin,
Il est prêt à fournir ses titres en vélin.
En mille vains projets à toute heure il s'égare.
Le voilà fou, superbe, impertinent, bizarre,

Rêveur, sombre, inquiet, à soi-même ennuyeux :
Il vivrait plus content, si, comme ses aïeux,
Dans un habit conforme à sa vraie origine,
Sur le mulet encore il chargeait la farine.
　　Mais ce discours n'est pas pour le peuple igno-
　　　　rant,
Que le faste éblouit d'un bonheur apparent.
L'argent, l'argent, dit-on [13]; sans lui tout est
　　　　stérile ;
La vertu sans argent n'est qu'un meuble inutile.
L'argent en honnête homme érige un scélérat,
L'argent seul au palais peut faire un magistrat.
Qu'importe qu'en tous lieux on me traite d'infâme,
Dit ce fourbe sans foi, sans honneur et sans âme ;
Dans mon coffre tout plein de rares qualités,
J'ai cent mille vertus en louis bien comptés.
Est-il quelque talent que l'argent ne me donne ?
C'est ainsi qu'en son cœur ce financier raisonne.
Mais pour moi, que l'éclat ne saurait décevoir,
Qui met au rang des biens l'esprit et le savoir,
J'estime autant Patru [14], même dans l'indigence,
Qu'un commis engraissé des malheurs de la France.
　　Non que je sois du goût de ce sage insensé [15],
Qui d'un argent commode esclave embarrassé,
Jeta tout dans la mer, pour crier : Je suis libre.
De la droite raison je sens mieux l'équilibre :
Mais je tiens qu'ici-bas, sans faire tant d'apprêts,
La vertu se contente, et vit à peu de frais.
Pourquoi donc s'égarer en de projets si vagues?
Ce que j'avance ici, crois moi, cher Guilleragues,
Ton ami dès l'enfance ainsi l'a pratiqué.
Mon père, soixante ans [16] au travail appliqué,
En mourant me laissa [17] pour rouler et pour vivre,
Un revenu léger, et son exemple à suivre.
Mais bientôt amoureux d'un plus noble métier,
Fils, frère, oncle, cousin, beau-frère de greffier [18],
Pouvant charger mon bras d'une utile liasse,
J'allai loin du palais errer sur le Parnasse.

La famille en pâlit, et vit en frémisant,
Dans la poudre du greffe un poète naissant.
On vit avec horreur une muse effrenée
Dormir chez un Greffier la grasse matinée [19].
Dès-lors à la richesse il fallut renoncer;
Ne pouvant l'acquérir, j'appris à m'en passer;
Et surtout redoutant la basse servitude,
La libre vérité fut toute mon étude [20].
Dans ce métier funeste à qui veut s'enrichir,
Qui l'eût cru, que pour moi le sort dût se fléchir!
Mais du plus grand des rois la bonté sans limite,
Toujours prête à courir au-devant du mérite,
Crut voir dans ma franchise un mérite inconnu,
Et d'abord de ses dons enfla mon revenu.
La brigue ni l'envie, à mon bonheur contraires,
Ni les cris douloureux de mes vains adversaires,
Ne purent dans leur course arrêter ses bienfaits.
C'en est trop : mon bonheur a passé mes souhaits.
Qu'à son gré désormais la fortune me joue;
On me verra dormir au branle de sa roue.
Si quelque soin encore agite mon repos,
C'est l'ardeur de louer un si fameux héros.
Ce soin ambitieux me tirant par l'oreille,
La nuit, lorsque je dors, en sursaut me réveille,
Me dit que ces bienfaits dont j'ose me vanter,
Par des vers immortels ont dû se mériter.
C'est là le seul chagrin qui trouble encor mon âme.
Mais si dans le beau feu du zèle qui m'enflamme,
Par un ouvrage enfin des critiques vainqueur,
Je puis sur ce sujet satisfaire mon cœur,
Guilleragues, plains-toi de mon humeur légère,
Si jamais entraîné d'une ardeur étrangère,
Ou d'un vil intérêt reconnaissant la loi,
Je cherche mon bonheur autre part que chez moi.

NOTES.

1 *Guilleragues, qui sais et parler et te taire.*
M. de Guilleragues était de Bordeaux, où il avait été premier président de la cour des aides. Il fut ensuite secrétaire de la chambre et du cabinet de sa majesté, et pendant quelque temps il eut la direction de la Gazette. Au mois de décembre 1677, le roi le nomma ambassadeur à Constantinople, où il alla en 1679; il mourut d'apoplexie quelques années après.

Qui sais et parler et te taire.
. . . *Dicenda, tacendaque calles.*
Pers. Sat. IV, v. 5. Edit. de Jouv.

2 *Que tout, jusqu'à Pinchêne*, etc. Boileau regarde les atteintes de ce misérable auteur, comme le coup de pied de l'âne. Etienne Martin, sieur de Pinchêne, neveu de Voiture.

3 *Que l'astrolabe en main*, etc. L'astrolabe est un instrument de mathématiques, en forme de planisphère, qui sert à prendre les hauteurs des astres, et à faire quelques autres observations d'astronomie. Ce terme est composé de deux mots grecs : Ἀστήρ (astre), et λαβεῖν (prendre.)

4 *Si Saturne à nos yeux peut faire un parallaxe.* Les astronomes appellent *parallaxe*, la différence qui est entre le *lieu véritable* d'un astre, et *son lieu apparent*, c'est-à-dire, entre le lieu du firmament auquel cet astre répondrait, s'il était vu

du centre de la terre ; et le lieu auquel cet astre répond, étant vu de la surface de la terre.

5 *Que Rohaut vainement*, etc. Rohaut dit avec Descartes, que tout espace étant corps, ce qu'on appelle *vide*, serait espace, et corps par conséquent ; et qu'ainsi, non seulement il n'y a point de vide, mais que même il ne peut point y en avoir. Jacques Rohaut, d'Amiens, en Picardie, mourut à Paris en 1673. Il est enterré à Sainte-Geneviève, où l'on voit son épitaphe à côté de celle du fameux Descartes.

6 *Ou que Bernier compose*, etc. François Bernier, docteur en médecine, de la faculté de Montpellier, après avoir fait de longs voyages, et séjourné long-temps dans le Mogol, revint à Paris, où il est mort. Il a fait l'abrégé de Gassendi : aussi, il veut, après Gassendi, que tout soit composé d'atomes indivisibles, qui errent dans un espace vide infini, et que ces atomes ne peuvent se mouvoir, sans laisser nécessairement entre eux de petits espaces vides.

7 *Le Chagrin monte en croupe*, etc

Post equitem sedet atra cura.
    Hor. Od. I, lib. III, v. 40.

8 *Le bonheur, tant cherché*, etc.

     Navibus atque
Quadrigis petimus bene vivere. Quod petis, hic est,
Est Ulubris, animus si te non deficit æquus.
    Hor. Epist. XI, lib. 1, v. 28.

9 *Où mûrit le coco.* Dans les Indes orientales et dans l'Afrique.

10 *De même qu'à Cusco.* Ville capitale du Pérou, dans l'Amérique.

11 *Des veines du Potose.* Le *Potose*, ou *Potosi*, montagne où sont les mines d'argent dans le Pérou.

12 *Oh! que si cet hiver*, etc.

         O si
*Ebullit patrui præclarum funus! et, ô si
Sub rastro crepet argenti mihi seria, dextro
Hercule! pupillumve utinam, quem proximus heres
Impello, expungam!*
    Pers. Sat. II, v. 9. Edit. de Jouv.

13 *L'argent, l'argent, dit-on*, etc.

*Vilius argentum est auro, virtutibus aurum.
O cives, cives, quærenda pecunia primùm est;
Virtus post nummos.*
    Hor. Epist. I, lib. 1, v. 52.

14 *J'estime autant Patru*, etc. Olivier Patru, fameux avocat, et le meilleur grammairien du siècle.

15 *De ce sage insensé.*

      *Quid simile isti
Græcus Aristippus, qui servos projicere aurum
In mediâ jussit Libyâ, quia tardius irent,
Propter onus segnes?*
    Hor. Lib. II, Sat. III, v. 99.

16 *Mon père, soixante ans*, etc. Gilles Boileau, greffier du conseil de la grande chambre, également recommandable par sa probité, et par son expérience dans les affaires. Il mourut en 1657, âgé de 73 ans.

17 *En mourant me laissa*, etc. Environ douze mille écus de patrimoine, dont Boileau plaça environ le tiers à fonds perdus sur l'Hôtel-de-Ville de Lyon, qui lui fit une rente de 1500 livres, pendant sa vie. Son bien s'augmenta considérablement dans la suite, par des successions et des pensions que le roi lui donna.

18. *Fils, frère, oncle, cousin, beau-frère de greffier.* Frère de Jérôme Boileau, son aîné, qui posséda la charge du père. Il mourut au mois de juillet 1679. — *Oncle* de M. Dongois, greffier de l'audience à la grande chambre, fils d'une sœur de Boileau. — *Beau-frère* de M. Sirmond, qui eut la même charge de greffier du conseil de la grande chambre.

19 *La grasse matinée.* Boileau était grand dormeur, particulièrement dans sa jeunesse. Il se levait ordinairement fort tard, et dormait encore l'après-dînée.

20 *La libre vérité fut toute mon étude.* Ce vers est la traduction de cette pensée latine si connue :

Vitam impendere vero.

ÉPITRE VI.

A LAMOIGNON.

ARGUMENT.

HORACE, *liv. II, satire VI, a célébré les douceurs de la campagne, et décrit les ennuis de la ville. Boileau, animé des mêmes sentimens, adresse, sur le même sujet, à Lamoignon, san épître VI, qu'il composa en 1667.*

Oui, LAMOIGNON [1], je fuis les chagrins de la ville,
Et contre eux la campagne est mon unique asile.
Du lieu qui m'y retient veux-tu voir le tableau ?
C'est un petit village [2], ou plutôt un hameau,
Bâti sur le penchant d'un long rang de collines,
D'où l'œil s'égare au loin dans les plaines voisines,
La Seine au pied des monts que son flot vient laver,
Voit du sein de ses eaux vingt îles s'élever,
Qui partageant son cours en diverses manières,
D'une rivière seule y forment vingt rivières.
Tous ses bords sont couverts de saules non plantés,
Et de noyers souvent du passant insultés.
Le village au-dessus forme un amphithéâtre.
L'habitant ne connaît ni la chaux ni le plâtre :
Et dans le roc, qui cède et se coupe aisément,
Chacun sait de sa main creuser un logement.
La maison du seigneur, seule un peu plus ornée,
Se présente au-dehors de murs environnée.

EPITRE VI.

Le soleil en naissant la regarde d'abord,
Et le mont la défend des outrages du nord.
　C'est là, cher Lamoignon, que mon esprit tranquille
Met à profit les jours que la Parque me file.
Ici dans un vallon bornant tous mes désirs,
J'achète à peu de frais de solides plaisirs.
Tantôt, un livre en main, errant dans les prairies,
J'occupe ma raison d'utiles rêveries;
Tantôt cherchant la fin d'un vers que je construi,
Je trouve au coin d'un bois le mot qui m'avait fui.
Quelquefois à l'appât d'un hameçon perfide,
J'amorce en badinant le poisson trop avide,
Où d'un plomb qui suit l'œil, et part avec l'éclair,
Je vais faire la guerre aux habitans de l'air.
Une table, au retour, propre et non magnifique,
Nous présente un repas agréable et rustique.
Là, sans s'assujettir aux dogmes du Broussain [3],
Tout ce qu'on boit est bon, tout ce qu'on mange est sain.
La maison le fournit, la fermière l'ordonne [4],
Et mieux que Bergerat [5] l'appétit l'assaisonne.
O fortuné séjour [6] ô champs aimés des cieux !
Que pour jamais foulant vos prés délicieux
Ne puis-je ici fixer ma course vagabonde,
Et connu de vous seuls, oublier tout le monde !
　Mais à peine du sein de vos vallons chéris
Arraché malgré moi, je rentre dans Paris,
Qu'en tous lieux les chagrins m'attendent au passage.
Un cousin abusant [7] d'un fâcheux parentage,
Veut qu'encor tout poudreux, et sans me débotter,
Chez vingt juges pour lui j'aille solliciter.
Il faut voir de ce pas les plus considérables :
L'un demeure au Marais [8], et l'autre aux Incurables.
Je reçois vingt avis qui me glacent d'effroi ;
Hier, dit-on, de vous on parla chez le roi,
Et d'attentat horrible on traita la satire.
Et le roi, que dit-il ? le roi se prit à rire.

ÉPITRE VI.

Contre vos derniers vers on est fort en courroux.
Pradon a mis au jour un livre contre vous,
Et chez le chapelier du coin de notre place,
Autour d'un caudebec j'en ai lu la préface.
L'autre jour sur un mot la cour vous condamna.
Le bruit court qu'avant hier on vous assassina.
Un écrit scandaleux sous votre nom se donne.
D'un Pasquin qu'on a fait, au Louvre on vous soup-
  çonne.
Moi ? Vous : on nous l'a dit dans le Palais-Royal.
Douze ans sont écoulés [9] depuis le jour fatal
Qu'un libraire imprimant les essais de ma plume,
Donna, pour mon malheur, un trop heureux
   volume ;
Toujours, depuis ce temps, en proie aux sots
   discours,
Contre eux la vérité m'est un faible secours.
Vient-il de la province [10] une satire fade,
D'un plaisant du pays insipide boutade,
Pour la faire courir on dit qu'elle est de moi ;
Et le sot campagnard le croit de bonne foi.
J'ai beau prendre à témoin et la cour et la ville :
Non, à d'autres, dit-il, on connaît votre style.
Combien de temps ces vers vous ont-ils bien coûté ?
Ils ne sont point de moi, monsieur, en vérité ;
Peut-on m'attribuer ces sottises étranges !
Ah ! monsieur, vos mépris vous servent de louanges.
 Ainsi de cent chagrins dans Paris accablé,
Juge si, toujours triste, interrompu, troublé,
Lamoignon, j'ai le temps de courtiser les muses.
Le monde cependant se rit de mes excuses,
Croit que pour m'inspirer sur chaque événement,
Apollon doit venir au premier mandement.
 Un bruit court que le roi va tout réduire en
   poudre,
Et dans Valencienne [11] est entré comme un foudre ;
Que Cambrai [12], des Français l'épouvantable écueil,
A vu tomber enfin ses murs et son orgueil :

Que devant Saint-Omer, Nassau par sa défaite,
De Philippe vainqueur [13] rend la gloire complète.
Dieu sait comme les vers chez vous s'en vont
 couler,
Dit d'abord un ami qui veut me cajoler;
Et dans ce temps guerrier et fécond en Achilles,
Croit que l'on fait les vers comme l'on prend les
 villes.
Mais moi dont le génie est mort en ce moment,
Je ne sais que répondre à ce vain compliment;
Et justement confus de mon peu d'abondance,
Je me fais un chagrin du bonheur de la France.
Qu'heureux est le mortel qui, du monde ignoré,
Vit content de soi-même en un coin retiré,
Que l'amour de ce rien qu'on nomme renommée,
N'a jamais enivré d'une vaine fumée;
Qui de sa liberté forme tout son plaisir,
Et ne rend qu'à lui seul compte de son loisir!
Il n'a point à souffrir d'affronts ni d'injustices,
Et du peuple inconstant il brave les caprices.
Mais nous autres faiseurs de livres et d'écrits,
Sur les bords du Permesse aux louanges nourris,
Nous ne saurions briser nos fers et nos entraves :
Du lecteur dédaigneux honorables esclaves,
Du rang où notre esprit une fois s'est fait voir,
Sans un fâcheux éclat nous ne saurions déchoir.
Le public enrichi du tribut de nos veilles,
Croit qu'on doit ajouter merveilles sur merveilles.
Au comble parvenus, il veut que nous croissions,
Il veut, en vieillisant [14], que nous rajeunissions.
Cependant tout décroit, et moi-même à qui l'âge [15]
D'aucune ride encor n'a flétri le visage,
Déjà moins plein de feu, pour animer ma voix
J'ai besoin du silence et de l'ombre des bois.
Ma muse, qui se plaît dans leurs routes perdues,
Ne saurait plus marcher sur le pavé des rues.
Ce n'est que dans ces bois propres à m'exciter,
Qu'Apollon quelquefois daigne encor m'écouter.

Ne demande donc plus par quelle humeur sauvage,
Tout l'été loin de toi demeurant au village,
J'y passe obstinément [16] les ardeurs du lion,
Et montre pour Paris si peu de passion.
C'est à toi, Lamoignon, que le rang, la naissance,
Le mérite éclatant, et la haute éloquence,
Appellent dans Paris aux sublimes emplois,
Qu'il sied bien d'y veiller pour le maintien des lois;
Tu dois là tous tes soins au bien de la patrie :
Tu ne t'en peux bannir que l'orphelin ne crie,
Que l'oppresseur ne montre un front audacieux ;
Et Thémis, pour voir clair, a besoin de tes yeux.
Mais pour moi, de Paris citoyen inhabile,
Qui ne lui puis fournir qu'un rêveur inutile,
Il me faut du repos, des prés et des forêts.
Laisse moi donc ici, sous leurs ombrages frais,
Attendre que septembre ait ramené l'automne,
Et que Cérès contente ait fait place à Pomone.
Quand Bacchus comblera de ses nouveaux bienfaits
Le vendangeur ravi de plier sous le faix,
Aussitôt ton ami, redoutant moins la ville,
T'ira joindre à Paris, pour s'enfuir à Bâville [17].
Là, dans le seul loisir que Thémis t'a laissé,
Tu me verras souvent à te suivre empressé,
Pour monter à cheval rappelant mon audace,
Apprenti cavalier, galoper sur ta trace.
Tantôt sur l'herbe assis au pied de ces côteaux,
Où Policrène épand [18] ses libérales eaux,
Lamoignon, nous irons, libres d'inquiétude,
Discourir des vertus dont tu fais ton étude,
Chercher quels sont les biens [19] véritables ou faux,
Si l'honnête homme en soi doit souffrir des dé-
  fauts,
Quel chemin le plus droit à la gloire nous guide,
Ou la vaste science, ou la vertu solide.
C'est ainsi que chez toi tu sauras m'attacher,
Heureux, si les fâcheux, prompts à nous y cher-
  cher,

N'y viennent point semer l'ennuyeuse tristesse !
Car dans ce grand concours d'hommes de toute
        espèce,
Que sans cesse à Bâville attire le devoir,
Au lieu de quatre amis qu'on attendait le soir,
Quelquefois de fâcheux arrivent trois volées,
Qui du parc à l'instant assiégent les allées.
Alors, sauve qui peut, et quatre fois heureux,
Qui sait pour s'échapper quelque antre ignoré d'eux.

NOTES.

1 *Oui, Lamoignon*, etc. Chrétien-François de Lamoignon, né le 26 juin 1644, mourut le 7 août 1709, après s'être fait admirer successivement dans les charges d'avocat général et de président à mortier.

2 *C'est un petit village*, etc. Hautile, près de la Roche-Guion, du côté de Mante, à treize lieues de Paris.

3 *Aux dogmes du Broussain*. Réné Brulart, comte de Broussain, l'un des hommes de France qui se plaisaient et s'entendaient le mieux à la bonne chère.

4 *La fermière l'ordonne*.

Pinguis inæquales onerat cui villica mensas,
Et sua non emptus præparat ova cinis.
        Mart. Lib. I, epig. LVI.

5 *Et mieux que Bergerat*, etc. Fameux traiteur du temps.

6 *O fortuné séjour !* etc.

Hor. Sat. VI, lib. II, v. 60, s'écrie aussi :

O rus, quando ego te aspiciam? quandoque licebit,
Nunc veterum libris, nunc somno et inertibus
    horis,
Ducere sollicitæ jucunda oblivia vitæ ?

7 *Un cousin abusant,* etc. Ce cousin se nommait Baltazar Boileau. Il avait eu des biens considérables, et entre autres, trois charges de payeur de rentes ; mais ces charges ayant été supprimées, il avait été obligé de solliciter le remboursement de ses fonds ; et il avait engagé notre poète dans ses sollicitations, surtout auprès de Colbert.

8 *L'un demeure au Marais,* etc.

Hor. Epist. II, lib. II, v. 68.
. . . . *Cubat hic in colle Quirini,*
Hic extremo in Aventino ; visendus uterque.
Intervalla vides humanè commoda.

9. *Douze ans sont écoulés,* etc.

Hor. Sat. VI, lib. II, v. 40.
Septimus octavo propior jam fugerit annus,
Ex quo Mecœnas me cœpit habere suorum
In numero.

10 *Vient-il de la province,* etc. Dans les éditions contrefaites des OEuvres de Boileau, les libraires ont inséré quantité de méchantes satires, dont il n'est point l'auteur, et qui sont indignes de lui. Telles sont les satires contre *le mariage,* contre *les maltotes ecclésiastiques,* contre *les directeurs,* contre *les abbés,* et plusieurs autres pièces de la même force. Quelque remarquable que soit la différence qu'il y a entre ces satires et celles de notre poète, bien des personnes, qui n'avaient

pas le discernement assez juste, ou qui n'en avaient pas du tout, ne laissaient pas de lui attribuer ces misérables pièces.

11 *Et dans Valencienne*, etc. Le roi ayant fait investir la ville de Valencienne, au commencement de mars 1667, cette ville, après quelques jours de siége, fut emportée d'assaut, en moins d'une demi-heure.

12 *Que Cambrai*, etc. Sous les règnes précédens, Cambrai avait été assiégé inutilement par les Français; mais après vingt jours de siége, le roi se rendit maître de la ville et de la citadelle, le 17 avril 1677.

13 *De Philippe vainqueur*, etc. Philippe de France, duc d'Orléans, fit le siége de Saint-Omer, pendant que le roi assiégeait Cambrai. Guillaume de Nassau, prince d'Orange, désespérant de sauver Cambrai, marcha avec trente mille hommes pour secourir Saint-Omer, et vint se poster sur les hauteurs de Cassel. Au bruit de sa marche, le duc d'Orléans laissa des troupes devant la place; et, quoique inférieur en nombre, il alla au-devant de lui pour le combattre. Malgré le désavantage du nombre et du lieu, ce prince remporta une victoire complète, le 11 avril 1697, et mit en fuite le prince d'Orange avec ses troupes. Après la victoire de Cassel, le duc d'Orléans rentra dans ses lignes pour continuer le siége de Saint-Omer, qui capitula le 20 du même mois.

14 *Il veut, en vieillissant*, etc. C'est pour se plaindre de cette injustice, que Boileau composa l'épitre X, à ses vers.

15 *Et moi-même à qui l'âge*. Boileau était alors dans sa quarante-unième année.

16 *J'y passe obstinément*, etc. Le mois de juillet. *Les ardeurs du lion.*

Hor. Epist. X, lib. 1, v. 15.
*Ubi gratior aura
Leniat et rabiem canis, et momenta leonis,
Quum semel accepit solem furibundus acutum.*

17 *Pour s'enfuir à Bâville.* Terre qui appartenait à Lamoignon. Elle est à neuf lieues de Paris, du côté d'Etampes et de Chartres, ou d'Arpajon.

18 *Où Policrène épand*, etc. Fontaine à une demi-lieue de Bâville, ainsi nommée, par M. le premier président de Lamoignon.

19 *Chercher quels sont les biens*, etc.

Hor. Sat. VI, lib. II, v. 72.
*Quod magis ad nos
Pertinet et nescire malum est, agitamus : utrùmne
Divitiis homines, an sint virtute beati ;
Quid-ve ad amicitias, usus rectumne, trahat nos ;
Et quæ sit natura boni, summumque quid ejus.*

EPITRE VII.

A RACINE.

ARGUMENT.

Racine *avait fait représenter sa tragédie de Phèdre, pour la première fois, le 1er janvier 1677. Ses ennemis se déchaînèrent contre ce bel ouvrage. Boileau, pour consoler Racine, lui adressa cette épître, où il lui montre l'utilité qu'on peut retirer de la jalousie de ses ennemis, et surtout des bonnes, et même des mauvaises critiques.*

Que tu sais bien, Racine [1], à l'aide d'un acteur,
Emouvoir, étonner, ravir un spectateur !
Jamais Iphigénie, en Aulide immolée,
N'a coûté tant de pleurs à la Grèce assemblée,
Que dans l'heureux spectacle à nos yeux étalé,
En a fait sous son nom verser la Chanmeslé [2].
Ne crois pas toutefois par tes savans ouvrages,
Entraînant tous les cœurs, gagner tous les suffrages.
Sitôt que d'Apollon un génie inspiré,
Trouve loin du vulgaire un chemin ignoré,
En cent lieux contre lui les cabales s'amassent ;
Ses rivaux obscurcis autour de lui croassent ;
Et son trop de lumière importunant les yeux,
De ses propres amis lui fait des envieux.

La mort seule ici-bas, en terminant sa vie [3],
Peut calmer sur son nom l'injustice et l'envie,
Faire au poids du bon sens peser tous ses écrits,
Et donner à ses vers leur légitime prix.
Avant qu'un peu de terre, obtenu par prière,
Pour jamais sous la tombe eût enfermé Molière,
Mille de ses beaux traits aujourd'hui si vantés,
Furent des sots esprits à nos yeux rebutés.
L'ignorance et l'erreur [4] à ses naissantes pièces,
En habit de marquis, en robes de comtesses,
Venaient pour diffamer son chef-d'œuvre nouveau,
Et secouaient la tête à l'endroit le plus beau.
Le commandeur voulait [5] la scène plus exacte,
Le vicomte indigné [6] sortait au second acte.
Mais sitôt que d'un trait de ses fatales mains
La Parque l'eût rayé du nombre des humains,
On reconnut le prix de sa muse éclipsée.
L'aimable comédie avec lui terrassée,
En vain d'un coup si rude espéra revenir,
Et sur ses brodequins ne put plus se tenir.
Tel fut chez nous le sort du théâtre comique.
Toi donc qui, t'élevant sur la scène tragique,
Suis les pas de Sophocle, et seul de tant d'esprits,
De Corneille vieilli sais consoler Paris,
Cesse de t'étonner, si l'envie animée,
Attachant à ton nom sa rouille envenimée,
La calomnie en main [7], quelquefois te poursuit:
En cela, comme en tout, le Ciel qui nous conduit,
RACINE, fait briller sa profonde sagesse.
Le mérite en repos s'endort dans la paresse:
Mais par les envieux un génie excité
Au comble de son art est mille fois monté.
Plus on veut l'affaiblir, plus il croît et s'élance.
Au Cid persécuté Cinna doit sa naissance;
Et peut-être ta plume aux censeurs de Pyrrhus [8]
Doit les plus nobles traits dont tu peignis Burrhus.
Moi-même, dont la gloire ici moins répandue
Des pâles envieux ne blesse point la vue,

Mais qu'une humeur trop libre, un esprit peu soumis,
De bonne heure a pourvu d'utiles ennemis,
Je dois plus à leur haine, il faut que je l'avoue,
Qu'au faible et vain talent dont la France me loue.
Leur venin qui sur moi brûle de s'épancher,
Tous les jours en marchant m'empêche de broncher.
Je songe à chaque trait que ma plume hasarde,
Que d'un œil dangereux leur troupe me regarde.
Je sais sur leurs avis corriger mes erreurs,
Et je mets à profit leurs malignes fureurs.
Sitôt que sur un vice ils pensent me confondre,
C'est en me guérissant que je sais leur répondre :
Et plus en criminel ils pensent m'ériger,
Plus croissant en vertu, je songe à me venger.
Imite mon exemple, et lorsqu'une cabale,
Un flot de vains auteurs follement te ravale,
Profite de leur haine et de leur mauvais sens :
Ris du bruit passager de leurs cris impuissans.
Que peut contre tes vers une ignorance vaine?
Le Parnasse français, ennobli par ta veine,
Contre tous ces complots saura te maintenir,
Et soulever pour toi l'équitable avenir.
Et qui, voyant un jour la douleur vertueuse
De Phèdre malgré soi perfide, incestueuse,
D'un si noble travail justement étonné,
Ne bénira d'abord le siècle fortuné,
Qui rendu plus fameux par tes illustres veilles,
Vit naître sous ta main ces pompeuses merveilles?
 Cependant laisse ici gronder quelques censeurs,
Qu'aigrissent de tes vers les charmantes douceurs.
Et qu'importe à nos vers [9] que Perrin les admire,
Que l'auteur du Jonas [10] s'empresse pour les lire?
Qu'ils charment de Senlis le poète idiot [11],
Ou le sec traducteur [12] du français d'Amyot?
Pourvu qu'avec éclat leurs rimes débitées
Soient du peuple, des grands, des provinces goutées ;

Pourvu qu'ils puissent plaire au plus puissant des rois ;
Qu'à Chantilli Condé les souffre quelquefois,
Qu'Enghien en soit touché, que Colbert et Vivonne,
Que Larochefoucault, Marsillac et Pompone [13],
Et mille autres qu'ici je ne puis faire entrer,
A leurs traits délicats se laissent pénétrer.
Et plût au Ciel encor, pour couronner l'ouvrage,
Que Montauzier voulût [14] leur donner son suffrage !
C'est à de tels lecteurs que j'offre mes écrits.
Mais pour un tas grossier de frivoles esprits,
Admirateurs zélés de toute œuvre insipide,
Que, non loin de la place où Brioché préside [15],
Sans chercher dans les vers ni cadence ni son [16],
Il s'en aille admirer le savoir de Pradon.

NOTES.

1 *Que tu sais bien, Racine*, etc. Jean Racine, l'un des plus célèbres poètes du dix-septième siècle, naquit à la Ferté-Milon, le 11 décembre 1639. Il fut élevé à Port-Royal, où il s'appliqua tellement à l'étude des auteurs anciens, que leur langue lui était devenue aussi familière que la sienne propre. Il commença, à vingt-un ans, à donner des tragédies, qui seront à jamais l'honneur de la scène française. A ces rares talens, il joignait, dans les dernières années de sa vie, une piété solide et sincère, qui le fit renoncer aux muses profanes, pour chanter des sujets sacrés. C'est à ce goût éclairé pour la religion, que nous devons deux chefs-d'œuvre : *Esther* et *Athalie*. Racine fut reçu à l'Académie française, en 1673, et mourut le 22 avril 1699.

NOTES.

2 *Verser la Chanmeslé.* Célèbre actrice de l'époque. Racine, qui récitait les vers aussi-bien qu'il les faisait, avait pris soin de la former. Elle mourut au mois de juillet 1698, à Auteuil, près de Paris, où elle était allée prendre l'air.

3 *La mort seule ici-bas, en terminant sa vie.*

Virtutem incolumem odimus,
Sublatam ex oculis quærimus invidi.

Hor. Lib. III, ode XVIII, v. 31.

Pascitur in vivis livor, post fata quiescit,
Quum suus ex merito quemque tuetur honos.

Ovid. Amor. lib. I, eleg. 15, v. 39.

Comperit invidiam supremo fine domari.
Urit enim fulgore suo qui prægravat artes
Infrà se positas; exstinctus amabitur idem.

Hor. Lib. II, epist. 1, v. 12.

4 *L'ignorance et l'erreur*, etc. L'Ecole des Femmes, qui est une des premières comédies de Molière, fut fort suivie, et encore plus critiquée.

5 *Le commandeur voulait*, etc. Le commandeur de Souvré n'approuvait pas la comédie de l'Ecole des Femmes.

6 *Le vicomte indigné*, etc. Le comte du Broussain, pour faire sa cour au commandeur, sortit un jour au second acte de la comédie, disant qu'il ne savait pas comment on avait la patience d'écouter une pièce où l'on violait ainsi toutes les règles.

7 *La calomnie en main*, etc. Madame Deshoulières avait fait un sonnet satirique contre la Phè-

dre de Racine. Ce sonnet fut rempli sur les mêmes rimes contre le duc de Nevers, qui, à tort, en accusa Racine.

8 *Et peut-être ta plume aux censeurs de Pyrrhus*
Doit les plus nobles traits dont tu peignis
Burrhus.

Ces deux vers désignent Andromaque et Britannicus de Racine. Le poète avait fait représenter Andromaque, en 1668. Cette pièce fit juger que l'auteur, encore fort jeune alors, égalerait un jour, et peut-être surpasserait le grand Corneille. Néanmoins Andromaque trouva des censeurs. On condamna surtout le caractère de Pyrrhus, que l'on trouvait trop violent, trop emporté, trop farouche. Ce fut le jugement qu'en portèrent des personnes de mérite, et particulièrement le grand Condé. On fit alors une critique d'Andromaque, en forme de comédie, dans laquelle on accusait encore Pyrrhus de brutalité, et même d'être un homme sans foi, parce qu'il manquait de parole à Hermione. Racine composa ensuite Britannicus; et il s'attacha à donner à Burrhus le caractère d'un homme aussi probe que vertueux.

9 *Et qu'importe à nos vers*, etc.

Hor. Sat. X, lib. 1, v. 78.

Men' moveat cimex Pantilius? aut cruciet, quòd
Vellicet absentem Demetrius? aut, quòd ineptus
Fannius Hermogenis lædat conviva Tigelli?
Plotius et Varius, Mecænas, Virgiliusque,
Valgius, et probet hæc Octavius optimus, atque
Fuscus; et hæc utinam Viscorum laudet uterque!
Ambitione relegata, te dicere possum,
Pollio, te, Messala, tuo cum fratre; simulque
Vos, Bibuli et Servi; simul his te, candide Furni;

*Complures alios, doctos ego quos et amicos
Prudens prætereo ; quibus hæc, sint qualiacumque,
Arridere velim, doliturus, si placeant spe
Deteriùs nostrâ. Demetri, teque, Tigelli,
Discipularum inter jubeo plorare cathedras.*

Que Perrin les admire. Pierre Perrin, mauvais poète, dont il a été parlé au vers 44 de la satire 7.

10 *Que l'auteur du Jonas*, etc. Voyez la remarque sur le vers 9 de la satire 9.

11 *De Senlis le poète idiot.* Linière avait la physionomie d'un idiot. Il ne réussissait qu'à faire des chansons impies : aussi Boileau lui reprocha-t-il un jour de n'avoir de l'esprit que contre Dieu. On l'appelait l'*Athée de Senlis*.

12 *Ou le sec traducteur*, etc. Jacques Amyot, auteur célèbre, qui a traduit en français toutes les œuvres de Plutarque. L'abbé Tallement l'aîné entreprit, en 1665, d'en faire une nouvelle traduction, dans laquelle on prétend qu'il n'a fait que retoucher celle d'Amyot, et la mettre en français plus moderne, sans consulter l'original grec.

13 *Que Larochefoucault, Marsillac et Pompone.* M. le duc de Larochefoucault, aussi célèbre par la beauté de son génie, que par la noblesse de sa naissance. C'est l'auteur du livre des *Maximes morales*. — *Marsillac*. Le prince de Marsillac, fils de M. le duc de Larochefoucault. — *Pompone*. Simon Arnaud, marquis de Pompone, ministre d'état.

14 *Que Montauzier voulût*, etc. Le souhait obli-

geant et flatteur qui est exprimé dans ce vers, produisit sur le cœur du duc de Montauzier tout l'effet que l'auteur s'était promis. Le duc passa de l'estime qu'il avait pour Boileau, à une véritable amitié qui a duré toute sa vie.

15 *Que, non loin de la place où Brioché préside.* Brioché, fameux joueur de marionnettes, logé près des comédiens. Etait-ce par épigramme qu'il avait choisi ce domicile ?

16 *Sans chercher dans les vers ni cadence ni son.*

Non quivis videt immodulata poemata judex.
      Hor. Ars poet., v. 263.

EPITRE VIII.

AU ROI.

ARGUMENT.

Cette *épître est celle que l'auteur appelait son remercîment. Composée en 1675, elle ne vit le jour que l'année suivante. On aime à voir la reconnaissance inspirer un grand poète pour chanter les bienfaits d'un grand roi.*

Grand Roi, cesse de vaincre, ou je cesse d'écrire.
Tu sais bien que mon style est né pour la satire :
Mais mon esprit contraint de le désavouer,
Sous ton règne étonnant ne veut plus que louer.
Tantôt dans les ardeurs de ce zèle incommode,
Je songe à mesurer les syllabes d'une ode ;
Tantôt d'une Enéide, auteur ambitieux,
Je me forme déjà le plan audacieux.
Ainsi, toujours flatté d'une douce manie,
Je sens de jour en jour dépérir mon génie ;
Et mes vers en ce style ennuyeux, sans appas,
Déshonorent ma plume, et ne t'honorent pas.
 Encor si ta valeur à tout vaincre obstinée,
Nous laissait pour le moins respirer une année,
Peut-être mon esprit, prompt à ressusciter,
Du temps qu'il a perdu saurait se racquitter.
 Sur ses nombreux défauts, merveilleux à décrire,
Le siècle m'offre encor plus d'un bon mot à dire.

Mais à peine Dinan et Limbourg sont forcés,
Qu'il faut chanter Bouchain et Condé terrassés.
Ton courage, affamé de péril et de gloire,
Court d'exploits en exploits, de victoire en victoire :
Souvent ce qu'un seul jour te voit exécuter,
Nous laisse pour un an d'actions à compter.
   Que si quelquefois las de forcer des murailles,
Le soin de tes sujets te rappelle à Versailles,
Tu viens m'embarrasser de mille autres vertus :
Te voyant de plus près, je t'admire encor plus :
Dans les nobles douceurs d'un séjour plein de
       charmes,
Tu n'es pas moins héros qu'au milieu des alarmes.
De ton trône agrandi portant seul tout le faix,
Tu cultives les arts, tu répands les bienfaits ;
Tu sais récompenser jusqu'aux muses critiques.
Ah ! crois-moi, c'en est trop. Nous autres sati-
       riques
Propres à relever les sottises du temps,
Nous sommes un peu nés pour être mécontens.
Notre muse, souvent paresseuse et stérile,
A besoin pour marcher de colère et de bile.
Notre style languit dans un remerciment :
Mais, GRAND ROI, nous savons nous plaindre élé-
       gamment.
Oh ! que si je vivais ¹ sous les règnes sinistres
De ces rois nés valets de leurs propres ministres,
Et qui jamais en main ne prenant le timon,
Aux exploits de leurs temps ne prêtaient que leur
       nom ;
Que, sans les fatiguer d'une louange vaine,
Aisément les bons mots couleraient de ma veine !
Mais toujours sous ton règne il faut se récrier ;
Toujours les yeux au Ciel, il faut remercier.
Sans cesse à t'admirer ma critique forcée,
N'a plus en écrivant de maligne pensée ;
Et mes chagrins sans fiel, et presque évanouis,
Font grâce à tout le siècle en faveur de Louis.

En tous lieux cependant la Pharsale approuvée [2],
Sans crainte de mes vers, va la tête levée.
La licence partout règne dans les écrits.
Déjà le mauvais sens reprenant ses esprits,
Songe à nous redonner des poëmes épiques,
S'empare des discours mêmes académiques.
Perrin a de ses vers obtenu le pardon,
Et la scène française est en proie à Pradon.
Et moi, sur ce sujet loin d'exercer ma plume,
J'amasse de tes faits le pénible volume;
Et ma muse occupée à cet unique emploi,
Ne regarde, n'entend, ne connaît plus que toi.

Tu le sais bien pourtant, cette ardeur empressée
N'est point en moi l'effet d'une âme intéressée.
Avant que tes bienfaits courussent me chercher,
Mon zèle impatient ne se pouvait cacher.
Je n'admirais que toi : le plaisir de le dire
Vint m'apprendre à louer au sein de la satire.
Et depuis que tes dons sont venus m'accabler,
Loin de sentir mes vers avec eux redoubler,
Quelquefois, le dirai-je, un remords légitime,
Au fort de mon ardeur, vient refroidir ma rime.
Il me semble, GRAND ROI, dans mes nouveaux écrits,
Que mon encens payé n'est plus du même prix.
J'ai peur que l'univers, qui sait ma récompense,
N'impute mes transports à ma reconnaissance,
Et que par tes présens mon vers décrédité,
N'ait moins de poids pour toi dans la postérité.

Toutefois je sais vaincre un remords qui te blesse :
Si tout ce qui reçoit des fruits de ta largesse,
A peindre tes exploits ne doit point s'engager,
Qui d'un si juste soin se pourra donc charger ?
Ah! plutôt de nos sons redoublons l'harmonie :
Le zèle à mon esprit tiendra lieu de génie.
Horace tant de fois dans mes vers imité,
De vapeurs en son temps, comme moi tourmenté,

ÉPITRE VIII.

Pour amortir le feu de sa rate indocile,
Dans l'encre quelquefois sut égayer sa bile.
Mais de la même main qui peignit Tullius [3],
Qui d'affronts immortels couvrit Tigellius [4],
Il sut fléchir Glycère [5], il sut vanter Auguste,
Et marquer sur sa lyre une cadence juste.
Suivons les pas fameux d'un si noble écrivain.
A ces mots quelquefois prenant la lyre en main,
Au récit que pour toi je suis prêt d'entreprendre,
Je crois voir les rochers accourir pour m'entendre;
Et déjà mon vers coule à flots précipités,
Quand j'entends le lecteur qui me crie : arrêtez;
Horace eut cent talens; mais la nature avare
Ne vous a rien donné qu'un peu d'humeur bizarre;
Vous passez en audace et Perse et Juvénal;
Mais sur le ton flatteur Pinchêne est votre égal.
A ce discours, GRAND ROI, que pourrais-je répondre ?
Je me sens, sur ce point, trop facile à confondre;
Et sans trop relever des reproches si vrais,
Je m'arrête à l'instant, j'admire, et je me tais.

NOTES.

1 *Oh! que si je vivais*, etc. Les derniers rois de la première race, appelés *rois fainéans*, laissaient toute l'administration des affaires aux maires du palais.

2 *La Pharsale approuvée*. La Pharsale de Brébeuf. Boileau en citera un vers et demi dans l'Art poétique.

3 *Qui peignit Tullius*. Sénateur romain. César l'exclut du sénat; mais il y rentra après la mort du dictateur.

Hor. Sat. VI, lib. 1, v. 24, dit quelq es mots à ce sujet.

*Quò tibi, Tulli,
Sumere depositum clavum, fierique tribuno?*

4 *Couvrit Tigellius.* Fameux musicien, le plus estimé de son temps, fort aimé d'Auguste.

Hor. Sat. III, lib. 1, v. 1.

*Omnibus hoc vitium est cantoribus, inter amicos
Ut nunquàm inducant animum cantare rogati,
Injussi nunquàm desistant. Sardus habebat
Ille Tigellius hoc. Cæsar, qui cogere posset,
Si peteret per amicitiam patris, atque suam, non
Quidquam proficeret : si collibuisset, ab ovo
Usque ad mala citaret, Io Bacche, modo summà
Voce, modò hàc, resonat quæ chordis quattuor, imà.
Nil æquale homini fuit illi : sæpè velut qui
Currebat fugiens hostem ; persæpè velut qui
Junonis sacra ferret : habebat sæpè ducentos,
Sæpè decem servos : modò reges atque Tetrarchas,
Omnia magna loquens ; modò sit mihi mensa
     tripes, et
Concha salis puri, et toga, quæ defendere frigus,
Quamvis crassa, queat. Decies centena dedisses
Huic parco, paucis contento ; quinque diebus
Nil erat in loculis. Noctes vigilabat ad ipsum
Mane ; diem totam stertebat : nil fuit unquàm
Sic impar sibi.*

5. *Il sut fléchir Glycère, etc.*
Hor. Ode XIV, lib. 1, v. 1.

O matre pulchrà filia pulchrior.
Et plus bas, vers 25.

*Nunc ego mitibus
Mutare quæro tristia, dum mihi
Fias recantatis amica
Opprobriis, animumque reddas.*

Il sut vanter Auguste. Dans tous ses ouvrages, odes, satires, épîtres.

EPITRE IX.

AU MARQUIS DE SEIGNELAY,

SECRÉTAIRE D'ÉTAT.

ARGUMENT.

CETTE *épître, qui contient l'éloge du vrai, a été composée au commencement de l'année 1675. Tempérer le sublime de la morale par les douceurs de la poésie, c'est ce que l'auteur fait ici avec beaucoup d'art et de goût. On ne devait pas moins attendre de celui qui a dit :*

Rien n'est beau que le vrai, le vrai seul est aimable.

DANGEREUX ennemi de tout mauvais flatteur,
Seignelay, c'est en vain [1] qu'un ridicule auteur,
Prêt à porter ton nom de l'Ebre jusqu'au Gange [2],
Croit te prendre aux filets d'une sotte louange.
Aussitôt ton esprit, prompt à se révolter,
S'échappe, et rompt le piége où l'on veut l'arrêter.
Il n'en est pas ainsi de ces esprits frivoles
Que tout flatteur endort au son de ses paroles :

Qui dans un vain sonnet placés au rang des dieux,
Se plaisent à fouler l'Olympe radieux ;
Et fiers du haut étage où la Serre les loge ³,
Avalent sans dégoût le plus grossier éloge.
Tu ne te repais point d'encens à si bas prix,
Non que tu sois pourtant de ces rudes esprits
Qui regimbent toujours ⁴, quelque main qui les flatte,
Tu souffres la louange adroite et délicate,
Dont la trop forte odeur n'ébranle point les sens.
Mais un auteur novice à répandre l'encens,
Souvent à son héros dans un bizarre ouvrage,
Donne de l'encensoir au travers du visage ;
Va louer Monterey d'Oudenarde forcé ⁵,
Ou vante aux électeurs Turenne repoussé ⁶.
Tout éloge imposteur blesse une âme sincère.
Si, pour faire sa cour ⁷ à ton illustre père,
Seignelay, quelque auteur d'un faux zèle emporté,
Au lieu de peindre en lui la noble activité,
La solide vertu, la vaste intelligence,
Le zèle pour son roi, l'ardeur, la vigilance,
La constante équité, l'amour pour les beaux arts,
Lui donnait les vertus d'Alexandre ou de Mars ;
Et, pouvant justement l'égaler à Mécène,
Le comparait au fils de Pélée ou d'Alcmène ;
Ses yeux d'un tel discours faiblement éblouis,
Bientôt dans ce tableau reconnaîtraient Louis,
Et glaçant d'un regard la muse et le poète,
Imposeraient silence à sa verve indiscrète.
Un cœur noble est content de ce qu'il trouve en lui,
Et ne s'applaudit point des qualités d'autrui.
Que me sert en effet ⁸ qu'un admirateur fade
Vante mon embonpoint, si je me sens malade,
Si, dans cet instant même, un feu séditieux
Fait bouillonner mon sang et pétiller mes yeux ?
Rien n'est beau que le vrai ; le vrai seul est aimable ;
Il doit régner partout, et même dans la fable :

De toute fiction l'adroite fausseté
Ne tend qu'à faire aux yeux briller la vérité.
　Sais-tu pourquoi mes vers sont lus dans les provinces,
Sont recherchés du peuple, et reçus chez les princes?
Ce n'est pas que leurs sons agréables, nombreux,
Soient toujours à l'oreille également heureux :
Qu'en plus d'un lieu le sens n'y gêne la mesure,
Et qu'un mot quelquefois n'y brave la césure :
Mais c'est qu'en eux le vrai, du mensonge vainqueur,
Partout se montre aux yeux, et va saisir le cœur ;
Que le bien et le mal y sont prisés au juste ;
Que jamais un faquin n'y tient un rang auguste ;
Et que mon cœur toujours conduisant mon esprit,
Ne dit rien aux lecteurs, qu'à soi-même il n'ait dit.
Ma pensée au grand jour partout s'offre et s'expose;
Et mon vers bien, ou mal, dit toujours quelque chose.
C'est par-là quelquefois que ma rime surprend.
C'est là ce que n'ont point Jonas ni Childebrand [9],
Ni tous ces vains amas de frivoles sornettes,
Montre, miroir d'amours, amitiés, amourettes [10],
Dont le titre souvent est l'unique soutien,
Et qui, parlant beaucoup, ne disent jamais rien.
　Mais peut-être enivré des vapeurs de ma muse,
Moi-même en ma faveur, Seignelay, je m'abuse.
Cessons de nous flatter : il n'est esprit si droit,
Qui ne soit imposteur et faux par quelque endroit.
Sans cesse on prend le masque, et quittant la nature,
On craint de se montrer sous sa propre figure.
Par-là le plus sincère assez souvent déplaît.
Rarement un esprit ose être ce qu'il est.
Vois-tu cet importun que tout le monde évite,
Cet homme à toujours fuir, qui jamais ne vous quitte?

EPITRE IX.

Il n'est pas sans esprit ; mais né triste et pesant,
Il veut être folâtre, évaporé, plaisant,
Il s'est fait de sa joie une loi nécessaire,
Et ne déplaît enfin que pour vouloir trop plaire.
La simplicité plaît sans étude et sans art.
Tout charme en un enfant, dont la langue sans
      fard,
A peine du filet encor débarrassée,
Sait d'un air innocent [11] bégayer sa pensée.
Le faux est toujours fade, ennuyeux, languissant :
Mais la nature est vraie, et d'abord on la sent.
C'est elle seule en tout qu'on admire et qu'on aime ;
Un esprit né chagrin plaît par son chagrin même.
Chacun pris dans son air, est agréable en soi.
Ce n'est que l'air d'autrui qui peut déplaire en moi.
  Ce marquis était né doux, commode, agréable,
On vantait en tous lieux son ignorance aimable.
Mais, depuis quelques mois, devenu grand docteur,
Il a pris un faux air, une sotte hauteur :
Il ne veut plus parler que de rime et de prose,
Des auteurs décriés il prend en main la cause :
Il rit du mauvais goût de tant d'hommes divers,
Et va voir l'opéra seulement pour les vers.
Voulant se redresser soi-même on s'estropie,
Et d'un original on fait une copie.
L'ignorance vaut mieux qu'un savoir affecté.
Rien n'est beau, je reviens, que par la vérité.
C'est par elle qu'on plaît, et qu'on peut long-temps
      plaire.
L'esprit lasse aisément [12], si le cœur n'est sincère.
  En vain par sa grimace un bouffon odieux,
A table nous fait rire et divertit nos yeux.
Ses bons mots ont besoin de farine et de plâtre :
Prenez-le tête-à-tête, ôtez-lui son théâtre,
Ce n'est plus qu'un cœur bas, un coquin ténébreux ;
Son visage essuyé n'a plus rien que d'affreux.
J'aime un esprit aisé, qui se montre, qui s'ouvre,
Et qui plaît d'autant plus, que plus il se découvre.

Mais la seule vertu peut souffrir la clarté.
Le vice toujours sombre aime l'obscurité :
Pour paraître au grand jour, il faut qu'il se déguise;
C'est lui qui de nos mœurs a banni la franchise.
  Jadis l'homme vivait au travail occupé;
Et ne trompant jamais, n'était jamais trompé.
On ne connaissait point la ruse et l'imposture :
Le Normand même alors ignorait le parjure.
Aucun rhéteur encor, arrangeant les discours,
N'avait d'un art menteur enseigné les détours.
Mais sitôt qu'aux humains, faciles à séduire,
L'abondance eut donné le loisir de se nuire,
La mollesse amena la fausse vanité :
Chacun chercha pour plaire un visage emprunté.
Pour éblouir les yeux la Fortune arrogante
Affecta d'étaler une pompe insolente,
L'or éclata partout sur les riches habits :
On polit l'émeraude, on tailla le rubis;
Et la laine et la soie [13] en cent façons nouvelles
Apprirent à quitter leurs couleurs naturelles.
La trop courte beauté monta sur des patins,
La coquette tendit ses lacs tous les matins;
Et mettant la céruse et le plâtre en usage,
Composa de sa main les fleurs de son visage.
L'ardeur de s'enrichir chassa la bonne foi;
Le courtisan n'eut plus de sentiment à soi.
Tout ne fut plus que fard, qu'erreur, que tromperie;
On vit partout régner la basse flatterie.
Le Parnasse surtout fécond en imposteurs,
Diffama le papier par ses propos menteurs.
De là vint cet amas d'ouvrages mercenaires,
Stances, odes, sonnets, épîtres liminaires,
Où toujours le héros passe pour sans pareil,
Et, fût-il louche et borgne [14], est réputé soleil.
  Ne crois pas toutefois, sur ce discours bizarre,
Que d'un frivole encens malignement avare,

J'en veuille sans raison frustrer tout l'univers :
La louange agréable est l'âme des beaux vers.
Mais je tiens, comme toi, qu'il faut qu'elle soit
　　　　vraie,
Et que son tour adroit n'ait rien qui nous effraie.
Alors, comme j'ai dit, tu la sais écouter,
Et sans crainte à tes yeux l'on pourrait t'exalter.
Mais sans t'aller chercher des vertus dans les nues,
Il faudrait peindre en toi des vérités connues,
Décrire ton esprit ami de la raison,
Ton ardeur pour ton roi, puisée en ta maison;
A servir ses desseins, ta vigilance heureuse;
Ta probité sincère, utile, officieuse.
Tel qui hait à se voir peint en de faux portraits,
Sans chagrin voit tracer ses véritables traits.
Condé même, Condé, ce héros formidable,
Et non moins qu'aux Flamands, aux flatteurs re-
　　　doutable,
Ne s'offenserait pas, si quelque adroit pinceau
Traçait de ses exploits le fidèle tableau :
Et dans Senef en feu [15] contemplant sa peinture,
Ne désavoûrait pas Malherbe ni Voiture.
Mais malheur au poète insipide, odieux,
Qui viendrait le glacer d'un éloge ennuyeux,
Il aurait beau crier : *Premier prince du monde* [16],
Courage sans pareil; lumière sans seconde:
Ses vers, jetés d'abord sans tourner le feuillet,
Iraient dans l'antichambre amuser Pacolet [17].

NOTES.

1 *Seignelay, c'est en vain,* etc. Jean-Baptiste Colbert, marquis de Seignelay, secrétaire d'état, fils aîné de M. Colbert.

2 *De l'Ebre jusqu'au Gange.* Expression commune et usitée parmi les poètes médiocres. L'*Ebre*, rivière d'Espagne. Le *Gange*, rivière des Indes.

3 *Et fiers du haut étage où la Serre les loge.* La Serre, fade panégyriste, qui se flattait d'être fort capable de composer des éloges, suivant l'usage où l'on était à cette époque de faire des portraits en vers ou en prose.

4 *Qui regimbent toujours*, etc.

    Hor. Sat. I. Lib. ii, v. 20.
Cui malè si palpere, recalcitrat undique tutus.

5 *Va louer Monterey d'Oudenarde forcé.* Après la bataille de Senef, gagnée par le prince de Condé, les alliés voulurent effacer la honte de leur défaite, par la prise de quelqu'une de nos villes. Le comte de Monterey, gouverneur des Pays-Bas pour l'Espagne, et général de l'armée espagnole, assiégea Oudenarde; mais le prince de Condé marcha contre lui, et l'obligea de lever le siége avec beaucoup de précipitation, le 21 septembre 1674.

6 *Ou vante aux électeurs Turenne repoussé.* Ce vers, aussi-bien que le précédent, est une contre-vérité. Celui-ci désigne la bataille de Turkheim, en Alsace, gagnée par Turenne, contre les Allemands, le 5 janvier 1675.

7 *Si, pour faire sa cour*, etc. Ces vers et les suivans sont imités d'Horace.

    Epist. XVI, lib. i, v. 25.
*Si quis bella tibi terrâ pugnata marique
Dicat, et his verbis vacuas permulceat aures,
« Te ne magis salvum populus velit, an populum
  tu,*

NOTES.

Servet in ambiguo, qui consulit et tibi et urbi,
Jupiter »; Augusti laudes agnoscere possis.
Quum pateris sapiens emendatusque vocari.

8 *Que me sert, en effet.* Horace, même épître, même livre, vers 21.

Neu, si te populus sanum rectèque valentem
Dictitet, occultam febrem sub tempus edendi
Dissimules, donec manibus tremor incidat unctis.

9 *Jonas ni Childebrand.* Poëmes héroïques, tout-à-fait tombés dans l'oubli. Boileau se moquera encore du poëme de Childebrand, dans le chant troisième de l'Art poétique, vers 242.

10 *Montre, miroir d'amours, amitiés, amourettes. Montre.* La Montre, petit ouvrage mêlé de vers et de prose, par de Bonnecorse, de Marseille, qui a exercé la charge de consul de la nation française, au grand Caire. — *Miroir d'amours*, ouvrage de Perrault, intitulé : *Le miroir à Dorante.* — *Amitiés. Amourettes.* Les œuvres de Réné le Pays, sont intitulées : *Amitiés, amours et amourettes.*

11 *Sait d'un air innocent*, etc.

. . . . *Tenero supplantat verba palato.*
PERS. Sat. I, v. 32. Edit. de Jouv.

12 *L'esprit lasse aisément*, etc. C'est ce qui arrive souvent à la lecture de Sénèque. Quintilien a dit de lui : *Dulcibus abundat vitiis* (X, I). On peut cependant lui appliquer ce vers de Gresset :

L'esprit qu'on veut avoir gâte celui qu'on a.

13 *Et la laine et la soie*, etc.

Nec varios discet mentiri lana colores.
VIRG. Eglog. IV, v. 42.

14 *Et, fût-il louche et borgne*, etc. M. de Servien, sur-intendant des finances, n'avait qu'un œil ; et cependant on le traitait de *Soleil* dans les épîtres dédicatoires, et les autres éloges qu'on lui donnait.

15 *Et dans Senef en feu*, etc. La bataille de Senef, en Flandre, gagnée par le prince de Condé, le 11 août 1674, contre les Allemands, les Espagnols et les Hollandais, au nombre de plus de soixante mille hommes, commandés par le prince d'Orange.

16 *Premier prince du monde*. Commencement du poëme de Charlemagne, dont l'auteur, Louis le Laboureur, était trésorier de France, et baillif du duché de Montmorenci.

17 *Amuser Pacolet*. Valet de pied du prince de Condé.

PRÉFACE.

Je ne sais si les trois nouvelles Epîtres que je donne ici au public auront beaucoup d'approbateurs ; mais je sais bien que mes censeurs y trouveront abondamment de quoi exercer leur critique. Car tout y est extrêmement hasardé. Dans le premier de ces trois ouvrages, sous prétexte de faire le procès à mes derniers vers, je fais moi-même mon éloge, et n'oublie rien de ce qui peut être dit à mon avantage. Dans le second, je m'entretiens avec mon jardinier de choses très-basses et très-petites ; et dans le troisième, je décide hautement du plus grand et du plus important point de la religion, je veux dire de l'amour de Dieu. J'ouvre donc un beau champ à ces censeurs, pour attaquer en moi le poète orgueilleux, le villageois grossier, et le théologien téméraire. Quelque fortes pourtant que soient leurs attaques, je doute qu'elles ébranlent la ferme résolution que j'ai prise il y a long-temps, de ne rien répondre, au moins sur le ton sérieux, à tout ce qu'ils écriront contre moi.

A quoi bon en effet perdre inutilement du papier ? Si mes Epîtres sont mauvaises, tout ce que je dirai ne les fera pas trouver bonnes ; et si elles sont bonnes, tout ce qu'ils feront ne les fera pas trouver mauvaises. Le public n'est pas un juge qu'on puisse corriger, ni qui se règle par les passions d'autrui. Tout ce bruit, tous ces écrits qui se font ordinairement contre des ouvrages où l'on court, ne servent qu'à y faire encore plus courir, et à en mieux marquer le mérite. Il est de l'essence d'un bon livre d'avoir des censeurs ; et la plus grande disgrâce qui puisse arriver à un écrit qu'on met au jour, ce n'est pas que beaucoup de gens en disent du mal, c'est que personne n'en dise rien.

Je me garderai donc bien de trouver mauvais qu'on attaque mes trois Epîtres. Ce qu'il y a de certain, c'est que je les ai fort travaillées, et principalement celle de l'amour de Dieu, que j'ai retouchée plus d'une fois, et où j'avoue que j'ai employé tout le peu que je puis avoir d'esprit et de lumière. J'avais dessein d'abord de la donner toute seule, les deux autres me paraissant trop frivoles, pour être présentées au grand jour de l'impression avec un ouvrage si sérieux. Mais des amis très-sensés m'ont fait comprendre que ces deux Epîtres, quoique dans le style enjoué, étaient pourtant des Epîtres morales, où il n'était rien enseigné que de vertueux ; qu'ainsi, étant liées avec l'autre, bien loin de lui nuire, elles pourraient même faire une diversité agréable ; et que d'ailleurs beaucoup d'honnêtes gens souhaitant de les avoir toutes trois ensemble, je ne pouvais pas avec bienséance me dispenser de leur donner une si légère satisfaction. Je me suis rendu à ce sentiment, et on les trouvera rassemblées ici dans un même cahier. Cependant, comme il y a des gens de piété qui peut-être ne se soucieront guère de lire les entretiens que je puis avoir avec mon jardinier et avec mes vers, il est bon de les avertir qu'il y a ordre de leur distribuer à part la dernière, savoir, celle qui traite de l'amour de Dieu ; et que non seulement je ne trouverai pas étrange qu'ils ne lisent que celle-là ; mais que je me sens quelquefois moi-même en des dispositions d'esprit où je voudrais de bon cœur n'avoir de ma vie composé que ce seul ouvrage, qui vraisemblablement sera la dernière pièce de *poésie* qu'on aura de moi, mon génie pour les vers commençant à s'épuiser, et mes emplois historiques ne me laissant guère le temps de m'appliquer à chercher et à ramasser des rimes.

Voilà ce que j'avais à dire aux lecteurs. Néanmoins, avant que de finir cette préface, il ne sera pas hors de propos, ce me semble, de rassurer des personnes timides, qui, n'ayant pas une fort grande idée de ma capacité en matière de théologie, douteront peut-être que tout ce que j'avance en mon Epître soit fort infaillible, et appréhenderont qu'en voulant les conduire, je ne les égare. Afin donc qu'elles marchent sûrement, je leur dirai, vanité à part, que j'ai lu plusieurs fois cette Epître à un fort grand nombre de docteurs de Sorbonne, de pères de l'Oratoire, et de Jésuites très-célèbres, qui tous y ont applaudi, et en ont trouvé la doctrine très-saine et très-pure. Que beaucoup de prélats illustres, à qui je l'ai récitée, en ont jugé comme eux. Que monseigneur l'évêque de Meaux (1), c'est-à-dire, une des plus grandes lumières qui aient éclairé l'Église dans les derniers siècles, a eu long-temps mon ouvrage entre les mains; et qu'après l'avoir lu et relu plusieurs fois, il m'a non-seulement donné son approbation, mais a trouvé bon que je publiasse à tout le monde qu'il me la donnait. Enfin, que pour mettre le comble à ma gloire, ce saint archevêque (2) dans le diocèse duquel j'ai le bonheur de me trouver, ce grand prélat, dis-je, aussi éminent en doctrine et en vertus, qu'en dignité et en naissance, que le plus

---

(1) *L'évêque de Meaux.* Jacques-Bénigne Bossuet.
(2) *Ce saint archevêque.* Louis-Antoine de Noailles, archevêque de Paris, ensuite cardinal.

grand roi de l'univers, par un choix visiblement inspiré du Ciel, a donné à la ville capitale de son royaume, pour assurer l'innocence et détruire l'erreur, monseigneur l'archevêque de Paris, en un mot, a bien daigné examiner soigneusement mon Epître, et a même eu la bonté de me donner sur plus d'un endroit des conseils que j'ai suivis, et m'a enfin accordé aussi son approbation, avec des éloges dont je suis également ravi et confus (3).

Au reste (1), *comme il y a des gens qui ont publié que mon Epître n'était qu'une vaine déclamation, qui n'attaquait rien de réel, ni qu'aucun*

---

(3) *Dont je suis également ravi et confus.* Dans la première édition de cette préface, qui parut en 1665, l'auteur la finissait par ce petit article, qu'il supprima dans l'édition suivante, et que je rapporte ici pour ne rien dérober à la postérité de ce que nous avons de lui.

« Je croyais n'avoir plus rien à dire au lecteur ; mais dans le temps même que cette préface était sous presse, on m'a apporté une misérable épître en vers, que quelque impertinent a fait imprimer, et qu'on veut faire passer pour mon ouvrage sur l'amour de Dieu. Je suis donc obligé d'ajouter cet article, afin d'avertir le public que je n'ai fait d'épître sur l'amour de Dieu que celle qu'on trouvera ici : l'autre étant une pièce fausse et incomplète, composée de quelques vers qu'on m'a dérobés, et de plusieurs qu'on m'a ridiculement prêtés, aussi-bien que les notes téméraires qui y sont. »

(1) *Au reste, etc.* L'auteur ajouta cet article dans l'édition de 1701.

homme eût jamais avancé, je veux bien, pour l'intérêt de la vérité, mettre ici la proposition que j'y combats, dans la langue et dans les termes qu'on la soutient en plus d'une école. La voici : Attritio gehennæ metu sufficit, etiam sine ullâ Dei dilectione, et sine ullo ad Deum offensum respectu ; quia talis honesta et supernaturalis est.

C'est cette proposition que j'attaque et que je soutiens fausse, abominable, et plus contraire à la vraie religion que le luthéranisme ni le calvinisme. Cependant je ne crois pas qu'on puisse nier qu'on ne l'ait encore soutenue depuis peu, et qu'on ne l'ait même insérée dans quelques catéchismes, en des mots fort approchans des termes latins que je viens de rapporter.

EPITRE X.

A MES VERS.

ARGUMENT.

Boileau *composa cette épître pour réduire au silence une foule de vils rimeurs qui avaient attaqué ses ouvrages avec tout l'acharnement que des sots peuvent mettre à déchirer un homme de génie. Toujours fidèle imitateur d'Horace, il a pris au livre Ier, épître 20me, l'idée de cette pièce qu'il appelait ordinairement ses inclinations. Cette épître et les deux suivantes ont été pour notre poète le chant du cygne.*

J'ai beau vous arrêter [1], ma remontrance est vaine :
Allez, partez, mes Vers, dernier fruit de ma veine ;
C'est trop languir chez moi dans un obscur séjour.
La prison vous déplaît ; vous cherchez le grand jour ;
Et déjà chez Barbin, ambitieux libelles,
Vous brûlez d'étaler vos feuilles criminelles.
Vains et faibles enfans dans ma vieillesse nés,
Vous croyez, sur les pas de vos heureux aînés,
Voir bientôt vos bons mots, passant du peuple aux princes,
Charmer également la ville et les provinces :

Et par le prompt effet d'un sel réjouissant,
Devenir quelquefois ² proverbes en naissant :
Mais perdez cette erreur, dont l'appât vous amorce.
Le temps n'est plus, MES VERS, où ma muse en sa
    force,
Du Parnasse français formant les nourrissons,
De si riches couleurs ³ habillait ses leçons.
Quand mon esprit, poussé d'un courroux légitime,
Vint devant la raison ⁴ plaider contre la rime,
A tout le genre humain ⁵ sut faire le procès,
Et s'attaqua soi-même ⁶ avec tant de succès ;
Alors il n'était point de lecteur si sauvage,
Qui ne se déridât en lisant mon ouvrage ;
Et qui, pour s'égayer souvent dans ses discours,
D'un mot pris en mes vers n'empruntât le secours.

Mais aujourd'hui ⁷ qu'enfin la vieillesse venue,
Sous mes faux cheveux blonds déjà toute chenue,
A jeté sur ma tête, avec ses doigts pesans,
Onze lustres complets ⁸, surchargés de trois ans,
Cessez de présumer, dans vos folles pensées,
MES VERS, de voir en foule à vos rimes glacées
Courir, l'argent en main, les lecteurs empressés.
Nos beaux jours sont finis, nos honneurs sont pas-
    sés :
Dans peu vous allez voir vos froides rêveries
Exciter du public les justes moqueries,
Et leur auteur jadis à Regnier préféré,
A Pinchêne, à Linière, à Perrin comparé.
Vous aurez beau crier : *O vieillesse ennemie* ⁹ !
N'a-t-il donc tant vécu que pour cette infamie ?
Vous n'entendrez partout qu'injurieux brocards,
Et sur vous et sur lui fondre de toutes parts.
Que veut-il ? dira-t-on, quelle fougue indiscrète
Ramène sur les rangs encor ce vain athlète ?
Quels pitoyables vers ! quel style languissant !
Malheureux, laisse en paix ¹⁰ ton cheval vieillissant,
De peur que tout à coup eflanqué, sans haleine,
Il ne laisse en tombant son maître sur l'arêne.

Ainsi s'expliqueront nos censeurs sourcilleux;
Et bientôt vous verrez mille auteurs pointilleux,
Pièce à pièce épluchant vos sons et vos paroles,
Interdire chez vous l'entrée aux hyperboles;
Traiter tout noble mot de terme hasardeux,
Et dans tous vos discours, comme monstres hideux,
Huer la métaphore et la métonymie,
Grands mots que Pradon croit des termes de chimie:
Vous irez à la fin honteusement exclus,
Trouver au magasin Pirame et Régulus [11],
Ou couvrir chez Thierry, d'une feuille encor neuve,
Les méditations de Buzée et d'Hayneuve [12];
Puis, en tristes lambeaux semés dans les marchés,
Souffrir tous les affronts [13] au Jonas reprochés.
Mais quoi! de ces discours bravant la vaine attaque,
Déjà comme les vers de Cinna, d'Andromaque,
Vous croyez à grands pas chez la postérité
Courir, marqués au coin de l'immortalité!
Hé bien! contentez donc l'orgueil qui vous enivre;
Montrez-vous, j'y consens: mais du moins, dans mon livre,
Commencez par vous joindre à mes premiers écrits.
C'est là qu'à la faveur de vos frères chéris,
Peut-être enfin soufferts comme enfans de ma plume,
Vous pourrez vous sauver, épars dans le volume.
Que si même un beau jour le lecteur gracieux,
Amorcé par mon nom, sur vous tourne les yeux,
Pour m'en récompenser, MES VERS, avec usure,
De votre auteur alors faites-lui la peinture;
Et surtout prenez soin d'effacer bien les traits
Dont tant de peintres faux ont flétri mes portraits.
Déposez hardiment [14] qu'au fond cet homme horrible,
Ce censeur qu'ils ont peint si noir et si terrible,
Fut un esprit doux, simple, ami de l'équité,
Qui, cherchant dans ses vers la seule vérité,

EPITRE X.

Fit, sans être malin, ses plus grandes malices,
Et qu'enfin sa candeur seule a fait tous ses vices.
Dites que, harcelé par les plus vils rimeurs,
Jamais, blessant leurs vers, il n'effleura leurs mœurs:
Libre dans ses discours, mais pourtant toujours sage,
Assez faible de corps, assez doux de visage,
Ni petit, ni trop grand, très-peu voluptueux,
Ami de la vertu, plutôt que vertueux.
   Que si quelqu'un, MES VERS, alors vous importune,
Pour savoir mes parens, ma vie et ma fortune,
Contez-lui, qu'allié d'assez hauts magistrats [15],
Fils d'un père greffier, né d'aïeux avocats [16],
Dès le berceau perdant une fort jeune mère [17],
Réduit, seize ans après, à pleurer mon vieux père [18],
J'allai d'un pas hardi, par moi-même guidé,
Et de mon seul génie en marchant secondé,
Studieux amateur et de Perse et d'Horace,
Assez près de Regnier m'asseoir sur le Parnasse:
Que par un coup du sort au grand jour amené,
Et des bords du Permesse à la cour entraîné,
Je sus, prenant l'essor par des routes nouvelles,
Elever assez haut mes poétiques ailes;
Que ce roi, dont le nom fait trembler tant de rois,
Voulut bien que ma main crayonnât ses exploits [19]:
Que plus d'un grand [20] m'aima jusques à la tendresse;
Que ma vue à Colbert inspirait l'allégresse;
Qu'aujourd'hui même encor, de deux sens affaibli [21],
Retiré de la cour [22], et non mis en oubli,
Plus d'un héros [23], épris des fruits de mon étude,
Vient quelquefois chez moi goûter la solitude.
   Mais des heureux regards de mon astre étonnant,
Marquez bien cet effet encor plus surprenant,
Qui, dans mon souvenir, aura toujours sa place:
Que de tant d'écrivains de l'école d'Ignace,

Etant, comme je suis, ami si déclaré,
Ce docteur toutefois si craint, si révéré,
Qui contre eux de sa plume épuisa l'énergie,
Arnauld, le grand Arnauld, fit mon apologie.
Sur mon tombeau futur, mes vers, pour l'énoncer,
Courez en lettres d'or de ce pas vous placer.
Allez jusqu'où l'Aurore en naissant voit l'Hy-
     daspe [24],
Chercher pour l'y graver le plus précieux jaspe.
Surtout à mes rivaux sachez bien l'étaler.
    Mais je vous retiens trop. C'est assez vous parler :
Déjà plein du beau feu qui pour vous le transporte,
Barbin impatient chez moi frappe à la porte.
Il vient pour vous chercher. C'est lui : j'entends sa
     voix.
Adieu, mes vers, adieu, pour la dernière fois.

NOTES.

1 *J'ai beau vous arrêter*, etc. Horace commence ainsi l'épitre, *ad librum suum*, que j'ai citée dans l'argument.

Vertumnum Janumque, Liber, spectare videris ;
Scilicet ut prostes Sosiorum pumice mundus:
Odisti claves, et grata sigilla pudico :
Paucis ostendi gemis, et communia laudas,
Non ità nutritus. Fuge, quò discedere gestis :
Non erit emisso reditus tibi. Quid miser egi ?
Quid volui ? dices, ubi quis te læserit. Et scis
In breve te cogi, plenus quum languet amator.
Quòd si non odio peccantis desipit augur,
Carus eris Romæ, donec te deserat ætas.

NOTES.

*Contrectatus ubi manibus sordescere vulgi
Cœperis, aut tineas pasces taciturnus inertes,
Aut fugies Uticam, aut unctus mitteris Ilerdam.
Ridebit monitor non exauditus ; ut ille
Qui malè parentem in rupes protrusit asellum
Iratus : quis enim invitum servare laboret?
Hoc quoque te manet, ut pueros elementa docentem
Occupet extremis in vicis balba senectus.*

2 *Devenir quelquefois*, etc. Il est des tournures heureuses qui renferment plus de sens que de mots : elles sont ordinairement adoptées par le public, et deviennent bientôt proverbes. Tels sont la plupart des vers de Boileau.

3 *De si riches couleurs*, etc. Art poétique.

4 *Vint devant la raison*, etc. Satire IIe.

5 *A tout le genre humain*, etc. Satire VIIIe.

6 *Et s'attaqua soi-même*, etc. Satire IXe.

7 *Mais aujourdhui*, etc. Le jugement de l'auteur sur ces vers et les trois suivans, est contenu dans une lettre qu'il écrivit à M. de Mancroix.

8 *Onze lustres complets*, etc. Manière poétique d'exprimer cinquante-huit ans.

9 *O vieillesse ennemie.* Vers du Cid de Corneille. Act. I, scèn. VIII, v. 1.

10 *Malheureux, laisse en paix*, etc.

Hor. Epist. I, lib. 1, v. 8.
*Solve senescentem maturè sanus equum, nè
Peccet ad extremum ridendus, et ilia ducat.*

11 *Pirame et Régulus.* Pièces de théâtre de Pradon.

12 *Les méditations de Buzée et d'Hayneuve.* Boileau, étant un jour dans la boutique de Thierry, son libraire, s'aperçut qu'on avait employé les tragédies de Pradon à envelopper les méditations du P. *Julien Hayneuve*, jésuite. Le P. *Buzée*, autre jésuite, a fait aussi des méditations autrefois estimées.

13 *Souffrir tous les affronts*, etc. Jonas, poëme héroïque, qui ne put trouver de lecteurs.

14 *Déposez hardiment*, etc.

             Hor. Lib. I, epist. xx, v. 19.
Quum tibi sol tepidus plures admoverit aures,
Me libertino natum patre, et in tenui re,
Majores pennas nido extendisse loqueris ;
Ut, quantum generi demas, virtutibus addas :
Me primis urbis belli placuisse domique,
Corporis exigui, præcanum, solibus aptum,
Irasci celerem, tamen ut placabilis essem.
Fortè meum si quis te percunctabitur ævum,
Me quater undenos sciat implevisse decembres,
Collegam Lepidum quo duxit Lollius anno.

Déposez hardiment, etc. Boileau fit mettre ces vers au bas de son portrait, en les disposant ainsi :

Tu peux voir dans ces traits qu'au fond cet homme horrible,
Ce censeur qu'on a cru si noir et si terrible,
Fut un esprit doux, simple, ami de l'équité,
Qui, cherchant dans ses vers la seule vérité,
Fit, sans être malin, ses plus grandes malices
    Et sa candeur fit tous ses vices.

15 *Allié d'assez hauts magistrats.* Messieurs de Bragelonne ; Amelot, président à la cour des aides ; Gilbert, président aux enquêtes, gendre de M. Dougois ; de Lionne, grand audiencier de France, et plusieurs autres familles illustres dans la robe.

16 *Né d'aïeux avocats.* Il tire son origine de *Jean Boileau*, notaire et secrétaire du roi, qui obtint des lettres de noblesse, pour lui et sa postérité, au mois de septembre 1331. *Jean Boileau* fut un des quarante nommés pour exercer sa charge près du parlement ; et *Henri Boileau*, son petit-fils, fut reçu, en 1408, avocat du roi en la même cour. Quelques-uns de leurs descendans ont été célèbres avocats.

17 *Dès le berceau perdant une fort jeune mère.* Il n'avait qu'onze mois, quand Anne Denielle, sa mère, mourut âgée de 23 ans, en 1637. On aime à trouver, dans les œuvres des hommes de génie, ces détails de la vie privée, surtout lorsqu'ils tirent leur source d'une sensibilité vraie et profonde. Si l'on peut, après Boileau, citer Florian, on admirera, dans cet auteur gracieux, le premier de nos fabulistes, après La Fontaine, l'amour si tendre qu'il portait à sa mère, amour qui lui inspira la plupart des ouvrages dont il a enrichi notre littérature.

18 *Réduit seize ans après à pleurer mon vieux père.* Gilles Boileau mourut en 1657, âgé de 73 ans.

19 *Crayonnât ses exploits.* Il fut nommé historiographe du roi, avec Racine, au mois d'octobre 1677.

20 *Que plus d'un grand*, etc. Madame la duchesse d'Orléans, première femme de M. le grand prince de Condé, et M. le prince, son fils. M. le prince de Conti. M. le premier président de Lamoignon. M. le maréchal de Vivonne, et Mesdames de Montespan et de Thiange, ses sœurs. Enfin, toute la cour, excepté le duc de Montauzier : (*Præter atrocem animum Catonis.*) Ce duc lui donna son amitié dans la suite.

21 *De deux sens affaibli.* De la vue et de l'ouïe.

22 *Retiré de la cour*, etc. Boileau avait cessé de paraître à la cour, depuis l'année 1690, et il s'en était retiré pour jouir de la liberté, et goûter les douceurs du repos. Après la mort de Racine, il alla voir le roi pour lui apprendre cette perte, et recevoir ses ordres par rapport à son histoire, dont il se trouvait seul chargé. Louis XIV le reçut avec bonté; et, quand il voulut se retirer, le roi, en lui faisant voir sa montre, qu'il tenait par hasard à la main, lui dit obligeamment : « Souvenez-vous que j'ai toujours à vous donner une heure par semaine, quand vous voudrez venir. »

23 *Plus d'un héros*, etc. M. le marquis de Termes, M. de Cavois, M. de Pontchartrain, M. Daguesseau, et plusieurs autres; mais particulièrement M. le duc et M. le prince de Conti, qui l'honoraient souvent de leurs visites à Auteuil.

24 *En naissant voir l'Hydaspe.* Fleuve des Indes.

EPITRE XI.
A MON JARDINIER.

ARGUMENT.

Dans cette épître, Boileau s'entretient avec son jardinier. Il lui explique, en termes clairs et précis, les difficultés de la poésie, et la peine extrême qu'il y a surtout à exprimer noblement les choses les plus vulgaires ; il lui fait sentir aussi que l'homme ne peut être heureux sans le travail. Il marche encore ici sur les traces d'Horace, qui, au premier livre, adresse aussi sa XIVme épître à son fermier. On se plaît à retrouver sans cesse Horace et Boileau de compagnie. (Voyez l'épître d'Horace, pour établir la comparaison entre les deux pièces.)

Laborieux valet du plus commode maître,
Qui pour te rendre heureux ici-bas pouvait naître ;
Antoine, gouverneur [1] de mon jardin d'Auteuil,
Qui diriges chez moi l'if et le chèvre-feuil,
Et sur mes espaliers, industrieux génie,
Sais si bien exercer l'art de la Quintinie [2] ;
Oh ! que de mon esprit [3] triste et mal ordonné,
Ainsi que de ce champ par toi si bien orné,

Ne puis-je faire ôter les ronces, les épines,
Et des défauts sans nombre arracher les racines ?
　　Mais parle : raisonnons. Quand du matin au soir,
Chez moi poussant la bêche, ou portant l'arrosoir,
Tu fais d'un sable aride une terre fertile,
Et rends tout mon jardin à tes lois si docile ;
Que dis-tu de m'y voir rêveur, capricieux,
Tantôt baissant le front, tantôt levant les yeux,
De paroles en l'air par élans envolées,
Effrayer les oiseaux perchés dans mes allées ?
Ne soupçonnes-tu point, qu'agité du démon,
Ainsi que ce cousin des quatre fils Aimon [4],
Dont tu lis quelquefois la merveilleuse histoire,
Je rumine en marchant quelque endroit du gri-
　　　　moire ?
Mais non : tu te souviens qu'au village on t'a dit
Que ton maître est nommé pour coucher par écrit
Les faits d'un roi plus grand en sagesse, en vail-
　　　　lance,
Que Charlemagne aidé des douze pairs de France [5].
Tu crois qu'il y travaille, et qu'au long de ce mur,
Peut-être en ce moment il prend Mons et Namur.
　　Que penserais-tu donc, si l'on t'allait apprendre
Que ce grand chroniqueur des gestes d'Alexandre,
Aujourd'hui méditant un projet tout nouveau,
S'agite, se démène, et s'use le cerveau,
Pour te faire à toi-même en rimes insensées,
Un bizarre portrait de ses folles pensées ?
Mon maître, dirais-tu, passe pour un docteur,
Et parle quelquefois mieux qu'un prédicateur.
Sous ces arbres pourtant, de si vaines sornettes
Il n'irait point troubler la paix de ces fauvettes,
S'il lui fallait toujours, comme moi s'exercer,
Labourer, couper, tondre, aplanir, palisser,
Et dans l'eau de ces puits sans relâche tirée,
De ce sable étancher la soif démesurée [6].
　　Antoine, de nous deux tu crois donc, je le vois,
Que le plus occupé dans ce jardin, c'est toi.

ÉPITRE XI.

Oh ! que tu changerais d'avis et de langage,
Si deux jours seulement libre du jardinage,
Tout à coup devenu poète et bel esprit,
Tu t'allais engager à polir un écrit,
Qui dît, sans s'avilir, les plus petites choses [7];
Fît des plus secs chardons des œillets et des roses ;
Et sût même au discours de la rusticité
Donner de l'élégance et de la dignité ;
Un ouvrage, en un mot, qui juste en tous ses termes,
Sût plaire à Daguesseau [8], sût satisfaire Termes :
Sût, dis-je, contenter en paraissant au jour,
Ce qu'ont d'esprits plus fins et la ville et la cour ?
Bientôt de ce travail revenu sec et pâle,
Et le teint plus jauni que de vingt ans de hâle,
Tu dirais, reprenant ta pelle et ton rateau,
J'aime mieux mettre encor cent arpens au niveau,
Que d'aller follement, égaré dans les nues,
Me lasser à chercher des visions cornues ;
Et pour lier des mots si mal s'entr'accordans,
Prendre dans ce jardin la lune avec les dents.

    Approche donc, et viens ; qu'un paresseux t'apprenne,
Antoine, ce que c'est que fatigue et que peine.
L'homme ici-bas, toujours inquiet et gêné,
Est, dans le repos même, au travail condamné ;
La fatigue l'y suit. C'est en vain qu'aux poètes
Les neuf trompeuses Sœurs, dans leurs douces retraites,
Promettent du repos sous leurs ombrages frais :
Dans ces tranquilles bois pour eux plantés exprès,
La cadence aussitôt, la rime, la césure,
La riche expression, la nombreuse mesure,
Sorcières, dont l'amour sait d'abord les charmer,
De fatigues sans fin viennent les consumer.
Sans cesse poursuivant ces fugitives fées,
On voit sous les lauriers haleter les Orphées.
Leur esprit toutefois se plaît en son tourment,
Et se fait de sa peine un noble amusement.

Mais je ne trouve point de fatigue si rude,
Que l'ennuyeux loisir d'un mortel sans étude,
Qui jamais ne sortant de sa stupidité,
Soutient dans les langueurs de son oisiveté,
D'une lâche indolence esclave volontaire,
Le pénible fardeau de n'avoir rien à faire :
Vainement offusqué de ses pensers épais,
Loin du trouble et du bruit, il croit trouver la paix.
Dans le calme odieux de sa sombre paresse,
Tous les honteux plaisirs, enfans de la mollesse,
Usurpent sur son âme un absolu pouvoir [9] :
De monstrueux désirs le viennent émouvoir,
Irritent de ses sens la fureur endormie,
Et le font le jouet de leur triste infamie.
Puis sur leurs pas soudain arrivent les remords ;
Et bientôt avec eux tous les fléaux du corps,
La pierre, la colique, et les gouttes cruelles,
Guénaud, Raissant, Brayer [10], presque aussi tristes
 qu'elles,
Chez l'indigne mortel courent tous s'assembler,
De travaux douloureux le viennent accabler,
Sur le duvet d'un lit, théâtre de ses gênes,
Lui font scier des rocs, lui font fendre des chênes,
Et le mettent au point d'envier ton emploi.
Reconnais donc, Antoine, et conclus avec moi,
Que la pauvreté mâle, active et vigilante,
Est, parmi les travaux, moins lasse et plus con-
 tente,
Que la richesse oisive au sein des voluptés.
 Je te vais sur cela prouver deux vérités :
L'une, que le travail aux hommes nécessaire,
Fait leur félicité plutôt que leur misère ;
Et l'autre, qu'il n'est point de coupable en repos.
C'est ce qu'il faut ici montrer en peu de mots.
Suis-moi donc. Mais je vois, sur ce début de prône,
Que ta bouche déjà s'ouvre large d'une aune ;
Et que les yeux fermés tu baisses le menton.
 Ma foi, le plus sûr est de finir ce sermon.

Aussi-bien j'aperçois ces melons qui t'attendent,
Et ces fleurs qui là-bas entre elles se demandent,
S'il est fête au village, et, pour quel saint nouveau,
On les laisse aujourd'hui si long-temps manquer
    d'eau.

NOTES.

1 *Antoine, gouverneur,* etc. Antoine Riquié, né à Paris. Boileau l'avait trouvé dans cette maison, lorsqu'il l'acheta, en 1685, et il le garda toujours à son service. Voici ce qui donna occasion à l'épître que son maître lui adressa. Boileau, en composant ses vers, se promenait souvent dans les allées de son jardin d'Auteuil. Là, il tâchait d'exciter sa verve, et s'abandonnait à l'enthousiasme poétique. Un jour il s'aperçut que son jardinier l'écoutait, et l'observait au travers du feuillage. Le pauvre Antoine, tout surpris, ne savait à quoi attribuer les transports de son maître, et peu s'en fallut qu'il ne le soupçonnât d'avoir perdu l'esprit. Les postures que le jardinier prenait de son côté, et qui marquaient son étonnement, parurent fort plaisantes au maître; de sorte qu'ils se donnèrent quelque temps la comédie l'un à l'autre, sans s'en apercevoir.

2 *L'art de la Quintinie.* Jean de la Quintinie, directeur des jardins fruitiers et potagers du roi. Il réduisit en art la culture des arbres fruitiers.

3 *Oh! que de mon esprit.*

Hor. Epist. XIV, lib. 1, v. 4.
*Certemus, spinas animo-ne ego fortius, an tu
Evellas agro; et melior sit Horatius, an res.*

4 *Ainsi que ce cousin des quatre fils Aimon.*
Maugis, surnommé l'*Enchanteur*, vaillant et preux chevalier, qui n'avait point son égal dans l'art de la nécromancie. L'histoire, que nous avons des quatre fils Aimon, est fort ancienne. Ces sortes de romans plaisent beaucoup à la multitude, parce qu'ils sont semés d'aventures merveilleuses et de prodiges.

5 *Que Charlemagne aidé des douze pairs de France.* Boileau fait allusion à un ouvrage intitulé : *La Conquête de Charlemagne, grand roi de France et des Espagnes ; avec les faits et les gestes des douze pairs de France,* etc. Voyez les Recherches de Pasquier, liv. 2, chap. 9 et 10.

6 *De ce sable étancher la soif démesurée.*

Phèd. Fab. V, lib. II, v. 18.
Præcurrit alium in xystum, sedans pulverem.

7 *Qui dit, sans s'avilir, les plus petites choses.* Nul poète, mieux que Boileau et Racine, n'eut ce talent. Est-il rien de plus petit que de faire paraître sur la scène tragique une confidente qui propose à sa maîtresse de rajuster son voile et ses cheveux ? Cependant Racine ennoblit ces idées par la magie de son style :

Laissez-moi relever ces voiles détachés,
Et ces cheveux épars, dont vos yeux sont cachés ;
Souffrez que de vos pleurs je répare l'outrage.

Bérénice. Act. IV, scèn. 1, v. 17.

NOTES.

8 *Sût plaire à D'Aguesseau*, etc. Henri-François D'Aguesseau, alors avocat général au parlement de Paris, ensuite procureur général, et enfin chancelier de France. — *Sût satisfaire Termes*. Roger de Pardaillan de Goudrin, marquis de Termes, mort au mois de mars 1704.

9 *Usurpent sur son âme un absolu pouvoir*.

Sed si intus, et in jecore ægro Nascuntur Domini.
Pers. Sat. V, v. 129. Edit. de Jouv.

10 *Guénaud, Raissant, Brayer*, etc. Trois fameux médecins du temps. Il paraît que Boileau aimait, comme Molière, à lancer des épigrammes aux médecins, et n'était pas très-convaincu de l'efficacité de leur art. Pauvres docteurs!

EPITRE XII.
A L'ABBÉ RENAUDOT.

ARGUMENT.

LE *sujet de cette épître est l'*Amour de Dieu. *Traiter en vers nobles le sujet le plus relevé, répandre sur les sentimens de la plus saine théologie toutes les grâces de la poésie : tel a été le but que l'auteur s'est proposé, et qu'il a atteint avec un rare bonheur.*

Docte abbé, tu dis vrai [1], l'homme au crime attaché,
En vain, sans aimer Dieu, croit sortir du péché.
Toutefois, n'en déplaise aux transports frénétiques
Du fougueux moine auteur des troubles germaniques,
Des tourmens de l'enfer la salutaire peur
N'est pas toujours l'effet d'une noire vapeur,
Qui de remords sans fruit agitant le coupable,
Aux yeux de Dieu le rend encor plus haïssable.
Cette utile frayeur, propre à nous pénétrer,
Vient souvent de la grâce en nous prête d'entrer,
Qui veut dans notre cœur se rendre la plus forte,
Et pour se faire ouvrir, déjà frappe à la porte.
Si le pécheur poussé de ce saint mouvement,
Reconnaissant son crime, aspire au sacrement,

ÉPITRE XII.

Souvent Dieu tout à coup d'un vrai zèle l'enflamme,
Le Saint-Esprit revient habiter en son âme,
Y convertit enfin les ténèbres en jour,
Et la crainte servile en filial amour.
C'est ainsi que souvent la sagesse suprême,
Pour chasser le démon, se sert du démon même.
 Mais lorsqu'en sa malice un pécheur obstiné,
Des horreurs de l'enfer vainement étonné,
Loin d'aimer, humble fils, son véritable père,
Craint et regarde Dieu comme un tyran sévère,
Au bien qu'il nous promet ne trouve aucun appas,
Et souhaite en son cœur que ce Dieu ne soit pas :
En vain la peur sur lui remportant la victoire,
Aux pieds d'un prêtre il court décharger sa mémoire,
Vil esclave toujours sous le joug du péché,
Au démon qu'il redoute il demeure attaché.
L'amour essentiel à notre pénitence
Doit être l'heureux fruit de notre repentance.
 Non, quoi que l'ignorance enseigne sur ce point,
Dieu ne fait jamais grâce à qui ne l'aime point.
A le chercher la peur nous dispose et nous aide :
Mais il ne vient jamais, que l'amour ne succède.
Cessez de m'opposer vos discours imposteurs,
Confesseurs insensés, ignorans séducteurs,
Qui pleins de vains propos que l'erreur vous débite,
Vous figurez qu'en vous un pouvoir sans limite
Justifie à coup sûr un pécheur alarmé,
Et que sans aimer Dieu, l'on peut en être aimé.
Quoi donc, cher RENAUDOT ! un chrétien effroyable,
Qui jamais servant Dieu, n'eut d'objet que le diable,
Pourra, marchant toujours dans des sentiers maudits,
Par des formalités gagner le paradis;
Et parmi les élus dans la gloire éternelle,
Pour quelques sacremens reçus sans aucun zèle,

Dieu fera voir aux yeux des saints épouvantés
Son ennemi mortel assis à ses côtés !
Peut-on se figurer de si folles chimères ?
On voit pourtant, on voit des docteurs même aus-
  tères,
Qui les semant partout, s'en vont pieusement
De toute piété saper le fondement ;
Qui, le cœur infecté d'erreurs si criminelles,
Se disent hautement les purs, les vrais fidèles,
Traitant d'abord d'impie et d'hérétique affreux,
Quiconque ose pour Dieu se déclarer contre eux.
De leur audace en vain les vrais chrétiens
  gémissent :
Prêts à la repousser les plus hardis mollissent ;
Et voyant contre Dieu le diable accrédité,
N'osent qu'en bégayant prêcher la vérité.
Mollirons-nous aussi ? Non, sans peur, sur ta trace,
Docte abbé, de ce pas j'irai leur dire en face :
Ouvrez les yeux enfin, aveugles dangereux.
Oui, je vous le soutiens, il serait moins affreux
De ne point reconnaître un Dieu maître du monde,
Et qui règle à son gré le ciel, la terre et l'onde,
Qu'en avouant qu'il est, et qu'il sut tout former,
D'oser dire qu'on peut lui plaire sans l'aimer.
Un si bas, si honteux, si faux christianisme
Ne vaut pas des Platons [2] l'éclairé paganisme ;
Et chérir les vrais biens, sans en savoir l'auteur,
Vaut mieux que, sans l'aimer, connaître un créateur.
Expliquons-nous pourtant. Par cette ardeur si
  sainte,
Que je veux qu'en un cœur amène enfin la crainte,
Je n'entends point ici ce doux saisissement,
Ces transports pleins de joie et de ravissement,
Qui font des bienheureux la juste récompense,
Et qu'un cœur rarement goûte ici par avance.
Dans nous l'amour de Dieu, fécond en saints
  désirs,
N'y produit pas toujours de sensibles plaisirs.

ÉPITRE XII.

Souvent le cœur qui l'a, ne le sait pas lui-même ;
Tel craint de n'aimer pas, qui sincèrement aime ;
Et tel croit au contraire être brûlant d'ardeur,
Qui n'eut jamais pour Dieu que glace et que froideur.
   Voulez-vous donc savoir si la foi dans votre âme
Allume les ardeurs d'une sincère flamme ?
Consultez-vous vous-même. À ses règles soumis,
Pardonnez-vous sans peine à tous vos ennemis ?
Combattez-vous vos sens ? domptez-vous vos faiblesses ?
Dieu dans le pauvre est-il l'objet de vos largesses ?
Enfin dans tous ses points pratiquez-vous sa loi ?
Oui, dites-vous. Allez, vous l'aimez, croyez-moi.
Qui fait exactement ce que ma loi commande,
A pour moi, dit ce Dieu, *l'amour que je demande.*
Faites-le donc, et sûr qu'il veut nous sauver tous,
Ne vous alarmez point pour quelques vains dégoûts
Qu'en sa faveur souvent la plus sainte âme éprouve.
Marchez, courez à lui : qui le cherche, le trouve :
Et plus de votre cœur il paraît s'écarter,
Plus par vos actions songez à l'arrêter.
Mais ne soutenez point cet horrible blasphême ;
Qu'un sacrement reçu, qu'un prêtre, que Dieu même,
Quoi que vos faux docteurs osent vous avancer,
De l'amour qu'on lui doit puissent vous dispenser.
   Mais il faut qu'avant tout dans une âme chrétienne,
Diront ces grands docteurs, l'amour de Dieu survienne,
Puisque ce seul amour suffit pour nous sauver,
De quoi le sacrement viendra-t-il nous laver ?
Sa vertu n'est donc plus qu'une vertu frivole ?
O le bel argument digne de leur école !
Quoi ! dans l'amour divin, en nos cœurs allumé,
Le vœu du sacrement n'est-il pas renfermé,

Un payen converti, qui croit un Dieu suprême,
Peut-il être chrétien qu'il n'aspire au baptême?
Ni le chrétien en pleurs être vraiment touché,
Qu'il ne veuille à l'église avouer son péché?
Du funeste esclavage où le démon nous traîne,
C'est le sacrement seul qui peut rompre la chaîne :
Aussi l'amour d'abord y court avidement;
Mais lui-même il en est l'âme et le fondement.
Lorsqu'un pécheur ému d'une humble repentance,
Par les degrés prescrits court à la pénitence,
S'il n'y peut parvenir, Dieu sait les supposer :
Le seul amour manquant ne peut point s'excuser.
C'est par lui que dans nous la grâce fructifie :
C'est lui qui nous ranime, et qui nous vivifie,
Pour nous rejoindre à Dieu, lui seul est le lien;
Et sans lui, foi, vertus, sacremens, tout n'est rien.

A ces discours pressans que saurait-on répondre?
Mais approchez, je veux encor mieux vous confondre,
Docteur, dites-moi donc : quand nous sommes absous,
Le Saint-Esprit est-il, ou n'est-il pas en nous?
S'il est en nous, peut-il, n'étant qu'amour lui-même,
Ne nous échauffer point de son amour suprême?
Et s'il n'est pas en nous, Satan, toujours vainqueur,
Ne demeure-t-il pas maître de notre cœur?
Avouez donc qu'il faut qu'en nous l'amour renaisse :
Et n'allez point, pour fuir la raison qui vous presse,
Donner le nom d'amour au trouble inanimé
Qu'au cœur d'un criminel la peur seule a formé.
L'ardeur qui justifie et que Dieu nous envoie,
Quoique ici-bas souvent inquiète et sans joie,
Est pourtant cette ardeur, ce même feu d'amour,
Dont brûle un bienheureux dans l'éternel séjour.
Dans le fatal instant qui borne notre vie,
Il faut que de ce feu notre âme soit remplie;
Et Dieu sourd à nos cris, s'il ne l'y trouve pas,
Ne l'y rallume plus après notre trépas.

EPITRE XII.

Rendez-vous donc enfin à ces clairs syllogismes,
Et ne prétendez plus, par vos confus sophismes,
Pouvoir encor aux yeux du fidèle éclairé
Cacher l'amour de Dieu dans l'école égaré.
Apprenez que la gloire où le Ciel nous appelle,
Un jour des vrais enfans doit couronner le zèle,
Et non des froids remords d'un esclave craintif,
Où crut voir Abelli [3] quelque amour négatif.
 Mais quoi ! j'entends déjà plus d'un fier scholas-
  tique
Qui, me voyant ici sur ce ton dogmatique,
En vers audacieux traiter ces points sacrés,
Curieux me demande, où j'ai pris mes degrés;
Et si, pour m'éclairer sur ces sombres matières,
Deux cents auteurs extraits m'ont prêté leurs lu-
  mières.
Non. Mais pour décider que l'homme, qu'un chrétien
Est obligé d'aimer l'unique auteur du bien,
Le Dieu qui le nourrit, le Dieu qui le fit naître,
Qui nous vint par sa mort donner un second être,
Faut-il avoir reçu le bonnet doctoral?
Avoir extrait Gamache, Isambert et Duval [4]?
Dieu dans son livre saint, sans chercher d'autre
  ouvrage,
Ne l'a-t-il pas écrit lui-même à chaque page?
De vains docteurs encor, ô prodige honteux !
Oseront nous en faire un problème douteux,
Viendront traiter d'erreur digne de l'anathême,
L'indispensable loi d'aimer Dieu pour lui-même;
Et par un dogme faux dans nos jours enfanté,
Des devoirs du chrétien rayer la charité.
 Si j'allais consulter chez eux le moins sévère,
Et lui disais : Un fils doit-il aimer son père?
Ah ! peut-on en douter? dirait-il brusquement.
Et quand je leur demande en ce même moment :
L'homme, ouvrage d'un Dieu, seul bon et seul
  aimable,
Doit-il aimer ce Dieu, son père véritable?

Leur plus rigide auteur n'ose le décider,
Et craint en l'affirmant de se trop hasarder.
　Je ne m'en puis défendre; il faut que je t'écrive
La figure bizarre, et pourtant assez vive,
Que je sus dans la suite employer en son lieu,
Et qui déconcerta ces ennemis de Dieu.
Au sujet d'un écrit qu'on nous venait de lire,
Un d'entre eux m'insulta, sur ce que j'osai dire
Qu'il faut, pour être absous d'un crime confessé,
Avoir pour Dieu du moins un amour commencé.
Ce dogme, me dit-il, est un pur calvinisme.
O Ciel! me voilà donc dans l'erreur, dans le schisme,
Et partant réprouvé? Mais, poursuivis-je alors,
Quand Dieu viendra juger les vivans et les morts,
Et des humbles agneaux, objets de sa tendresse,
Séparera des boucs la troupe pécheresse:
A tous il nous dira, sévère ou gracieux,
Ce qui nous fit impurs, ou justes à ses yeux.
Selon vous donc, à moi réprouvé, bouc infâme:
Va brûler, dira-t-il, en l'éternelle flamme,
Malheureux, qui soutiens que l'homme dut m'ai-
　　　　mer;
Et qui sur ce sujet trop prompt à déclamer,
Prétendis qu'il fallait, pour fléchir ma justice,
Que le pécheur, touché de l'horreur de son vice,
De quelque ardeur pour moi sentît les mouvemens,
Et gardât le premier de mes commandemens.
Dieu, si je vous en crois, me tiendra ce langage.
Mais à vous, tendre agneau, son plus cher héritage,
Ortodoxe ennemi d'un dogme si blâmé,
Venez, vous dira-t-il, venez, mon bien aimé:
Vous qui dans les détours de vos raisons subtiles,
Embarrassant les mots d'un des plus saints con-
　　　　ciles [5],
Avez délivré l'homme, ô l'utile docteur!
De l'importun fardeau d'aimer son créateur:
Entrez au ciel: venez, comblé de mes louanges,
Du besoin d'aimer Dieu désabuser les Anges.

A de tels mots, si Dieu pouvait les prononcer,
Pour moi je répondrais, je crois, sans l'offenser :
Oh ! que pour vous mon cœur moins dur et moins
    farouche,
Seigneur, n'a-t-il, hélas ! parlé comme ma bouche !
Ce serait ma réponse à ce Dieu fulminant.
Mais vous de ses douceurs objet fort surprenant,
Je ne sais pas comment, ferme en votre doctrine,
Des ironiques mots de sa bouche divine
Vous pourriez, sans rougeur et sans confusion,
Soutenir l'amertume et la dérision.
  L'audace du docteur par ce discours frappée,
Demeura sans réplique à ma prosopopée [6].
Il sortit tout à coup, et murmurant tout bas
Quelques termes d'aigreur que je n'entendis pas,
S'en alla chez Binsfeld, ou chez Basile Ponce [7],
Sur l'heure à mes raisons chercher une réponse.

NOTES.

1 *Docte abbé, tu dis vrai*, etc. Cette épithète, *docte*, ne pouvait être mieux adressée qu'à Messire Eusèbe Renaudot, prieur de Frossay, en Bretagne, et de Saint-Christophe de Château-Fort, l'un des quarante de l'Académie française, et membre de l'Académie des inscriptions et belles-lettres. Les preuves de sa profonde érudition sont consignées dans les deux volumes qu'il a publiés sur *la Perpétuité de la foi*, pour servir d'addition à l'ouvrage de M. Arnauld. Prévenu par la mort, le 1er septembre 1720, il ne put donner au public beaucoup d'autres ouvrages sur des matières également savantes. Il fut regardé comme un des premiers hom-

mes de son siècle, par la connaissance profonde qu'il avait des langues étrangères, et surtout des langues orientales. Il était lié avec Boileau d'une étroite amitié, et s'intéressait particulièrement à la gloire de notre poète.

2 *Ne vaut pas des Platons*, etc. Rien de plus pur que la morale de Platon. Il n'a manqué à ce philosophe que d'être éclairé de l'esprit du christianisme. Les anciens regardaient comme sublimes les écrits de ce fameux disciple de Socrate, et ils l'appelaient le *divin* Platon. Pour avoir une idée du système de ce grand philosophe, lisez le volume intitulé : *Pensées de Platon*, par M. J.-V. Le Clerc.

3 *Où crut voir Abelli*, etc. Louis Abelli, auteur de la *Moelle Théologique*.

4 *Avoir extrait Gamache, Isambert et Duval.* Philippe Gamache, Nicolas Isambert et André Duval, trois célèbres docteurs de Sorbonne, et professeurs de Théologie, dont les ouvrages sont imprimés. Ils vivaient dans le dix-septième siècle.

5 *D'un des plus saints conciles.* Le concile de Trente.

6 *A ma prosopopée.* La prosopopée prête de l'action et du sentiment aux choses inanimées. Cette figure, la plus brillante de l'éloquence, fait parler les présens, les absens, le ciel, la terre, les êtres insensibles, réels, abstraits, imaginaires, et quelquefois même les morts, dont elle ouvre les tombeaux. Fléchier nous fournit l'exemple d'une belle prosopopée dans l'éloge funèbre du duc de Montausier, dont il a été plus d'une fois parlé dans ces notes.

7 *S'en alla chez Binsfeld, ou chez Basile Ponce.* Deux fameux défenseurs de la fausse attrition. Pierre Binsfeld était suffragant de Trêves, et docteur en théologie. Basile Ponce était de l'ordre de Saint-Augustin.

FIN DES ÉPITRES.

AVERTISSEMENT.

C'est à Boileau principalement que la France est redevable de cette justesse et de cette solidité qui se font remarquer dans les ouvrages de nos bons écrivains. Ce sont ses premières productions qui ont le plus contribué à bannir l'affectation et le mauvais goût. Mais c'était peu pour lui d'avoir corrigé les poètes par sa critique, s'il ne les avait encore instruits par ses préceptes. Dans cette vue, il forma le dessein de composer un art poétique.

Le célèbre Patru, à qui il communiqua son dessein, ne crut pas qu'il fût possible de l'exécuter avec succès. Il convenait qu'on pouvait bien expliquer les règles générales de la poésie, à l'exemple d'Horace; mais pour les règles particulières, ce détail ne lui paraissait pas propre à être mis en vers français; et il eut assez mauvaise opinion de notre poésie, pour la croire incapable de se soutenir dans des matières aussi sèches que le sont de simples préceptes.

Néanmoins les difficultés que ce judicieux critique prévoyait, bien loin d'effrayer notre poète, ne servirent qu'à l'animer et à lui donner une plus grande idée de son entreprise. Il commença dès-lors à travailler à son *Art Poétique*; et quelque temps après, il en alla réciter le commencement à son ami, qui, voyant la noble audace avec laquelle notre auteur entrait en matière, changea de sentiment, et l'exhorta bien sérieusement à continuer.

L'*Art Poétique* passe communément pour le chef-d'œuvre de notre auteur. Trois choses principalement le rendent admirable, la difficulté de l'entreprise, la beauté des vers et l'utilité de l'ouvrage.

On peut même donner à Boileau une autre louange que sa modestie lui faisait rejeter ; c'est qu'il y a plus d'ordre dans sa poétique que dans celle d'Horace ; et qu'il est entré bien plus avant que l'auteur latin dans le détail des règles de la poésie.

L'ART POÉTIQUE.
CHANT PREMIER.

ARGUMENT.

Dans *le premier chant, Boileau donne des règles générales pour la poésie ; ces règles, si habilement tracées, peuvent s'appliquer aussi à l'éloquence : il appartenait au génie seul d'opérer cette heureuse union. L'auteur nous présente aussi l'histoire de la poésie française, depuis Villon jusqu'à Malherbe.*

C'est en vain qu'au Parnasse un téméraire auteur
Pense de l'art des vers atteindre la hauteur,
S'il ne sent point du Ciel l'influence secrète,
Si son astre en naissant ne l'a formé poète ;
Dans son génie étroit il est toujours captif,
Pour lui Phébus est sourd [1], et Pégase est rétif.
O vous donc qui, brûlant d'une ardeur périlleuse,
Courez du bel esprit la carrière épineuse,
N'allez pas sur des vers sans fruit vous consumer,
Ni prendre pour génie un amour de rimer ;
Craignez d'un vain plaisir les trompeuses amorces,
Et consultez long-temps [2] votre esprit et vos forces.
  La nature, fertile en esprits excellens,
Sait entre les auteurs partager les talens.

CHANT I.

L'un peut tracer en vers une amoureuse flamme,
L'autre d'un trait plaisant aiguiser l'épigramme.
Malherbe d'un héros peut vanter les exploits;
Racan chanter Philis, les bergers et les bois.
Mais souvent un esprit qui se flatte et qui s'aime,
Méconnaît son génie, et s'ignore soi-même.
Ainsi, tel autrefois qu'on vit avec Faret
Charbonner de ses vers [3] les murs d'un cabaret,
S'en va, mal-à-propos, d'une voix insolente,
Chanter du peuple hébreu la fuite triomphante;
Et poursuivant Moïse au travers des déserts,
Court avec Pharaon se noyer dans les mers.
 Quelque sujet qu'on traite, ou plaisant ou sublime,
Que toujours le bon sens s'accorde avec la rime;
L'un l'autre vainement ils semblent se haïr,
La rime est un esclave, et ne doit qu'obéir;
Lorsqu'à la bien chercher d'abord on s'évertue,
L'esprit à la trouver aisément s'habitue,
Au joug de la raison sans peine elle fléchit,
Et loin de la gêner, la sert et l'enrichit.
Mais lorsqu'on la néglige, elle devient rebelle,
Et pour la rattraper, le sens court après elle.
Aimez donc la raison : que toujours vos écrits
Empruntent d'elle seule et leur lustre et leur prix.
La plupart, emportés d'une fougue insensée,
Toujours, loin du droit sens, vont chercher leur pensée,
Ils croiraient s'abaisser, dans leurs vers monstrueux,
S'ils pensaient ce qu'un autre a pu penser comme eux.
Evitons ces excès. Laissons à l'Italie
De tous ces faux brillans l'éclatante folie.
Tout doit tendre au bon sens; mais pour y parvenir,
Le chemin est glissant et pénible à tenir.
Pour peu qu'on s'en écarte, aussitôt on se noie :
La raison, pour marcher, n'a souvent qu'une voie.

Un auteur, quelquefois trop plein de son objet,
Jamais sans l'épuiser n'abandonne un sujet.
S'il rencontre un palais, il m'en dépeint la face :
Il me promène après de terrasse en terrasse.
Ici s'offre un perron ; là règne un corridor :
Là ce balcon s'enferme en un balustre d'or.
Il compte des plafonds les ronds et les ovales,
Ce ne sont que festons, ce ne sont qu'astragales,
Je saute vingt feuillets pour en trouver la fin ;
Et je me sauve à peine au travers du jardin.
Fuyez de ces auteurs [4] l'abondance stérile,
Et ne vous chargez point d'un détail inutile,
Tout ce qu'on dit de trop est fade et rebutant :
L'esprit rassasié le rejette à l'instant.
Qui ne sait se borner ne sut jamais écrire.
Souvent la peur d'un mal [5] nous conduit dans un pire :
Un vers était trop faible, et vous le rendez dur :
J'évite d'être long [6], et je deviens obscur.
L'un n'est point trop fardé ; mais sa muse est trop nue :
L'autre a peur de ramper, il se perd dans la nue.
Voulez-vous du public mériter les amours ?
Sans cesse en écrivant variez vos discours.
Un style trop égal et toujours uniforme,
En vain brille à nos yeux, il faut qu'il nous endorme.
On lit peu ces auteurs, nés pour nous ennuyer,
Qui toujours sur un ton semblent psalmodier [7].
Heureux qui dans ses vers [8] sait, d'une voix légère,
Passer du grave au doux, du plaisant au sévère !
Son livre aimé du Ciel, et chéri des lecteurs,
Est souvent chez Barbin entouré d'acheteurs.
Quoi que vous écriviez, évitez la bassesse [9],
Le style le moins noble a pourtant sa noblesse.
Au mépris du bon sens, le burlesque effronté
Trompa les yeux d'abord, plut par sa nouveauté.

On ne vit plus en vers que pointes triviales :
Le Parnasse parla le langage des halles ;
La licence à rimer alors n'eut plus de frein :
Apollon travesti devint un Tabarin.
Cette contagion infecta les provinces,
Du clerc et du bourgeois passa jusques aux princes,
Le plus mauvais plaisant eut ses approbateurs,
Et jusqu'à d'Assouci, tout trouva des lecteurs.
Mais de ce style enfin la cour désabusée,
Dédaigna de ces vers l'extravagance aisée ;
Distingua le naïf du plat et du bouffon,
Et laissa la province admirer le Typhon.
Que ce style jamais ne souille votre ouvrage.
Imitons de Marot l'élégant badinage ;
Et laissons le burlesque aux plaisans du Pont-Neuf.
 Mais n'allez point aussi, sur les pas de Brébeuf,
Même en une Pharsale, entasser sur les rives
De morts et de mourans cent montagnes plaintives.
Prenez mieux votre ton. Soyez simple avec art,
Sublime sans orgueil, agréable sans fard.
 N'offrez rien au lecteur que ce qui peut lui plaire.
Ayez pour la cadence une oreille sévère :
Que toujours dans vos vers, le sens coupant les mots,
Suspende l'hémistiche [10], en marque le repos.
 Gardez qu'une voyelle [11] à courir trop hâtée,
Ne soit d'une voyelle en son chemin heurtée.
 Il est un heureux choix de mots harmonieux :
Fuyez des mauvais sons le concours odieux.
Le vers le mieux rempli, la plus noble pensée
Ne peut plaire à l'esprit quand l'oreille est blessée.
 Durant les premiers ans du Parnasse françois,
Le caprice tout seul faisait toutes les lois.
La rime au bout des mots assemblés sans mesure,
Tenait lieu d'ornemens, de nombre et de césure.
Villon sut le premier, dans ces siècles grossiers,
Débrouiller l'art confus de nos vieux romanciers :
Marot bientôt après fit fleurir les Ballades,
Tourna des triolets, rima des mascarades ;

A des refrains réglés asservit les rondeaux,
Et montra pour rimer des chemins tout nouveaux.
Ronsard qui le suivit, par une autre méthode,
Réglant tout, brouilla tout, fit un art à sa mode,
Et toutefois long-temps eut un heureux destin.
Mais sa muse, en français, parlant grec et latin,
Vit dans l'âge suivant, par un retour grotesque,
Tomber de ses grands mots le faste pédantesque.
Ce poëte orgueilleux trébuché de si haut,
Rendit plus retenus Desportes et Bertaut.
Enfin Malherbe vint, et le premier en France,
Fit sentir dans les vers une juste cadence,
D'un mot mis en sa place [12] enseigna le pouvoir,
Et réduisit la muse aux règles du devoir.
Par ce sage écrivain la langue réparée
N'offrit plus rien de rude à l'oreille épurée.
Les stances avec grâce apprirent à tomber,
Et le vers sur le vers n'osa plus enjamber.
Tout reconnut ses lois ; et ce guide fidèle
Aux auteurs de ce temps sert encor de modèle.
Marchez donc sur ses pas; aimez sa pureté,
Et de son tour heureux imitez la clarté.
Si le sens de vos vers tarde à se faire entendre,
Mon esprit aussitôt commence à se détendre;
Et de vos vains discours prompt à se détacher,
Ne suit point un auteur qu'il faut toujours chercher.

 Il est certains esprits dont les sombres pensées
Sont d'un nuage épais toujours embarrassées :
Le jour de la raison ne le saurait percer.
Avant donc que d'écrire, apprenez à penser.
Selon que notre idée est plus ou moins obscure,
L'expression la suit, ou moins nette, ou plus pure :
Ce que l'on conçoit bien [13], s'énonce clairement,
Et les mots pour le dire arrivent aisément.

 Surtout qu'en vos écrits [14] la langue révérée,
Dans vos plus grands excès vous soit toujours sacrée.
En vain vous me frappez d'un son mélodieux,
Si le terme est impropre, ou le tour vicieux :

CHANT I.

Mon esprit n'admet point [15] un pompeux barba-
   risme,
Ni d'un vers ampoulé l'orgueilleux solécisme :
Sans la langue, en un mot, l'auteur le plus divin
Est toujours, quoi qu'il fasse, un méchant écri-
   vain.
   Travaillez à loisir [16], quelque ordre qui vous
   presse,
Et ne vous piquez point d'une folle vitesse :
Un style si rapide, et qui court en rimant,
Marque moins trop d'esprit que peu de jugement.
J'aime mieux un ruisseau qui, sur la molle arène,
Dans un pré plein de fleurs lentement se promène,
Qu'un torrent débordé, qui, d'un cours orageux,
Roule, plein de gravier, sur un terrain fangeux.
Hâtez-vous lentement [17] ; et sans perdre courage,
Vingt fois sur le métier [18] remettez votre ouvrage,
Polissez-le sans cesse, et le repolissez :
Ajoutez quelquefois [19], et souvent effacez.
C'est peu qu'en un ouvrage où les fautes four-
   millent,
Des traits d'esprits semés de temps en temps pé-
   tillent ;
Il faut que chaque chose y soit mise en son lieu ;
Que le début, la fin [20], répondent au milieu ;
Que d'un art délicat les pièces assorties
N'y forment qu'un seul tout [21] de diverses parties ;
Que jamais du sujet le discours s'écartant,
N'aille chercher trop loin quelque mot éclatant.
   Craignez-vous pour vos vers la censure publi-
   que ?
Soyez vous à vous-même un sévère critique.
L'ignorance toujours [22] est prête à s'admirer.
   Faites-vous des amis prompts à vous censurer.
Qu'ils soient de vos écrits les confidens sincères,
Et de tous vos défauts les zélés adversaires.
Dépouillez devant eux l'arrogance d'auteur,
Mais sachez de l'ami [23] discerner le flatteur.

Tel vous semble applaudir, qui vous raille et vous joue :
Aimez qu'on vous conseille, et non pas qu'on vous loue.
 Un flatteur aussitôt [24] cherche à se récrier :
Chaque vers qu'il entend le fait extasier.
Tout est charmant, divin, aucun mot ne le blesse,
Il trépigne de joie, il pleure de tendresse ;
Il vous comble partout d'éloges fastueux.
La vérité n'a point cet air impétueux.
 Un sage ami [25], toujours rigoureux, inflexible
Sur vos fautes jamais ne vous laisse paisible.
Il ne pardonne point les endroits négligés :
Il renvoie en leur lieu les vers mal arrangés ;
Il réprime des mots l'ambitieuse emphase :
Ici le sens le choque ; et plus loin, c'est la phrase :
Votre construction semble un peu s'obscurcir ;
Ce terme est équivoque, il le faut éclaircir.
C'est ainsi que vous parle un ami véritable.
Mais souvent sur ses vers un auteur intraitable,
A les protéger tous se croit intéressé,
Et d'abord prend en main le droit de l'offensé.
De ces vers, direz-vous, l'expression est basse.
Ah ! monsieur, pour ce vers, je vous demande grâce,
Répondra-t-il d'abord. Ce mot me semble froid ;
Je le retrancherais. C'est le plus bel endroit.
Ce tour ne me plaît pas. Tout le monde l'admire.
Ainsi, toujours constant à ne point se dédire,
Qu'un mot dans son ouvrage ait paru vous blesser,
C'est un titre chez lui pour ne point l'effacer.
Cependant, à l'entendre [26], il chérit la critique :
Vous avez sur ses vers un pouvoir despotique.
Mais tout ce beau discours, dont il vient vous flatter,
N'est rien qu'un piége adroit pour vous les réciter.
Aussitôt il vous quitte, et content de sa muse,
S'en va chercher ailleurs quelque fat qu'il abuse ;

Car souvent il en trouve. Ainsi qu'en sots auteurs,
Notre siècle est fertile en sots admirateurs;
Et sans ceux que fournit la ville et la province,
Il en est chez le duc, il en est chez le prince,
L'ouvrage le plus plat a chez les courtisans
De tout temps rencontré de zélés partisans;
Et, pour finir enfin par un trait de satire,
Un sot trouve toujours un plus sot qui l'admire.

NOTES.

1 *Pour lui Phébus est sourd*, etc.

Tu nihil invitâ dices, faciesque Minervâ.
    Hor. Ars poet., v. 385.

Jérôme Vida dit la même chose dans sa poétique, vers 359:

Numina læva obstant, precibusque vocatus Apollo.

2 *Et consultez long-temps*, etc.

Sumite materiam vestris, qui scribitis, æquam Viribus, et versate diu quid ferre recusent, Quid valeant humeri.

3 *Charbonner de ses vers*, etc.

*Nigri fornicis ebrium poetam,
Qui carbone rudi putrique cretâ
Scribit carmina.*
        Mart. Lib. 12, epig. 61.

4 *Fuyez de ces auteurs*, etc.

Quidquid præcipies, esto brevis, ut citò dicta
Percipiant animi dociles, teneantque fideles.
Omne supervacuum pleno de pectore manat.
Hor. Ars. poet., v. 335.

5 *Souvent la peur d'un mal*, etc.

In vitium ducit culpæ fuga, si caret arte.
Hor. Ars. poet, v. 1

6 *J'évite d'être long*, etc.

Decipimur specie recti. Brevis esse laboro,
Obscurus fio. Sectantem lævia nervi
Deficiunt, animique; professus grandia turget:
Serpit humi tutus nimiùm, timidusque procellæ.
Hor. Ars poet., v. 25.

7 *Semblent psalmodier.*

. . . . . . Et citharœdus
Ridetur, chordá qui semper oberrat eâdem.
Hor. Ars poet., v. 355.

8 *Heureux, qui, dans ses vers*, etc.

Omne tulit punctum qui miscuit utile dulci,
Lectorem delectando pariterque monendo.
Hor. Ars poet., v. 343.

9 *Evitez la bassesse.* A l'exemple de La Fontaine, dont le style n'est jamais bas, même dans les sujets les plus petits.

10 *Suspende l'hémistiche*, etc. Boileau a soin de marquer ici la césure mieux que jamais. Il est des occasions cependant où l'inobservation de cette

règle fait beauté. Ainsi, Delille voulant rendre dans les Géogiques le fameux vers :

Per gentes humilis stravit pavor, etc.
a traduit :

L'univers ébranlé s'épouvante. Le Dieu, *etc.*

Et Millevoye, dans son épisode du lion de Florence, lorsque la mère éperdue voit son fils sous la dent de l'animal terrible, a dit : elle s'arrête,

Immobile, les yeux fixes, les bras tendus.

11 *Gardez qu'une voyelle*, etc. Evitez l'hiatus.

12 *D'un mot mis en sa place*, etc. Rien de plus important que la place des mots. Virgile nous en fournit mille exemples. Lorsqu'il représente les femmes troïennes qui regardent la mer en pleurant, il dit :

Pontum aspectabant flentes.

Mettez *Flentes pontum aspectabant*, et l'image disparaît.

Et de même pour ce vers

Navem in conspectu nullam.

Un poète ordinaire aurait mis :

Nullam in conspectu navem.

L'expression alors aurait perdu toute sa magie.

13 *Ce que l'on conçoit bien*, etc.

Hor. Ars poet., v. 40.
Cui lecta potenter erit res,
Nec facundia deseret hunc, nec lucidus ordo.

Et vers 311 :

Verbaque provisam rem non invita sequentur.

14 *Surtout qu'en vos écrits*, etc. Ce précepte a été celui de tous les bons écrivains. Quintilien (Inst. Or., liv. I.) veut que, dès l'enfance, on s'accoutume à respecter la langue, et il s'exprime ainsi à cet égard :

Ante omnia, ne sit vitiosus sermo nutricibus : ne adsuescat puer, ne, dum infans quidem est, sermoni qui dediscendus sit.

Vida a dit d'après lui :

Ille autem parvum qui primis artibus ante
Imbuit, atque modos docuit legesque loquendi,
Sincerus vocis cuperem, ac purissimus oris
Contigerit, fandi ne fors puer, atque nefandi
Inscius imbiberit malè gratæ semina linguæ.
    Vida. Ars poet., v. 89.

15 *Mon esprit n'admet point*, etc. On croit que dans ce passage Boileau veut faire allusion au vers de Corneille :

Vous êtes *invaincu*, mais non pas invincible.

16 *Travaillez à loisir*, etc.

    Hor. Ars poet., v. 388.
  Nonumque prematur in annum.

Et Vida, Ars. poet., v. 156 :

Tuque adeo nisi mente prius, nisi pectore toto
Crebra agites quodcumque canis, tecumque
  premendo,

CHANT I. — NOTES.

Totum opus œdifices, iterumque iterumque retractes,
Laudatum alterius frustrà mirabere carmen.

Il ajoute ici ce que Boileau a dit plus haut, vers 160 : *Aimez donc la raison*, etc.

Ne te fors inopina regat, casusque labantem.
Omnia consiliis provisa, animoque volenti
Certus age, ac semper nutu rationis eant res.

17 *Hâtez-vous lentement*, etc. Ce mot renferme un grand sens. Il était familier à l'empereur Auguste, à l'empereur Titus, et à plusieurs grands hommes. Σπεῦδε βραδέως, *festina lentè*. Voyez les adages d'Érasme.

18 *Vingt fois sur le métier*, etc.
Hor. Ars poet., v. 292.

Carmen reprehendite, quod non
Multa dies, et multa litura coërcuit; atque
Perfectum decies non castigavit ad unguem.

19 *Ajoutez quelque fois*, etc.
Hor. Lib. I, sat. x, v. 72.

Sæpe stylum vertas, iterum quæ digna legi sint
Scripturus.

20 *Que le début, la fin*, etc.

Primo ne medium, medio ne discrepet imum.
Hor. Ars. poet., v. 152.

21 *N'y forment qu'un seul tout*, etc.
Hor. Ars poet., v. 23.

Denique sit quodvis simplex duntaxat, et unum.

22 *L'ignorance toujours*, etc.

Ridentur mala qui componunt carmina; verùm
Gaudent scribentes, et se venerantur, et ultrò,

Si taceas, laudant quidquid scripsére beati.
At qui legitimum cupiet fecisse poëma,
Cum tabulis animum censoris sumet honesti :
Audebit quæcumque parum splendoris habebunt,
Et sine pondere erunt, et honore indigna ferentur,
Verba movere loco, quamvis invita recedant,
Et versentur adhuc intra penetralia Vestæ.
Hor. Lib. II, epist. II, v. 105.

23 *Mais sachez de l'ami*, etc.
Hor. Ars poet, v. 424.

Mirabor, si sciet inter-
Noscere mendacem, verumque beatus amicum.

24 *Un flatteur aussitôt,* etc.
Hor. Ars poet., v. 427.

Nolito ad versus tibi factos ducere plenum
Lætitiæ. Clamabit enim : pulchrè, benè, rectè ;
Pallescet super his ; etiam stillabit amicis
Ex oculis rorem ; saliet, tundet pede terram.

25 *Un sage ami*, etc.
Hor. Ars poet., v. 445.

Vir bonus et prudens versus reprehendet inertes ;
Culpabit duros : incomptis allinet atrum
Transverso calamo signum : ambitiosa recidet
Ornamenta ; parum claris lucem dare coget ;
Arguet ambiguè dictum ; mutanda notabit.
Fiet Aristarchus.

26 *Cependant, à l'entendre,* etc.
Pers. Sat. I, v. 52. Edit. de Jouv.

Et verum, inquit, *amo ; verum mihi dicito de me.*

CHANT II.

ARGUMENT.

L E *second chant décrit l'idylle ou l'églogue, l'élégie, l'ode, le sonnet, l'épigramme, le rondeau, la ballade, le madrigal, la satire et le vaudeville. Boileau ici varie son style avec autant d'art que d'habileté, pour peindre chaque genre de poésie des couleurs qui lui sont propres.*

T ELLE qu'une bergère, au plus beau jour de fête,
De superbes rubis ne charge point sa tête,
Et sans mêler à l'or l'éclat des diamans,
Cueille en un champ voisin ses plus beaux orne-
   mens ;
Telle, aimable en son air, mais humble dans son
   style,
Doit éclater sans pompe une élégante idylle.
Son ton simple et naïf n'a rien de fastueux,
Et n'aime point l'orgueil d'un vers présomptueux.
Il faut que sa douceur flatte, chatouille, éveille,
Et jamais de grands mots n'épouvante l'oreille.
Mais souvent dans ce style un rimeur aux abois,
Jette là, de dépit, la flûte et le hautbois ;
Et follement pompeux dans sa verve indiscrette,
Au milieu d'une églogue entonne la trompette :
De peur de l'écouter, Pan fuit dans les roseaux,
Et les Nymphes, d'effroi, se cachent sous les eaux.

Au contraire, cet autre, abject en son langage,
Fait parler ses bergers, comme on parle au village.
Ses vers plats et grossiers, dépouillés d'agrément,
Toujours baisent la terre et rampent tristement.
On dirait que Ronsard, sur les *pipeaux rustiques*,
Vient encor frédonner ses idylles gothiques;
Et changer, sans respect de l'oreille et du son,
Licidas en Pierrot et Philis en Toinon.

Entre ces deux excès la route est difficile.
Suivez, pour la trouver, Théocrite et Virgile.
Que leurs tendres écrits, par les grâces dictés,
Ne quittent point vos mains [1], jours et nuits feuilletés.
Seuls, dans leurs doctes vers, ils pourront vous apprendre
Par quel art sans bassesse un auteur peut descendre;
Chanter Flore, les champs, Pomone, les vergers,
Au combat de la flûte [2] animer deux bergers;
Des plaisirs de l'amour vanter la douce amorce,
Changer Narcisse en fleur, couvrir Daphné d'écorce,
Et par quel art encor l'églogue quelquefois
Rend dignes d'un consul [3] la campagne et les bois.
Telle est de ce poëme et la force et la grâce.

D'un ton un peu plus haut, mais pourtant sans audace,
La plaintive élégie [4], en longs habits de deuil,
Sait, les cheveux épars, gémir sur un cercueil.
Elle peint des amans la joie et la tristesse,
Flatte, menace, irrite, apaise une maîtresse.
Mais pour bien exprimer ces caprices heureux,
C'est peu d'être poète, il faut être amoureux.

Je hais ces vains auteurs, dont la muse forcée
M'entretient de ses feux, toujours froide et glacée;
Qui s'affligent par art, et fous de sens rassis,
S'érigent pour rimer en amoureux transis:
Leurs transports les plus doux ne sont que phrases vaines;
Ils ne savent jamais que se charger de chaînes,

CHANT II.

Que bénir leur martyre, adorer leur prison,
Et faire quereller le sens et la raison.
Ce n'était pas jadis sur ce ton ridicule,
Qu'amour dictait les vers que soupirait Tibulle;
Ou que du tendre Ovide animant les doux sons,
Il donnait de son art les charmantes leçons.
Il faut que le cœur seul parle dans l'élégie.

  L'ode avec plus d'éclat [5], et non moins d'énergie,
Elevant jusqu'au ciel son vol ambitieux,
Entretient dans ses vers commerce avec les dieux.
Aux athlètes dans Pise [6] elle ouvre la barrière,
Chante un vainqueur poudreux au bout de la
   carrière;
Mène Achille sanglant aux bords du Simoïs,
Ou fait fléchir l'Escaut sous le joug de Louis.
Tantôt, comme une abeille ardente à son ouvrage,
Elle s'en va de fleurs dépouiller le rivage :
Elle peint les festins, les danses et les ris;
Vante un baiser cueilli sur les lèvres d'Iris,
Qui mollement résiste [7], *et par un doux caprice,*
Quelquefois le refuse afin qu'on le ravisse.
Son style impétueux souvent marche au hasard.
Chez elle un beau désordre est un effet de l'art.

  Loin ces rimeurs craintifs, dont l'esprit flegma-
   tique
Garde dans ses fureurs un ordre didactique;
Qui, chantant d'un héros les progrès éclatans,
Maigres historiens, suivront l'ordre des temps.
Ils n'osent un moment perdre un sujet de vue.
Pour prendre Dole, il faut que Lille soit rendue ;
Et que leur vers exact, ainsi que Mézeray,
Ait fait déjà tomber les remparts de Courtray.
Apollon de son feu leur fut toujours avare.

  On dit à ce propos qu'un jour ce dieu bizarre,
Voulant pousser à bout tous les rimeurs françois,
Inventa du sonnet les rigoureuses lois;
Voulut qu'en deux quatrains de mesure pareille,
La rime avec deux sons frappât huit fois l'oreille,

Et qu'ensuite, six vers artistement rangés,
Fussent en deux tercets par le sens partagés.
Surtout de ce poëme il bannit la licence,
Lui-même en mesura le nombre et la cadence :
Défendit qu'un vers faible y pût jamais entrer,
Ni qu'un mot déjà mis osât s'y remontrer.
Du reste, il l'enrichit d'une beauté suprême.
Un sonnet sans défaut vaut seul un long poëme.
Mais en vain mille auteurs y pensent arriver ;
Et cet heureux phénix est encor à trouver.
A peine dans Gombaud, Mainard et Malleville,
En peut-on admirer deux ou trois entre mille.
Le reste, aussi peu lu que ceux de Pelletier,
N'a fait, de chez Sercy, qu'un saut chez l'épicier.
Pour enfermer son sens dans la borne prescrite,
La mesure est toujours trop longue ou trop petite.
  L'épigramme plus libre, en son tour plus borné,
N'est souvent qu'un bon mot de deux rimes orné.
Jadis de nos auteurs les pointes ignorées,
Furent de l'Italie en nos vers attirées :
Le vulgaire ébloui de leur faux agrément,
A ce nouvel appât courut avidement.
La faveur du public excitant leur audace,
Leur nombre impétueux inonda le Parnasse.
Le madrigal d'abord en fut enveloppé :
Le sonnet orgueilleux lui-même en fut frappé,
La tragédie en fit ses plus chères délices ;
L'élégie en orna ses douloureux caprices.
Un héros sur la scène eut soin de s'en parer,
Et sans pointe un amant n'osa plus soupirer.
On vit tous les bergers, dans leurs plaintes nouvelles,
Fidèles à la pointe, encor plus qu'à leurs belles.
Chaque mot eut toujours deux visages divers.
La prose la reçut aussi bien que les vers :
L'avocat au palais en hérissa son style,
Et le docteur en chaire en sema l'Évangile.

CHANT II.

La raison outragée enfin ouvrit les yeux,
La chassa pour jamais des discours sérieux ;
Et dans tous ses écrits la déclarant infâme,
Par grâce, lui laissa l'entrée en l'épigramme,
Pourvu que sa finesse, éclatant à propos,
Roulât sur la pensée, et non pas sur les mots.
Ainsi, de toutes parts les désordres cessèrent.
Toutefois à la cour les Turlupins restèrent ;
Insipides plaisans, bouffons infortunés,
D'un jeu de mots grossiers partisans surannés.
Ce n'est pas quelquefois qu'une muse un peu fine,
Sur un mot en passant ne joue et ne badine,
Et d'un sens détourné n'abuse avec succès.
Mais fuyez sur ce point un ridicule excès ;
Et n'allez pas toujours d'une pointe frivole
Aiguiser par la queue une épigramme folle.
   Tout poëme est brillant de sa propre beauté.
Le rondeau, né gaulois, a la naïveté.
   La ballade, asservie à ses vieilles maximes,
Souvent doit tout son lustre au caprice des rimes.
   Le madrigal, plus simple, et plus noble en son
      tour,
Respire la douceur, la tendresse et l'amour.
   L'ardeur de se montrer, et non pas de médire,
Arma la vérité du vers de la satire.
Lucile le premier osa la faire voir [8] ;
Aux vices des Romains présenta le miroir :
Vengea l'humble vertu de la richesse altière,
Et l'honnête homme à pied du faquin en litière.
Horace à cette aigreur [9] mêla son enjoûment.
On ne fut plus ni fat ni sot impunément ;
Et malheur à tout nom qui, propre à la censure,
Put entrer dans un vers sans rompre la mesure.
   Perse en ses vers obscurs, mais serrés et pressans,
Affecta d'enfermer moins de mots que de sens.
   Juvénal, élevé dans les cris de l'école,
Poussa jusqu'à l'excès sa mordante hyperbole.

Ses ouvrages, tout pleins d'affreuses vérités,
Etincellent pourtant de sublimes beautés.
Soit que sur un écrit arrivé de Caprée,
Il brise de Séjan [10] la statue adorée ;
Soit qu'il fasse au conseil [11] courir les sénateurs,
D'un tyran soupçonneux pâles adulateurs ;
Ou que, poussant à bout la luxure latine,
Aux portefaix de Rome il vende Messaline :
Ses écrits pleins de feu partout brillent aux yeux.
 De ces maîtres savans, disciple ingénieux,
Regnier seul parmi nous, formé sur leurs modèles,
Dans son vieux style encore a des grâces nouvelles :
Heureux si ses discours craints du chaste lecteur,
Ne se sentaient des lieux où fréquentait l'auteur,
Et si du son hardi de ses rimes cyniques,
Il n'alarmait souvent les oreilles pudiques.
 Le latin dans les mots brave l'honnêteté ;
Mais le lecteur français veut être respecté :
Du moindre sens impur la liberté l'outrage,
Si la pudeur des mots n'en adoucit l'image.
Je veux dans la satire un esprit de candeur,
Et fuis un effronté qui prêche la pudeur.
 D'un trait de ce poëme, en bons mots si fertile,
Le Français, né malin, forma le vaudeville ;
Agréable indiscret, qui, conduit par le chant,
Passe de bouche [12] en bouche, et s'accroît en marchant.
La liberté française en ses vers se déploie,
Cet enfant du plaisir veut naître dans la joie.
Toutefois n'allez pas, goguenard dangereux,
Faire Dieu le sujet d'un badinage affreux.
A la fin tous ces jeux que l'athéisme élève,
Conduisent tristement [13] le plaisant à la Grève.
Il faut, même en chansons, du bon sens et de l'art.
Mais pourtant on a vu le vin et le hasard
Inspirer quelquefois une muse grossière,
Et fournir sans génie un couplet à Linière [14].

Mais pour un vain bonheur qui vous a fait rimer,
Gardez qu'un sot orgueil ne vous vienne enfumer.
Souvent l'auteur altier de quelque chansonnette,
Au même instant prend droit de se croire poète :
Il ne dormira plus qu'il n'ait fait un sonnet;
Il met tous les matins six impromptus au net.
Encor est-ce un miracle, en ses vagues furies,
Si bientôt imprimant ses sottes rêveries,
Il ne se fait graver au devant du recueil,
Couronné de lauriers par la main de Nanteuil [15].

NOTES.

1 *Ne quittent point vos mains*, etc.

Nocturnâ versate manu, versate diurnâ.
     Hor. Ars poet., v. 269.

2 *Au combat de la flûte*, etc. Virgile dans sa septième églogue.

3 *Rend dignes d'un consul*, etc.

Si canimus sylvas, sylvæ sint consule dignæ.
     Virg. Eclog. iv, v. 3.

4 *La plaintive élégie*, etc. Horace la décrit ainsi dans son Art poétique, vers 75.

Versibus impariter junctis querimonia primùm,
Post etiam inclusa est voti sententia compos.
Quis tamen exiguos elegos emiserit auctor,
Grammatici certant, et adhuc sub judice lis est.

5 *L'ode avec plus d'éclat*, etc. Description de l'ode dans Horace, Art poét., vers 83.

Musa dedit fidibus divos, puerosque deorum,
Et pugilem victorem, et equum certamine
   primum,
Et juvenum curas, et libera vina referre.

6 *Aux athlètes dans Pise*, etc. Ville de la Grèce, où l'on célébrait les jeux olympiques.

7 *Qui mollement résiste*, etc. C'est la traduction de ces vers d'Horace, ode 12 du liv. 4.

Dum flagrantia detorquet ad oscula
Cervicem, aut facili sævitiâ negat
Quæ poscente magis gaudeat eripi.

8 *Lucile, le premier, osa la faire voir*, etc.
   Hor. Sat. I, lib. II, v. 62.

            Est Lucilius ausus
Primus in hunc operis componere carmina morem,
Detrahere et pellem, nitidus quâ quisque per ora
Cederet, introrsùm turpis.

Et Juvénal, sat. I, v. 150. Edit. de Jouv.

Ense velut stricto, quoties Lucilius ardens
Infremuit, rubet auditor cui frigida mens est
Criminibus, tacitâ sudant præcordia culpâ.

C. Lucilius, chevalier romain, fut l'inventeur de la satire. Les Grecs, avant lui, avaient composé des vers satiriques ou mordans; mais ils ne leur avaient donné ni le caractère ni le tour de la satire latine. Aussi Quintilien a-t-il dit : *Satira tota nostra est;* et Diomède le grammairien : *Satira est carmen, apud Romanos, non quidem apud Græcos, maledicum.*

CHANT II. — NOTES.

9 *Horace à cette aigreur*, etc.

     Secuit Lucilius urbem,
Te Lupe, te Muti, et genuinum fregit in illis.
Omne vafer vitium ridenti Flaccus amico
Tangit, et admissus circum præcordia ludit,
Callidus excusso populum suspendere naso.
    Pers. Sat. I, v. 110. Edit. de Jouv.

10 *Il brise de Séjan*, etc.
  Juv. Sat. X, v. 56. Edit. de Jouv.

Quosdam præcipitat subjecta potentia magnæ
Invidiæ, mergit longa, atque insignis honorum
Pagina; descendunt statuæ, restemque sequuntur.
Ipsas deinde rotas bigarum impacta securis
Cædit, et immeritis franguntur crura caballis.
Jam stridunt ignes, jam follibus atque caminis
Ardet adoratum populo caput, et crepat ingens
Sejanus: deindè ex facie toto orbe secundâ,
Fiunt urceoli, pelves, sartago, patellæ.
Pone domi lauros; duc in Capitolia magnum
Cretatumque bovem; Sejanus ducitur unco
Spectandus: gaudent omnes. Quæ labra! quis illi
Vultus erat! numquam, si quid mihi credis,
  amavi
Hunc hominem. Sed quo cecidit sub crimine?
  quisnam
Delator? quibus indiciis? quo teste probavit?
Nil horum; verbosa et grandis epistola venit
A Capreis. Benè habet, nil plus interrogo. Sed
  quid
Turba Remi? Sequitur fortunam, ut semper, et
  odit
Damnatos. Idem populus, si Nurtia Tusco
Favisset, si oppressa foret secura senectus
Principis; hâc ipsâ Sejanum diceret horâ
Augustum.

11 *Soit qu'il fasse au conseil*, etc.

*Quum jam semianimum laceraret Flavius orbem
Ultimus, et calvo serviret Roma Neroni,
Incidit Adriaci spatium admirabile rhombi.*
        Juv. Sat IV, v. 35. Edit de Jouv.

. . . . *Vocantur
Ergò in concilium proceres, quos oderat ille ;
In quorum facie miseræ, magnæque sedebat
Pallor amicitiæ.* . . . . .
        Juv. Sat. IV, v. 71. Edit de Jouv.

Berchoux a imité, d'une manière fort heureuse, le tour piquant et original du poète latin.

Domitien un jour se présente au sénat :
« Pères Conscrits, dit-il, une affaire d'état
M'appelle auprès de vous. Je ne viens point vous dire
Qu'il s'agit de veiller au salut de l'empire,
Exciter votre zèle, et prendre vos avis
Sur les destins de Rome et des peuples conquis,
Agiter avec vous ou la paix, ou la guerre,
Vains projets sur lesquels vous n'avez qu'à vous
        taire.
Il s'agit d'un turbot. Veuillez délibérer
A quelle sauce on doit le faire préparer. »
Le sénat mit aux voix cette affaire importante,
Et le turbot fut mis à la sauce piquante.

12 *Passe de bouche*, etc.

Mobilitate viget, viresque acquirit eundo.
        Virg. En., lib. 4, v. 175.

13 *Conduisent tristement*, etc. Quelques années avant la publication de ce poëme, un jeune homme, nommé *Petit*, fut surpris faisant imprimer des chansons impies qu'il avait composées. On lui fit

son procès, et il fut condamné à être pendu et brûlé, malgré toutes les puissantes sollicitations qu'on fit agir en sa faveur. Triste exemple du malheur où le conduisit l'impiété !

14 *Un couplet à Linière*. Nous avons parlé de Linière, au vers 89 de l'Epitre VII, où il est traité d'idiot. Il exerça son petit talent de rimeur contre Boileau lui-même, qui lui répondit par ce couplet :

>Linière apporte de Senlis
>Tous les mois trois couplets impies :
>A quiconque en veut dans Paris
>Il en présente des copies ;
>Mais ses couplets tout pleins d'ennui
>Seront brûlés même avant lui.

15 *Par la main de Nanteuil*. Fameux graveur de portraits, mort en 1678.

CHANT III.

ARGUMENT.

Les *règles de la tragédie, de la comédie et du poëme épique sont développées dans ce chant, le plus beau de tous, tant par la grandeur du sujet, que par la manière brillante dont Boileau l'a traité.*

Il n'est point de serpent [1], ni de monstre odieux,
Qui par l'art imité ne puisse plaire aux yeux.
D'un pinceau délicat l'artifice agréable,
Du plus affreux objet fait un objet aimable.
Ainsi, pour nous charmer, la tragédie en pleurs,
D'OEdipe tout sanglant [2] fit parler les douleurs;
D'Oreste parricide [3] exprima les alarmes;
Et, pour nous divertir, nous arracha des larmes.
 Vous donc qui d'un beau feu pour le théâtre épris,
Venez en vers pompeux y disputer le prix,
Voulez-vous sur la scène étaler des ouvrages,
Où tout Paris en foule apporte ses suffrages,
Et qui toujours plus beaux, plus ils sont regardés,
Soient au bout de vingt ans [4] encor redemandés ?
Que dans tous vos discours la passion émue,
Aille chercher le cœur [5], l'échauffe et le remue.
Si d'un beau mouvement l'agréable fureur
Souvent ne nous remplit d'une douce *terreur*,

Ou n'excite en notre âme une *pitié* charmante;
En vain vous étalez une scène savante.
Vos froids raisonnemens ne feront qu'attiédir
Un spectateur toujours paresseux d'applaudir,
Et qui des vains efforts de votre rhétorique
Justement fatigué, s'endort ou vous critique.
Le secret est d'abord de plaire et de toucher :
Inventez des ressorts qui puissent m'attacher.
Que dès les premiers vers l'action préparée,
Sans peine du sujet aplanisse l'entrée.
Je me ris d'un auteur qui, lent à s'exprimer,
De ce qu'il veut d'abord ne sait pas m'informer;
Et qui, débrouillant mal une pénible intrigue,
D'un divertissement me fait une fatigue.
J'aimerais mieux encor qu'il déclinât son nom,
Et dît : je suis Oreste, ou bien Agamemnon,
Que d'aller par un tas de confuses merveilles,
Sans rien dire à l'esprit, étourdir les oreilles.
Le sujet n'est jamais assez tôt expliqué.
Que le lieu de la scène y soit fixe et marqué.
Un rimeur, sans péril [6], delà les Pyrénées,
Sur la scène en un jour renferme des années.
Là, souvent le héros d'un spectacle grossier,
Enfant au premier acte, est barbon au dernier.
Mais nous, que la raison à ses règles engage,
Nous voulons qu'avec art l'action se ménage;
Qu'en un lieu, qu'en un jour [7], un seul fait accompli
Tienne jusqu'à la fin le théâtre rempli.

Jamais au spectateur [8] n'offrez rien d'incroyable.
Le vrai peut quelquefois n'être pas vraisemblable.
Une merveille absurde est pour moi sans appas.
L'esprit n'est point ému de ce qu'il ne croit pas.
Ce qu'on ne doit point voir [9], qu'un récit nous l'expose :
Les yeux en le voyant saisiraient mieux la chose;
Mais il est des objets que l'art judicieux
Doit offrir à l'oreille, et reculer des yeux.

Que le trouble toujours croissant de scène en scène,
A son comble arrivé, se débrouille sans peine.
L'esprit ne se sent point plus vivement frappé,
Que lorsqu'en un sujet d'intrigue enveloppé,
D'un secret tout à coup la vérité connue,
Change tout, donne à tout une face imprévue.

La tragédie informe [10] et grossière en naissant,
N'était qu'un simple chœur, où chacun en dansant
Et du dieu des raisins entonnant les louanges,
S'efforçait d'attirer de fertiles vendanges.
Là, le vin et la joie éveillant les esprits,
Du plus habile chantre un bouc était le prix [11].
Thespis fut le premier qui, barbouillé de lie,
Promena par les bourgs cette heureuse folie ;
Et d'acteurs mal ornés chargeant un tombereau,
Amusa les passans d'un spectacle nouveau.
Eschyle dans les chœurs [12] jeta les personnages,
D'un masque plus honnête habilla les visages :
Sur les ais d'un théâtre en public exhaussé,
Fit paraître l'acteur d'un brodequin chaussé.
Sophocle enfin donnant l'essor à son génie,
Accrut encor la pompe, augmenta l'harmonie,
Intéressa le cœur dans toute l'action :
Des vers trop raboteux polit l'expression :
Lui donna chez les Grecs cette hauteur divine,
Où jamais n'atteignit la faiblesse latine.

Chez nos devots aïeux, le théâtre abhorré
Fut long-temps dans la France un plaisir ignoré.
De pélerins, dit-on, une troupe grossière
En public à Paris y monta la première,
Et sottement zélée en sa simplicité,
Joua les Saints, la Vierge, et Dieu par piété.
Le savoir, à la fin, dissipant l'ignorance,
Fit voir de ce projet la dévote imprudence.
On chassa ces docteurs prêchant sans mission.
On vit renaître Hector, Andromaque, Ilion.

Seulement, les acteurs laissant le masque antique,
Le violon tint lieu de chœur et de musique.
    Bientôt l'amour, fertile en tendres sentimens,
S'empara du théâtre, ainsi que des romans.
De cette passion la sensible peinture
Est pour aller au cœur la route la plus sûre.
Peignez donc, j'y consens, les héros amoureux;
Mais ne m'en formez pas des bergers doucereux.
Qu'Achille aime autrement que Tircis et Philène.
N'allez pas d'un Cyrus [13] nous faire un Artamène;
Et que l'amour souvent de remords combattu,
Paraisse une faiblesse, et non une vertu.
    Des héros de romans fuyez les petitesses :
Toutefois aux grands cœurs donnez quelques faiblesses.
Achille déplairait [14] moins bouillant et moins prompt.
J'aime à lui voir verser des pleurs pour un affront.
A ces petits défauts marqués dans sa peinture,
L'esprit avec plaisir reconnaît la nature ;
Qu'il soit sur ce modèle en vos écrits tracé.
Qu'Agamemnon soit fier, superbe, intéressé.
Que pour ses dieux Enée ait un respect austère.
Conservez à chacun son propre caractère,
Des siècles, des pays étudiez les mœurs ;
Les climats font souvent les diverses humeurs.
Gardez donc de donner, ainsi que dans Clélie,
L'air, ni l'esprit français à l'antique Italie ;
Et sous des noms romains faisant notre portrait,
Peindre Caton galant [15], et Brutus dameret.
Dans un roman frivole aisément tout s'excuse,
C'est assez qu'en courant la fiction amuse ;
Trop de rigueur alors serait hors de saison :
Mais la scène demande une exacte raison,
L'étroite bienséance y veut être gardée.
    D'un nouveau personnage [16] inventez-vous l'idée ?
Qu'en tout avec soi-même il se montre d'accord,
Et qu'il soit jusqu'au bout tel qu'on l'a vu d'abord.

Souvent, sans y penser, un écrivain qui s'aime,
Forme tous ses héros semblables à soi-même.
Tout a l'humeur gasconne en un auteur gascon,
Calprenède et Juba [17] parlent du même ton.
La nature est en nous [18] plus diverse et plus sage.
Chaque passion parle un différent langage.
La colère est superbe, et veut des mots altiers :
L'abattement s'explique en des termes moins fiers.
Que devant Troie en flamme Hécube désolée,
Ne vienne pas pousser une plainte ampoulée,
Ni sans raison d'écrire, en quels affreux pays
Par sept bouches l'Euxin [19] *reçoit le Tanaïs.*
Tous ces pompeux amas d'expressions frivoles
Sont d'un déclamateur amoureux de paroles.
Il faut dans la douleur [20] que vous vous abaissiez :
Pour me tirer des pleurs [21], il faut que vous pleuriez.
Ces grands mots [22], dont alors l'acteur emplit sa bouche,
Ne partent point d'un cœur que sa misère touche.
Le théâtre, fertile en censeurs pointilleux,
Chez nous pour se produire est un champ périlleux.
Un auteur n'y fait pas de faciles conquêtes.
Il trouve à le siffler [23] des bouches toujours prêtes.
Chacun le peut traiter de fat et d'ignorant :
C'est un droit qu'à la porte on achète en entrant.
Il faut qu'en cent façons, pour plaire il se replie :
Que tantôt il s'élève, et tantôt s'humilie ;
Qu'en nobles sentimens il soit partout fécond,
Qu'il soit aisé, solide, agréable, profond ;
Que de traits surprenans sans cesse il nous réveille ;
Qu'il coure dans ses vers de merveille en merveille ;
Et que tout ce qu'il dit, facile à retenir,
De son ouvrage en nous laisse un long souvenir.
Ainsi la tragédie agit, marche, et s'explique.
D'un air plus grand encor la poésie épique,
Dans le vaste récit d'une longue action,
Se soutient par la fable, et vit de fiction.

CHANT III.

Là pour nous enchanter, tout est mis en usage,
Tout prend un corps, une âme, un esprit, un visage;
Chaque vertu devient une divinité:
Minerve est la prudence, et Vénus la beauté.
Ce n'est plus la vapeur qui produit le tonnerre,
C'est Jupiter armé pour effrayer la terre.
Un orage terrible aux yeux des matelots,
C'est Neptune en courroux qui gourmande les flots.
Echo n'est plus un son qui dans l'air retentisse,
C'est une nymphe en pleurs qui se plaint de Narcisse.
Ainsi, dans cet amas de nobles fictions,
Le poète s'égaye en mille inventions,
Orne, élève, embellit, agrandit toutes choses,
Et trouve sous sa main des fleurs toujours écloses.
Qu'Enée et ses vaisseaux, par le vent écartés,
Soient aux bords Africains d'un orage emportés;
Ce n'est qu'une aventure ordinaire et commune,
Qu'un coup peu surprenant des traits de la fortune.
Mais que Junon, constante en son aversion,
Poursuive sur les flots les restes d'Ilion;
Qu'Eole en sa faveur les chassant d'Italie,
Ouvre aux vents mutinés les prisons d'Eolie;
Que Neptune en courroux s'élevant sur la mer,
D'un mot calme les flots, mette la paix dans l'air,
Délivre les vaisseaux, des Syrtes les arrache;
C'est là ce qui surprend, frappe, saisit, attache.
Sans tous ces ornemens, le vers tombe en langueur;
La poésie est morte, ou rampe sans vigueur,
Le poète n'est plus qu'un orateur timide,
Qu'un faible historien d'une fable insipide.
C'est donc bien vainement [24] que nos auteurs déçus,
Bannissant de leurs vers ces ornemens reçus,
Pensent faire agir Dieu, ses saints et ses prophètes,
Comme ces dieux éclos du cerveau des poètes,

Mettent à chaque pas le lecteur en enfer,
N'offrent rien qu'Astaroth, Belzébut, Lucifer.
De la foi d'un chrétien les mystères terribles
D'ornemens égayés ne sont point susceptibles.
L'Evangile à l'esprit n'offre de tous côtés
Que pénitence à faire, et tourmens mérités ;
Et de vos fictions le mélange coupable
Même à ces vérités donne l'air de la fable.

 Et quel objet enfin à présenter aux yeux,
Que le diable toujours hurlant contre les cieux,
Qui de votre héros veut rabaisser la gloire,
Et souvent avec Dieu balance la victoire ?
Le Tasse, dira-t-on [25], l'a fait avec succès.
Je ne veux point ici lui faire son procès :
Mais, quoi que notre siècle à sa gloire publie,
Il n'eût point de son livre illustré l'Italie,
Si son sage héros, toujours en oraison,
N'eût fait que mettre enfin Satan à la raison ;
Et si Renaud, Argant, Tancrède et sa maîtresse,
N'eussent de son sujet égayé la tristesse.

 Ce n'est pas que j'approuve, en un sujet chrétien,
Un auteur follement idolâtre [26] et païen.
Mais dans une profane et riante peinture,
De n'oser de la fable employer la figure,
De chasser les Tritons de l'empire des eaux,
D'ôter à Pan sa flûte, aux Parques leurs ciseaux,
D'empêcher que Caron dans la fatale barque,
Ainsi que le berger ne passe le monarque ;
C'est d'un scrupule vain s'alarmer sottement,
Et vouloir aux lecteurs plaire sans agrément.
Bientôt ils défendront de peindre la prudence,
De donner à Thémis ni bandeau ni balance :
De figurer aux yeux la Guerre au front d'airain,
Ou le Temps qui s'enfuit, une horloge à la main ;
Et partout des discours, comme une idolâtrie,
Dans leur faux zèle iront chasser l'allégorie.
Laissons-les s'applaudir de leur pieuse erreur :
Mais pour nous, bannissons une vaine terreur ;

Et fabuleux chrétiens, n'allons point dans nos songes
Du Dieu de vérité faire un Dieu de mensonges.
  La fable offre à l'esprit mille agrémens divers.
Là, tous les noms heureux semblent nés pour les vers ;
Ulysse, Agamemnon, Oreste, Idoménée,
Hélène, Ménélas, Pâris, Hector, Enée.
Oh ! le plaisant projet d'un poète ignorant,
Qui de tant de héros [27] va choisir Childebrand !
D'un seul nom quelquefois le son dur ou bizarre
Rend un poëme entier, ou burlesque, ou barbare.
  Voulez-vous long-temps plaire, et jamais ne lasser ?
Faites choix d'un héros propre à m'intéresser,
En valeur éclatant, en vertus magnifique ;
Qu'en lui, jusqu'aux défauts, tout se montre héroïque :
Que ses faits surprenans soient dignes d'être ouïs,
Qu'il soit tel que César, Alexandre ou Louis ;
Non, tel que Polynice [28] et son perfide frère.
On s'ennuie aux exploits d'un conquérant vulgaire.
N'offrez pas un sujet d'incidens trop chargé.
Le seul courroux d'Achille, avec art ménagé,
Remplit abondamment une Iliade entière.
Souvent trop d'abondance apauvrit la matière.
  Soyez vif et pressé dans vos narrations :
Soyez riche et pompeux dans vos descriptions.
C'est là qu'il faut des vers étaler l'élégance :
N'y présentez jamais de basse circonstance.
N'imitez pas ce fou [29] qui, décrivant les mers,
Et peignant, au milieu de leurs flots entr'ouverts,
L'Hébreu sauvé du joug de ses injustes maîtres,
Met, pour le voir passer, les poissons aux fenêtres ;
Peint le petit enfant qui *va, saute, revient,*
Et joyeux à sa mère offre un caillou qu'il tient.
Sur de trop vains objets c'est arrêter la vue.
  Donnez à votre ouvrage une juste étendue.

Que le début soit simple [30] et n'ait rien d'affecté.
N'allez pas, dès l'abord, sur Pégase monté,
Crier à vos lecteurs, d'une voix de tonnerre :
Je chante le vainqueur des vainqueurs de la terre.
Que produira l'auteur après tous ces grands cris ?
La montagne en travail [31] enfante une souris.
Oh ! que j'aime bien mieux cet auteur plein d'adresse,
Qui, sans faire d'abord de si haute promesse,
Me dit d'un ton aisé, doux, simple, harmonieux :
Je chante les combats [32], *et cet homme pieux,*
Qui des bords Phrygiens conduit dans l'Ausonie,
Le premier aborda les champs de Lavinie.
Sa muse en arrivant ne met pas tout en feu,
Et, pour donner beaucoup, ne nous promet que peu.
Bientôt vous la verrez prodiguant les miracles,
Du destin des Latins prononcer les oracles ;
De Styx et d'Achéron peindre les noirs torrens,
Et déjà les Césars dans l'Elysée errans.
   De figures sans nombre égayez votre ouvrage :
Que tout y fasse aux yeux une riante image.
On peut être à la fois et pompeux et plaisant ;
Et je hais un sublime ennuyeux et pesant.
J'aime mieux Arioste [33] et ses fables comiques,
Que ces auteurs toujours froids et mélancoliques,
Qui, dans leur sombre humeur, se croiraient faire affront,
Si les Grâces jamais leur déridaient le front.
   On dirait que pour plaire, instruit par la nature,
Homère ait à Vénus [34] dérobé sa ceinture.
Son livre est d'agrémens un fertile trésor :
Tout ce qu'il a touché se convertit en or.
Tout reçoit dans ses mains une nouvelle grâce ;
Partout il divertit, et jamais il ne lasse.
Une heureuse chaleur anime ses discours :
Il ne s'égare point en de trop longs détours.
Sans garder dans ses vers un ordre méthodique,
Son sujet de soi-même et s'arrange et s'explique :

CHANT III.

Tout, sans faire d'apprêts, s'y prépare aisément.
Chaque vers, chaque mot court à l'événement [35].
Aimez donc ses écrits, mais d'un amour sincère :
C'est avoir profité que de savoir [36] s'y plaire.

Un poëme excellent, où tout marche et se suit,
N'est pas de ces travaux qu'un caprice produit.
Il veut du temps, des soins ; et ce pénible ouvrage
Jamais d'un écolier ne fut l'apprentissage.
Mais souvent parmi nous un poète sans art,
Qu'un beau feu quelquefois échauffa par hasard,
Enflant d'un vain orgueil son esprit chimérique,
Fièrement prend en main la trompette héroïque.
Sa muse déréglée, en ses vers vagabonds,
Ne s'élève jamais que par sauts et par bonds ;
Et son feu, dépourvu de sens et de lecture,
S'éteint, à chaque pas, faute de nourriture.
Mais en vain le public, prompt à le mépriser,
De son mérite faux le veut désabuser :
Lui-même, applaudissant à son maigre génie,
Se donne par ses mains l'encens qu'on lui dénie.
Virgile, au prix de lui, n'a point d'invention,
Homère n'entend point la noble fiction.
Si contre cet arrêt le siècle se rebelle,
A la postérité d'abord il en appelle.
Mais attendant qu'ici le bon sens de retour
Ramène triomphans ses ouvrages au jour,
Leurs tas au magasin, cachés à la lumière,
Combattent tristement les vers et la poussière.
Laissons-les donc entre eux s'escrimer en repos ;
Et, sans nous égarer, suivons notre propos.

Des succès fortunés [37] du spectacle tragique
Dans Athènes naquit la comédie antique.
Là, le Grec, né moqueur, par mille jeux plaisans,
Distilla le venin de ses traits méprisans.
Aux accès insolens d'une bouffonne joie,
La sagesse, l'esprit, l'honneur furent en proie.
On vit par le public un poète avoué
S'enrichir aux dépens du mérite joué ;

Et Socrate par lui, dans *un chœur de nuées* [38],
D'un vil amas de peuple attirer les huées.
Enfin, de la licence on arrêta le cours :
Le magistrat des lois emprunta le secours,
Et rendant par édit les poètes plus sages,
Défendit de marquer les noms et les visages.
Le théâtre perdit son antique fureur :
La comédie apprit à rire sans aigreur,
Sans fiel et sans venin sut instruire et reprendre,
Et plus innocemment dans les vers de Ménandre [39].
Chacun peint avec art dans ce nouveau miroir,
S'y vit avec plaisir, ou crut ne s'y point voir.
L'avare des premiers rit du tableau fidèle
D'un avare souvent tracé sur son modèle ;
Et mille fois un fat finement exprimé,
Méconnut le portrait sur lui-même formé.

Que la nature donc soit votre étude unique,
Auteurs, qui prétendez aux honneurs du comique.
Quiconque voit bien l'homme, et d'un esprit profond,
De tant de cœurs cachés a pénétré le fond ;
Qui sait bien ce que c'est qu'un prodigue, un avare,
Un honnête homme, un fat, un jaloux, un bizarre,
Sur une scène heureuse il peut les étaler,
Et les faire à nos yeux vivre, agir et parler.
Présentez-en partout les images naïves :
Que chacun y soit peint des couleurs les plus vives.
La nature féconde en bizarres portraits,
Dans chaque âme est marquée à de différens traits.
Un geste la découvre, un rien la fait paraître :
Mais tout esprit n'a pas des yeux pour la connaître.

Le temps, qui change tout, change aussi nos humeurs :
Chaque âge a ses plaisirs, son esprit et ses mœurs.
Un jeune homme, toujours [40] bouillant dans ses caprices,
Est prompt à recevoir l'impression des vices :

CHANT III.

Est vain dans ses discours, volage en ses désirs,
Rétif à la censure, et fou dans les plaisirs.
   L'âge viril, plus mûr [41], inspire un air plus sage,
Se pousse auprès des grands, s'intrigue, se ménage;
Contre les coups du sort songe à se maintenir,
Et loin dans le présent, regarde l'avenir.
   La vieillesse chagrine [42] incessamment amasse,
Garde, non pas pour soi, les trésors qu'elle entasse;
Marche en tous ses desseins d'un pas lent et glacé,
Toujours plaint le présent, et vante le passé;
Inhabile aux plaisirs dont la jeunesse abuse,
Blâme en eux les douceurs que l'âge lui refuse.
   Ne faites point parler vos acteurs au hasard,
Un vieillard en jeune homme [43], un jeune homme en vieillard.
   Etudiez la cour, et connaissez la ville:
L'une et l'autre est toujours en modèles fertile.
C'est par-là que Molière, illustrant ses écrits,
Peut-être de son art [44] eût remporté le prix,
Si, moins ami du peuple, en ses doctes peintures
Il n'eût point fait souvent grimacer ses figures,
Quitté, pour le bouffon, l'agréable et le fin,
Et sans honte à Térence allié Tabarin.
Dans ce sac ridicule où Scapin s'enveloppe,
Je ne reconnais plus [45] l'auteur du Misanthrope.
   Le comique, ennemi des soupirs et des pleurs,
N'admet point en ses vers de tragiques douleurs;
Mais son emploi n'est pas d'aller dans une place
De mots sales et bas charmer la populace.
Il faut que ses acteurs badinent noblement:
Que son nœud bien formé se dénoue aisément;
Que l'action, marchant où la raison la guide,
Ne se perde jamais dans une scène vide;
Que son style humble et doux se relève à propos;
Que ses discours partout fertiles en bons mots,
Soient pleins de passions finement maniées;
Et les scènes toujours l'une à l'autre liées.

Aux dépens du bon sens gardez de plaisanter:
Jamais de la nature il ne faut s'écarter.
Contemplez de quel air un père dans Térence [46]
Vient d'un fils amoureux gourmander l'impru-
dence :
De quel air cet amant écoute ses leçons,
Et court chez sa maîtresse [47] oublier ses chansons:
Ce n'est pas un portrait, une image semblable;
C'est un amant, un fils, un père véritable.

J'aime sur le théâtre un agréable auteur,
Qui, sans se diffamer aux yeux du spectateur,
Plaît par la raison seule, et jamais ne la choque.
Mais pour un faux plaisant, à grossière équivoque,
Qui, pour me divertir, n'a que la saleté,
Qu'il s'en aille, s'il veut, sur deux tréteaux monté,
Amusant le Pont-Neuf de ses sornettes fades,
Aux laquais assemblés jouer ses mascarades.

NOTES.

1 *Il n'est point de serpent*, etc. Voici ce qu'Aristote dit, à ce sujet, au Chap. IV de sa Poétique:

Τό τε μιμεῖσθαι σύμφυτον τοῖς ἀνθρώποις ἐκ παίδων ἐςὶ, καὶ τέτω διαφέρυσι τῶν ἄλλων ζώων, ὅτι μιμητικώτατόν ἐςι· καὶ τὰς μαθήσεις ποιεῖται διὰ μιμήσεως τὰς πρώτας· καὶ τὸ χαίρειν τοῖς μιμήμασι πάντας· σημεῖον δὲ τέτε τὸ συμβαῖνον ἐπὶ τῶν ἔργων· Ἃ γὰρ αὐτὰ λυπηρῶς ὁρῶμεν, τέτων τὰς εἰκόνας τὰς μάλιςα ἠκριβωμένας, χαίρομεν θεωρῦντες, οἷον θηρίων τε μορφὰς τῶν ἀτιμοτάτων, καὶ νεκρῶν.

Dès son enfance, l'homme est naturellement porté à l'imitation, et il diffère des autres animaux,

CHANT III. — NOTES.

en ce qu'il est le plus imitatif. Aussi devons-nous à l'imitation nos premières leçons ; et nous aimons tout ce qui est imité. Les arts nous en fourniront une preuve. En effet, des objets que nous ne verrions qu'avec peine, séduisent notre vue dans les tableaux mêmes où ils sont rendus avec le plus de vérité, par exemple des bêtes hideuses et des cadavres.

(*Traduction de l'Editeur.*)

2. *D'OEdipe tout sanglant*, etc. Tragédie de Sophocle. Voltaire en a laissé une sur le même sujet.

3 *D'Oreste parricide*, etc. Sujet de tragédie traité par Eschyle, Euripide et Sophocle.

4 *Soient, au bout de vingt ans*, etc.
Hor. Ars poet., v. 190.

Fabula quæ posci vult, et spectata reponi.

5 *Aille chercher le cœur*, etc.
Hor. Lib. II, Epist. 1, v. 211.

*Meum qui pectus inaniter angit,
Irritat, mulcet, falsis terroribus implet.*

6 *Un rimeur, sans péril*, etc. Lope de Véga, poète espagnol, qui a composé un très-grand nombre de comédies : il avait plus de fécondité que d'exactitude. Dans une de ses pièces, il représente l'histoire de *Valentin* et *Orson*, qui naissent au premier acte, et sont fort âgés au dernier.

7 *Qu'en un lieu, qu'en un jour*, etc. Ce vers comprend les trois unités de lieu, de temps et d'action, et le complément de l'action. Aristote, avant Boileau, avait donné le même précepte, chap. 8 de sa Poétique.

Μῦθος δ' ἐστὶν εἷς, ὐχ ὥσπερ τινὲς οἴονται, ἐὰν περὶ ἕνα ἦ. πολλὰ γὰρ καὶ ἄπειρα τῷγε ἑνὶ συμβαίνει, ἐξ ὧν ἐνίων ἐδέν ἐστιν ἕν· ὅτω δὲ καὶ πράξεις ἑνὸς πολλαί εἰσιν, ἐξ ὧν μία ἐδεμία γίγεται πρᾶξις.

Et plus bas :

Χρὴ ἓν, καθάπερ ἐν ταῖς ἄλλαις μιμητικαῖς ἡ μία μίμησις ἑνός ἐστιν· ὅτω καὶ τὸν μῦθον, ἐπεὶ πράξεως μίμησίς ἐστι, μιᾶς τε εἶναι, καὶ ταύτης ὅλης, καὶ τὰ μέρη συνεστάναι τῶν πραγμάτων ὅτως, ὥστε μετατιθεμένε τινὸς μέρες, ἢ ἀφαιρεμένε, διαφέρεσθαι καὶ κινεῖσθαι τὸ ὅλον· ὃ γὰρ προσὸν ἢ μὴ προσὸν, μηδὲν ποιεῖ ἐπίδηλον, ἐδὲ μόριον τῦτο ἐστί.

La Fable doit être une, mais non pas, comme quelques-uns l'ont pensé, par l'unité du héros. En effet, si de plusieurs événemens qui arrivent à un seul homme, on ne peut former un seul événement, de même aussi, de plusieurs actions d'un seul personnage, on ne peut faire une seule action.
(*Traduction de l'Editeur.*)

Ainsi, d'après les autres arts imitateurs, où l'imitation d'un seul objet est une, il faut que la Fable, qui est l'imitation d'une action, le soit réellement d'une seule action, d'une action toute entière, et que les parties soient si bien liées entre elles, qu'une seule transposée ou supprimée, renverse et détruise le tout. Car ce qui peut être ou n'être pas, sans que le tout soit altéré, ne peut faire partie de ce tout.
(*Traduction de l'Editeur.*)

8 *Jamais au spectateur*, etc. Aristote, chap. 14 de sa Poétique.

Χρὴ δὲ καὶ ἐν τοῖς ἤθεσιν, ὥσπερ καὶ ἐν τῇ τῶν πραγμάτων συστάσει, ἀεὶ ζητεῖν, ἢ τὸ ἀναγκαῖον, ἢ τὸ εἰκός· ὅ,τι τὸ τοιοῦτον τὰ τοιαῦτα λέγειν, ἢ πράττειν ἢ ἀναγκαῖον ἢ εἰκός· καὶ τοῦτο μετὰ τοῦτο γίνεσθαι, ἢ ἀναγκαῖον, ἢ εἰκός.

Dans la peinture des mœurs, comme dans la composition de la Fable, le poète doit toujours rechercher le nécessaire et le vraisemblable, et se dire : Est-il nécessaire, est-il vraisemblable que tel personnage parle ou agisse ainsi ? Est-il nécessaire ou vraisemblable que tel événement arrive après tel autre ?

(*Traduction de l'Editeur.*)

Hor. Ars poet., v. 338.
Ficta voluptatis causâ sint proxima veris ;
Nec, quodcumque volet, poscat sibi fabula credi.

Et Vida, Ars poet., v. 304.

Hoc quoque non studiis nobis levioribus instat
Curandum, ut, quandò non semper vera profa-
            mur
Fingentes, saltem sint illa simillima veris.

9 *Ce qu'on ne doit point voir*, etc.

Hor. Ars poet., v. 180.
Segnius irritant animos demissa per aurem,
Quàm quæ sunt oculis subjecta fidelibus, et quæ
Ipse sibi tradit spectator. Non tamen intus
Digna geri, promes in scenam ; multaque tolles
Ex oculis, quæ mox narret facundia præsens.

10 *La tragédie informe*, etc. Aristote, chap. 4 de sa Poétique :

Γενομένη Τραγῳδία μικρὸν ηὐξήθη, προαγόντων, ὅσον ἐγένετο φανερὸν αὐτῆς. καὶ πολλὰς μεταβολὰς μεταλαβοῦσα ἐπαύσατο, ἐπεὶ ἔσχε τὴν ἑαυτῆς φύσιν. Καὶ

* 17

τό τε τῶν ὑποκριτῶν πλῆθος, ἐξ ἑνὸς εἰς δύο πρῶτος
Αἰσχύλος ἤγαγε, καὶ τὰ τῦ Χορῦ ἠλάττωσε, καὶ τὸν
λόγον πρωταγωνιστὴν παρεσκευασε· τρεῖς δὲ, καὶ
σκηνογραφίαν Σοφοκλῆς. Ἔτι καὶ τὸ μέγεθος ἐκ μικρῶν
μύθων καὶ λέξεως γελοίας, διὰ τὸ ἐκ σατυρικῦ μετα-
βαλεῖν, ὀψὲ ἀπεσεμνώθη.

La tragédie, une fois née, se perfectionna peu
à peu, à mesure qu'on découvrait ce qui était de
son ressort. Après bien des révolutions, elle se fixa
à sa véritable nature. Elle n'avait d'abord qu'un
seul acteur, Eschyle lui en donna deux; il abrégea
le chœur, et introduisit le prologue. Sophocle
ajouta un troisième acteur, et des embellissemens
à la scène. Le cercle étroit des fables s'agrandit, le
style bas devint plus noble, un peu tard, il est
vrai, à cause du genre satirique dont la tragédie ti-
rait son origine.

(*Traduction de l'Editeur.*)

Diogène Laërce, dans la vie de Solon, parle aussi
de la naissance et du progrès de la tragédie.

11 *Du plus habile chantre un bouc était le prix.*
Thespis fut le premier, etc.

Hor. Ars poet, v. 220.
Carmine qui tragico vilem certavit ob hircum.

Hor. Ars poet., v. 275.
Ignotum tragicæ genus invenisse Camœnæ
Dicitur, et plaustris vexisse poemata Thespis,
Quæ canerent, agerentque peruncti fecibus ora.

12 *Eschyle dans les chœurs*, etc.

Hor. Ars poet., v. 278.
Post hunc personæ, pallæque repertor honestæ
Æschylus, et modicis instravit pulpita tignis,
Et docuit magnumque loqui, nitique cothurno.

13 *N'allez pas d'un Cyrus*, etc. Artamène, ou le Grand Cyrus, roman de mademoiselle de Scudéri. Artamène est un nom supposé que le roman donne à Cyrus, dans les voyages qu'on lui fait entreprendre. Le caractère de ce prince n'est pas mieux conservé que son nom.

14 *Achille déplairait*, etc.

Hor. Ars poet., v. 120.
*Honoratum si fortè reponis Achillem,
Impiger, iracundus, inexorabilis, acer,
Jura neget sibi nata, nihil non arroget armis.*

15 *Peindre Caton galant*, etc. Caton, surnommé le *Censeur*. Il ne faut que lire le discours qu'il fit pour maintenir la loi Oppia, contre la parure des dames, pour voir qu'il n'était rien moins que galant. (Tite-Live, liv. 34, chap. 2.)

.... *Et Brutus dameret.*

Junius Brutus qui chassa de Rome les Tarquins. Tous les historiens le dépeignent comme un homme qui avait « *les mœurs austères de notre nature, et non adoucies par la raison* », suivant le langage d'Amyot. Il portait si loin sa farouche vertu, que ses enfans tombèrent les premiers sous la hache des lois, suivant la belle expression de Juvénal.

Sat. VIII, v. 265. Edit. de Jouv.
*At illos verbera justis
Afficiunt pœnis, et legum prima securis.*

16 *D'un nouveau personnage*, etc.

Hor. Ars poet, v. 125.
*Si quid inexpertum scenœ committis, et audes
Personam formare novam; servetur ad imum,
Qualis ab incœpto processerit, et sibi constet.*

17 *Calprenède et Juba*, etc. Juba, héros du roman de Cléopâtre, composé par le sieur de la Calprenède, gentilhomme du Périgord.

18 *La nature est en nous*, etc.

Hor. Ars poet., v. 105.

*Tristia mœstum
Vultum verba decent ; iratum, plena minarum ;
Ludentem, lasciva ; severum, seria dictu.
Format enim natura prius nos intus ad omnem
Fortunarum habitum : juvat aut impellit ad iram ;
Aut ad humum mœrore gravi deducit, et angit ;
Post effert animi motus interprete linguâ.*

19 *Par sept bouches l'Euxin*, etc. Sénèque le Tragique.   Troade, scène I, v. 9.

Septena Tanaïm ora pandentem bibit.

20 *Il faut dans la douleur*, etc.

Hor. Ars poet., v. 95.
Et tragicus plerumque dolet sermone pedestri.

21 *Pour me tirer des pleurs*, etc.
Hor. Ars poet., v. 101.

*Ut ridentibus arrident, ita flentibus adsunt
Humani vultus. Si vis me flere, dolendum est
Primùm ipse tibi : tunc tua me infortunia lædent.*

22 *Ces grands mots*, etc.

Projicit ampullas et sesquipedalia verba.
Hor. Ars poet., v. 97.

CHANT III. — NOTES.

23 *Il trouve à le siffler*, etc.

Hor. Ars poet. v. 104.
Malè si mandata loqueris,
Aut dormitabo, aut ridebo.

24 *C'est donc bien vainement*, etc. Ce qui suit regarde Desmaretz de S. Sorlin, auteur du poëme de Clovis, dans lequel il fait produire tout le merveilleux par l'intervention des démons, des anges, et de Dieu même; au lieu d'y employer le ministère des divinités fabuleuses ou allégoriques, d'après le système des anciens.

25 *Le Tasse, dira-t-on*, etc. Dans son poëme de la Jérusalem délivrée.

26 *Un auteur follement idolâtre*, etc. L'Arioste.

27 *Qui de tant de héros*, etc. Childebrand est le héros d'un poëme intitulé : *les Sarrasins chassés de France*, composé par le sieur de Sainte-Garde, conseiller et aumônier du roi.

28 *Non, tel que Polynice*, etc. Boileau indique ici la Thébaïde de Stace, dont le sujet est la haine funeste d'Etéocle et de Polynice, frères ennemis, auteurs de la guerre de Thèbes. Il faut que l'action du poëme soit heureuse, pour laisser l'esprit du lecteur satisfait, et qu'elle soit louable pour être un exemple public de vertu.

29 *N'imitez pas ce fou*, etc. Saint-Amand, décrivant le passage de la mer Rouge, dans la cinquième partie de son *Moïse sauvé*.

30 *Que le début soit simple*, etc. Ce précepte est tiré d'Horace, Art poétique, vers 136.

Nec sic incipies, ut scriptor Cyclicus olim :
Fortunam Priami cantabo, et nobile bellum.

Vida donne plus d'extension à cette idée, dans sa Poétique, vers 30.

Incipiens odium fugito, facilesque legentúm
Nil tumidus demulce animos, nec grandia jam
    tum
Convenit, aut nimium cultum ostentantia fari :
Omnia sed nudis prope erit fas promere verbis.
Ne si magna sones, quum nondum ad prælia
    ventum,
Deficias medio irrisus certamine, quum res
Postulat ingentes animos, viresque valentes.
Principiis potius semper majora sequantur.
Protinus illectas succende cupidine mentes,
Et studium lectorum animis innecte legendi.

31 *La montagne en travail*, etc.

Mons parturibat gemitus immanes ciens.....
..... at ille murem peperit.... PHÈDRE.

Qu'en sort-il souvent ?
        Du vent.   LA FONTAINE.

                Hor. Ars poet., v. 138.
Quid dignum tanto feret hic promissor hiatu ?
Parturiunt montes ; nascetur ridiculus mus.

32 *Je chante les combats*, etc.

Arma, virumque cano, Trojæ qui primus ab oris
Italiam, fato profugus, Lavinaque venit
Littora.   VIRG. Æn., lib. I, v. 5.

CHANT III. — NOTES.

33 *J'aime mieux Arioste*, etc. Poète italien, auteur de Roland le Furieux, ouvrage rempli de fictions ingénieuses, mais dénuées de vraisemblance. L'imagination de l'Arioste est riche et belle, mais sans frein et déréglée. Souvent il mêle, dans ses vers, le sacré et le profane.

34 *Homère ait à Vénus*, etc. Homère (liv. 14 de l'Iliade) feint que Junon craignant que Jupiter ne favorise les Troïens, forme le dessein de l'en empêcher. Pour y réussir, elle met en œuvre toutes les ressources de la parure, et prie Vénus de lui prêter son ceste, c'est-à-dire, cette merveilleuse ceinture, « où se trouvaient tous les charmes les plus séducteurs, les attraits, l'amour, les désirs, les amusemens, les entretiens secrets, les innocentes tromperies, et le charmant badinage, qui, insensiblement surprend l'esprit et le cœur des plus sensés. » (*Traduction de Madame Dacier.*)

35 *Court à l'événement.*

Hor. Ars poet., v. 147.
Semper ad eventum festinat. . . . . .

36 *C'est avoir profité que de savoir*, etc. Quintilien avait dit la même chose de Cicéron.

Ille se multùm profecisse sciat, cui Cicero valdè placebit. (Inst. Orat.)

37 *Des succès fortunés*, etc.

Hor. Ars poet., v. 281.
*Successit vetus his comœdia, non sine multâ
Laude : sed in vitium libertas excidit, et vim
Dignam lege regi. Lex est accepta ; chorusque
Turpiter obticuit, sublato jure nocendi.*

38. *Et Socrate par lui dans un chœur de nuées.*
Les Nuées, comédie d'Aristophane. Acte I, scène
2 et 3.

39 *Et plus innocemment dans les vers de Ménandre.* La comédie a eu trois âges, ou trois états différens chez les Grecs. Dans l'*ancienne* comédie, on se donnait la liberté non seulement de représenter des aventures véritables et connues, mais de nommer publiquement les personnes. Socrate lui-même s'est entendu nommer, et s'est vu jouer sur le théâtre d'Athènes. Cette licence fut réprimée par l'autorité des magistrats; et les comédiens, n'osant plus désigner les personnes par leur nom, firent paraître des masques ressemblans à ceux qu'ils mettaient en scène, ou les désignèrent de quelque autre manière semblable. Ce fut la comédie *moyenne*. Ce nouvel abus, presque aussi grand que le premier, fut encore réprimé. On ne marqua plus les noms ni les visages; et la comédie fut réduite aux règles de la bienséance. C'est la comédie *nouvelle*, dont Ménandre fut l'auteur, au temps d'Alexandre-le-Grand.

40 *Un jeune homme toujours*, etc.

HOR. Ars poet., v. 161.
Imberbis juvenis, tandem custode remoto,
Gaudet equis, canibusque, et aprici gramine
  campi;
Cereus in vitium flecti, monitoribus asper,
Utilium tardus provisor, prodigus æris,
Sublimis, cupidusque et amata relinquere pernix.

41 *L'âge viril, plus mûr*, etc.

HOR. Ars poet., v. 166.
Conversis studiis, ætas, animusque virilis

Quærit opes et amicitias ; inservit honori ;
Commisisse cavet quod mox mutare laboret.

42 *La vieillesse chagrine*, etc.

Hor. Ars poet., v. 169.

Multa senem circumveniunt incommoda ; vel quòd
Quærit, et inventis miser abstinet, ac timet uti ;
Vel quòd res omnes timidè gelidèque ministrat :
Dilator, spe lentus, iners, pavidusque futuri,
Difficilis, querulus, laudator temporis acti
Se puero, censor, castigatorque minorum.
Multa ferunt anni venientes commoda secum ;
Multa recedentes adimunt.

43 *Un vieillard en jeune homme*, etc.

Hor. Ars poet., v. 176.

. . . . . . *Nè fortè seniles*
Mandentur juveni partes, pueroque viriles :
Semper in adjunctis ævoque morabimur aptis.

44 *Peut-être de son art*, etc. Chacun ici est tenté de s'écrier comme Voltaire : « Qui donc aura ce prix, si Molière ne l'a pas ? »

45 *Je ne reconnais plus*, etc. Ce jugement est sévère. Molière a pu, sans obscurcir sa gloire, sacrifier au goût du peuple ; et ses *farces* mêmes valent mieux encore que bien des comédies de nos grands auteurs. Molière est toujours lui, c'est-à-dire, inimitable et parfait, lors même qu'il descend de la scène noble, pour entrer sur une scène moins élevée. Dans ses *Fourberies de Scapin*, que Boi-

leau critique ici, il y a des scènes du meilleur comique. Molière est peut-être le seul poète de son genre qui ait pris la nature sur le fait, et deviné la véritable comédie.

46 *Un père dans Térence.* En plusieurs endroits de ses comédies, particulièrement dans l'*Héautontimorumenos*, acte I, scène 1, et acte V, scène 4. Voyez Simon dans l'*Andrienne*, et Déméa, dans les *Adelphes*.

47 *Et court chez sa maîtresse*, etc. C'est ainsi que Clitiphon appelle les leçons que Chrémès, son père, vient de lui faire.

CHANT IV.

ARGUMENT.

Dans le quatrième chant, Boileau revient aux principes généraux. Il s'attache à former les poètes, et leur donne d'utiles instructions sur la connaissance et l'usage des divers talens; sur le choix qu'ils doivent faire d'un censeur éclairé, sur leurs mœurs, sur leur conduite privée. Il fait ensuite l'histoire de la poésie, il explique son origine, ses progrès, sa perfection et sa décadence. Pour terminer dignement son poëme, il célèbre la gloire de Louis XIV, et invite les jeunes athlètes à une lutte poétique, où il veut animer leurs efforts du geste et de la voix.

Dans Florence jadis vivait un médecin,
Savant hâbleur, dit-on, et célèbre assassin.
Lui seul y fit long-temps la publique misère.
Là, le fils orphelin lui redemande un père.
Ici, le frère pleure un frère empoisonné.
L'un meurt vide de sang, l'autre plein de séné.
Le rhume à son aspect se change en pleurésie;
Et par lui la migraine est bientôt frénésie.
Il quitte enfin la ville, en tous lieux détesté.
De tous ses amis morts un seul ami resté,

Le mène en sa maison de superbe structure.
C'était un riche abbé fou de l'architecture.
Le médecin d'abord semble né dans cet art,
Déjà de bâtimens parle comme Mansard [1].
D'un salon qu'on élève il condamne la face,
Au vestibule obscur il marque une autre place,
Approuve l'escalier tourné d'autre façon.
Son ami le conçoit, et mande son maçon.
Le maçon vient, écoute, approuve et se corrige.
Enfin, pour abréger un si plaisant prodige,
Notre assassin renonce à son art inhumain,
Et désormais la règle et l'équerre à la main,
Laissant de Galien la science suspecte,
De méchant médecin devient bon architecte.
 Son exemple est pour nous un précepte excellent.
Soyez plutôt maçon, si c'est votre talent,
Ouvrier estimé dans un art nécessaire,
Qu'écrivain du commun, et poète vulgaire :
Il est dans tout autre art des degrés différens ;
On peut avec honneur remplir les seconds rangs.
Mais dans l'art dangereux de rimer et d'écrire,
Il n'est point de degrés du médiocre au pire.
Qui dit froid écrivain, dit détestable auteur.
Boyer est à Pinchêne [2] égal pour le lecteur.
On ne lit guère plus Rampale et Menardière [3],
Que Magnon, du Souhait, Corbin et la Morlière [4].
Un fou du moins fait rire, et peut nous égayer ;
Mais un froid écrivain ne sait rien qu'ennuyer.
J'aime mieux Bergerac [5] et sa burlesque audace,
Que ces vers où Motin [6] se morfond et nous glace.
 Ne vous enivrez point des éloges flatteurs,
Qu'un amas quelquefois de vains admirateurs
Vous donne en ses réduits, prompts à crier merveille.
Tel écrit récité se soutient à l'oreille,
Qui, dans l'impression au grand jour se montrant,
Ne soutient pas des yeux le regard pénétrant.

On sait de cent auteurs l'aventure tragique;
Et Gombaut tant loué ⁷ garde encor la boutique.
　Ecoutez tout le monde, assidu consultant;
Un fat quelquefois ouvre un avis important.
Quelques vers toutefois qu'Apollon vous inspire,
En tous lieux aussitôt ne courez pas les lire.
Gardez-vous d'imiter ce rimeur furieux,
Qui de ses vains écrits lecteur harmonieux,
Aborde en récitant ⁸ quiconque le salue,
Et poursuit de ses vers les passans dans la rue.
Il n'est temple si saint, des Anges respecté,
Qui soit contre sa muse un lieu de sûreté.
　Je vous l'ai déjà dit, aimez qu'on vous censure,
Et souple à la raison, corrigez sans murmure.
Mais ne vous rendez pas ⁹ dès qu'un sot vous reprend.
　Souvent dans son orgueil un subtil ignorant,
Par d'injustes dégoûts combat toute une pièce,
Blâme des plus beaux vers la noble hardiesse.
On a beau réfuter ses vains raisonnemens :
Son esprit se complaît dans ses faux jugemens;
Et sa faible raison de clarté dépourvue,
Pense que rien n'échappe à sa débile vue.
Ses conseils sont à craindre; et si vous les croyez,
Pensant fuir un écueil, souvent vous vous noyez.
　Faites choix d'un censeur ¹⁰ solide et salutaire,
Que la raison conduise, et le savoir éclaire :
Et dont le crayon sûr, d'abord aille chercher
L'endroit que l'on sent faible, et qu'on se veut cacher.
Lui seul éclairera vos doutes ridicules,
De votre esprit tremblant levera les scrupules.
C'est lui qui vous dira par quel transport heureux
Quelquefois dans sa course un esprit vigoureux,
Trop resserré par l'art sort des règles prescrites,
Et de l'art même apprend à franchir leurs limites.
Mais ce parfait censeur se trouve rarement.
Tel excelle à rimer qui juge sottement :

Tel s'est fait par ses vers distinguer dans la ville,
Qui jamais de Lucain [11] n'a distingué Virgile.
    Auteurs, prêtez l'oreille à mes instructions.
Voulez-vous faire aimer vos riches fictions,
Qu'en savantes leçons votre muse fertile
Partout joigne au plaisant le solide et l'utile.
Un lecteur sage fuit un vain amusement,
Et veut mettre à profit son divertissement.
    Que votre âme et vos mœurs peintes [12] dans vos ouvrages,
N'offrent jamais de vous que de nobles images.
Je ne puis estimer ces dangereux auteurs
Qui, de l'honneur en vers infâmes déserteurs,
Trahissant la vertu sur un papier coupable,
Aux yeux de leurs lecteurs rendent le vice aimable.
    Je ne suis pas pourtant de ces tristes esprits
Qui, banissant l'amour de tous chastes écrits,
D'un si riche ornement veulent priver la scène,
Traitent d'empoisonneurs et Rodrigue et Chimène.
L'amour le moins honnête [13], exprimé chastement,
N'excite point en nous de honteux mouvement.
Didon a beau gémir et m'étaler ses charmes,
Je condamne sa faute en partageant ses larmes.
Un auteur vertueux dans ses vers innocens,
Ne corrompt point le cœur en chatouillant les sens :
Son feu n'allume point de criminelle flamme.
Aimez donc la vertu, nourrissez-en votre âme.
En vain l'esprit est plein d'une noble vigueur;
Le vers se sent toujours des bassesses du cœur.
    Fuyez surtout, fuyez ces basses jalousies,
Des vulgaires esprits malignes frénésies ;
Un sublime écrivain n'en peut être infecté ;
C'est un vice qui suit la médiocrité.
Du mérite éclatant cette sombre rivale,
Contre lui chez les grands incessamment cabale,
Et sur les pieds en vain tâchant de se hausser,
Pour s'égaler à lui, cherche à le rabaisser.

Ne descendons jamais dans ces lâches intrigues :
N'allons point à l'honneur par de honteuses brigues.
Que les vers ne soient pas .¹⁴ votre éternel emploi.
Cultivez vos amis, soyez homme de foi.
C'est peu d'être agréable et charmant dans un livre,
Il faut savoir encore et converser et vivre.
Travaillez pour la gloire, et qu'un sordide gain
Ne soit jamais l'objet d'un illustre écrivain.
Je sais qu'un noble esprit peut, sans honte et sans crime,
Tirer de son travail un tribut légitime :
Mais je ne puis souffrir ces auteurs renommés,
Qui, dégoûtés de gloire, et d'argent affamés,
Mettent leur Apollon aux gages d'un libraire,
Et font d'un art divin un métier mercenaire.
Avant que la raison s'expliquant par la voix,
Eût instruit les humains, eût enseigné les lois,
Tous les hommes suivaient la grossière nature,
Dispersés dans les bois, couraient à la pâture :
La force tenait lieu de droit et d'équité ;
Le meurtre s'exerçait avec impunité.
Mais du discours enfin l'harmonieuse adresse
De ces sauvages mœurs adoucit la rudesse ;
Rassembla les humains dans les forêts épars,
Enferma les cités de murs et de remparts ;
De l'aspect du supplice effraya l'insolence,
Et sous l'appui des lois mit la faible innocence.
Cet ordre fut, dit-on, le fruit des premiers vers.
De là sont nés ces bruits reçus dans l'univers,
Qu'aux accens dont Orphée ¹⁵ emplit les monts de Thrace
Les tigres amollis dépouillaient leur audace :
Qu'aux accords d'Amphion les pierres se mouvaient,
Et sur les murs Thébains en ordre s'élevaient.
L'harmonie, en naissant, produisit ces miracles.
Depuis, le Ciel en vers fit parler les oracles :
Du sein d'un prêtre ému d'une divine horreur,
Apollon par des vers exhala sa fureur.

Bientôt, ressuscitant les héros des vieux âges,
Homère aux grands exploits anima les courages.
Hésiode, à son tour, par d'utiles leçons,
Des champs trop paresseux vint hâter les moissons.
En mille écrits fameux la sagesse tracée,
Fut, à l'aide des vers, aux mortels annoncée,
Et partout des esprits ses préceptes vainqueurs,
Introduits par l'oreille, entrèrent dans les cœurs.
Pour tant d'heureux bienfaits, les muses révérées
Furent d'un juste encens dans la Grèce honorées;
Et leur art attirant le culte des mortels,
A sa gloire en cent lieux vit dresser des autels.
Mais enfin l'indigence amenant la bassesse,
Le Parnasse oublia sa première noblesse.
Un vil amour du gain infectant les esprits,
De mensonges grossiers souilla tous les écrits;
Et partout enfantant mille ouvrages frivoles,
Trafiqua du discours, et vendit les paroles.
 Ne vous flétrissez point par un vice si bas.
Si l'or seul a pour vous d'invincibles appas,
Fuyez ces lieux charmans qu'arrose le Permesse :
Ce n'est point sur ses bords qu'habite la richesse.
Aux plus savans auteurs, comme aux plus grands
   guerriers,
Apollon ne promet qu'un nom et des lauriers.
 Mais quoi ! dans la disette une muse affamée
Ne peut pas, dira-t-on, subsister de fumée.
Un auteur qui, pressé d'un besoin importun,
Le soir entend crier ses entrailles à jeûn,
Goûte peu d'Hélicon les douces promenades:
Horace a bu son soûl [16], quand il voit les Ménades;
Et libre du souci qui trouble Colletet,
N'attend pas pour dîner le succès d'un sonnet.
 Il est vrai : mais enfin cette affreuse disgrace
Rarement parmi nous afflige le Parnasse;
Et que craindre en ce siècle où toujours les beaux
   arts
D'un astre favorable éprouvent les regards ;

CHANT IV.

Où d'un prince éclairé la sage prévoyance
Fait partout au mérite ignorer l'indigence ?
 Muses, dictez sa gloire à tous vos nourrissons :
Son nom vaut mieux pour eux que toutes vos leçons.
Que Corneille pour lui, rallumant son audace,
Soit encor le Corneille et du Cid et d'Horace.
Que Racine, enfantant des miracles nouveaux,
De ses héros sur lui forme tous les tableaux.
Que de son nom chanté par la bouche des belles,
Benserade en tous lieux [17] amuse les ruelles.
Que Segrais dans l'églogue [18] en charme les forêts :
Que pour lui l'épigramme aiguise tous ses traits.
Mais quel heureux auteur, dans une autre Enéide,
Aux bords du Rhin tremblant conduira cet Alcide ?
Quelle savante lyre, au bruit de ses exploits,
Fera marcher encor les rochers et les bois ;
Chantera le Batave éperdu dans l'orage,
Soi-même se noyant [19] pour sortir du naufrage :
Dira les bataillons [20] sous Mastricht enterrés,
Dans ces affreux assauts du soleil éclairés ?
 Mais tandis que je parle, une gloire nouvelle
Vers ce vainqueur rapide aux Alpes vous appelle.
Déjà Dole et Salins [21] sous le joug ont ployé :
Besançon fume encor sous son roc foudroyé.
Où sont ces grands guerriers [22], dont les fatales
 ligues
Devaient à ce torrent opposer tant de digues ?
Est-ce encore en fuyant qu'ils pensent l'arrêter,
Fiers du honteux honneur [23] d'avoir su l'éviter ?
Que de remparts détruits ! que de villes forcées !
Que de moissons de gloire en courant amassées !
 Auteurs, pour les chanter, redoublez vos trans-
  ports,
Le sujet ne veut pas de vulgaires efforts.
 Pour moi, qui jusqu'ici nourri dans la satire,
N'ose encor manier la trompette et la lyre,
Vous me verrez pourtant, dans ce champ glorieux,
Vous animer du moins de la voix et des yeux ;

18

Vous offrir ces leçons que ma muse au Parnasse
Rapporta, jeune encor, du commerce d'Horace;
Seconder votre ardeur, échauffer vos esprits,
Et vous montrer de loin [24] la couronne et le prix.
Mais aussi pardonnez, si, plein de ce beau zèle,
De tous vos pas fameux observateur fidèle,
Quelquefois du bon or [25] je sépare le faux,
Et des auteurs grossiers j'attaque les défauts,
Censeur un peu fâcheux, mais souvent nécessaire,
Plus enclin à blâmer, que savant à bien faire.

NOTES.

1 *Parle comme Mansard.* François Mansard, célèbre architecte, sur-intendant des bâtimens du roi, mourut en 1666.

2 *Boyer est à Pinchêne,* etc. Claude Boyer, de l'Académie française, auteur médiocre.

3 *On ne lit guère plus Rampale et Ménardière.* Rampale, poète qui vivait sous le règne de Louis XIII.
Jules de la Ménardière, autre poète médiocre, était de l'Académie française.

4 *Que Magnon, du Souhait, Corbin et la Morlière.* Misérables poètes dont il n'y a rien à dire qui puisse intéresser des lecteurs judicieux.

5 *J'aime mieux Bergerac,* etc. Cyrano Bergerac, auteur du *Voyage de la Lune,* et de quelques ouvrages auxquels l'imagination paraît avoir eu plus de part que le jugement.

CHANT IV. — NOTES.

6 *Que ces vers où Motin*, etc. Pierre Motin, natif de Bourges, a laissé quelques poésies qui sont imprimées dans des recueils, avec celles de Malherbe, de Racan, et autres poètes de son temps.

7 *Et Gombaut tant loué*, etc. Jean Ogier de Gombaut, de l'Académie française.

8 *Aborde en récitant*, etc.

HOR. Ars poet., v. 472.
Indoctum, doctumque fugat recitator acerbus;
Quem verò arripuit, tenet occiditque legendo.

9 *Mais ne vous rendez pas*, etc. Ceci rappelle le trait d'Apelle et du cordonnier. Apelle, selon sa coutume, avait exposé un tableau aux regards du public; et, caché derrière la toile, il écoutait les critiques pour en profiter. Dans la foule, un cordonnier trouva quelque chose de défectueux dans la chaussure, et en fit l'observation. Apelle retouche son tableau, et l'expose de nouveau le lendemain. Notre artisan, tout fier d'avoir la veille découvert un défaut dans un chef-d'œuvre, ne veut pas s'arrêter en si beau chemin, et se dispose à critiquer la cheville du pied. Apelle indigné s'élance : « *Cordonnier*, dit-il, *ne juge pas au-delà du soulier.* » Que de critiques en matière de poésie pourraient s'appliquer cet avis ! Ecoutons l'Aristarque éclairé, Boileau nous le recommande; mais ne nous livrons pas à la merci des sots qui veulent s'ériger en censeurs.

10 *Des choix d'un censeur*, etc. Caractère de Patru, le plus habile et le plus savant critique de son siècle. Il avait la réputation d'être si rigide, que, lorsque Racine faisait à Boileau quelque observation un peu trop subtile sur des passages de ses ouvrages, Boileau, au lieu de lui dire le pro-

verbe latin : « *Ne sis patruus mihi.* » « N'ayez point pour moi la sévérité d'un oncle », lui disait : « *Ne sis Patru mihi.* » « N'ayez point pour moi la sévérité de Patru. »

11 *Qui jamais de Lucain,* etc. On veut que ce soit Corneille l'aîné.

12 *Que votre âme et vos mœurs peintes,* etc. Dans toutes les éditions, Boileau avait mis : *Peints dans tous vos ouvrages;* quoique ce mot *peints* qui est participe masculin, se rapportât à *âme* et à *mœurs*, qui sont deux substantifs féminins. M. Gibert, professeur de rhétorique au collège des Quatre Nations, est le premier qui ait fait apercevoir cette faute à l'auteur. Il en convint sur-le-champ, et s'étonna fort qu'elle eût échappé si long-temps à la critique de ses amis, et surtout de ses ennemis.

13 *L'amour le moins honnête,* etc. C'est ainsi que Racine a su nous intéresser à l'amour incestueux de Phèdre, et Virgile à l'amour illégitime de Didon pour Énée.

14 *Que les vers ne soient pas,* etc. C'était le mérite (bien grand sans doute!) du bon La Fontaine : mais ce talent si rare n'est pas toujours celui qui fournit le plus de qualités pour la société civile.

15 *Qu'aux accens dont Orphée,* etc.

Hor. Ars poet., v. 391.
Silvestres homines sacer, interpresque deorum,
Cædibus et victu fœdo deterruit Orpheus;
Dictus ob hoc lenire tigres rabidosque leones.
Dictus et Amphion, Thebanæ conditor arcis,

CHANT IV. — NOTES.

Saxa movere sono testudinis, et prece blandâ
Ducere quò vellet. Fuit hæc sapientia quondam,
Publica privatis secernere, sacra profanis,
Oppida moliri, leges incidere ligno.
Sic honor et nomen divinis Vatibus, atque
Carminibus venit. Post hos insignis Homerus,
Tyrtæusque mares animos in martia bella
Versibus exacuit; dictæ per carmina sortes:
Et vitæ monstrata via est; et gratia regum
Pieriis tentata modis; ludusque repertus,
Et longorum operum finis; nè fortè pudori
Sit tibi musa lyræ solers, et cantor Apollo.

16 *Horace a bu son soûl*, etc.

Juv. Sat. VII, v. 59. Edit. de Jouv.
. . . . . . *Neque enim cantare sub antro*
Pierio, Thyrsum-ve potest contingere sana
Paupertas, atque æris inops, quo nocte, dieque
Corpus eget. Satur est, quum dicit Horatius : ohe!

17 *Benserade en tous lieux*, etc. Benserade s'était acquis à la cour une réputation fort brillante par ses vers et par ses chansons; et surtout par les pièces de poésie qu'il faisait pour les personnes de la cour qui dansaient dans les ballets du roi. Car, dans ses vers, il confondait, d'une manière fort ingénieuse, le caractère des personnes avec celui des personnages qu'elles représentaient. Mais il était tellement borné à ce talent, que, sitôt qu'il a voulu l'abandonner, il n'a plus été le même. En effet, les Métamorphoses d'Ovide, qu'il mit en rondeaux, furent l'écueil de sa réputation. Elles n'avaient pas encore paru, quand Boileau publia son Art poétique; car après les rondeaux, il n'aurait plus osé citer Benserade comme un poète *chanté par la bouche des belles*. Benserade fut reçu à l'Académie française en 1671, et mourut en 1691.

18 *Que Segrais dans l'églogue*, etc. Segrais s'est particulièrement distingué par des églogues, et par une pastorale qui a pour titre : *Athis*. Là, il a parfaitement exprimé cette douce et ingénieuse simplicité qui fait le caractère principal de l'églogue. Jean Renaud de Segrais, de l'Académie française, mourut dans la ville de Caen, sa patrie, le 25 mars 1701.

19 *Soi-même se noyant*, etc. Après le passage du Rhin, Louis XIV s'était rendu maître de presque toute la Hollande, et Amsterdam même se disposait à lui envoyer ses clefs. Les Hollandais, pour sauver le reste de leur pays, n'eurent d'autre ressource que de le submerger entièrement, en lâchant leurs écluses.

20 *Dira les bataillons* etc. Mastricht était une des places les plus considérables qui restaient aux Hollandais, après les pertes qu'ils avaient faites en 1672. Le roi en personne vint l'assiéger; et, après plusieurs assauts donnés en plein jour, et dans lesquels on avait emporté, à l'arme blanche, tous les dehors, cette place-forte se rendit le 29 juin 1673, après treize jours de tranchée ouverte.

21 *Déjà Dole et Salins*, etc.
Besançon fume encor, etc. Ce sont les trois principales villes de la Franche-Comté, dont le roi se rendit maître en 1674. Besançon fut assiégé et pris au mois de mai; Dole et Salins se rendirent le mois suivant. Déjà une première fois Louis XIV avait conquis cette province, en 1668.

22 *Où sont ces grands guerriers*, etc. La ligue était composée de l'empereur, des rois d'Espagne et de Danemarck, de la Hollande et de toute l'Allemagne, excepté les ducs de Bavière et d'Hanovre.

23 *Fiers du honteux honneur*, etc. Montécuculli, général de l'armée d'Allemagne pour les alliés, évita le combat, et s'applaudit de la retraite avantageuse qu'il avait faite.

*Quos opimus
Fallere et effugere est triumphus*,

Dit Annibal, dans Horace, en parlant des Romains. Liv. IV, Ode III; v. 51.

24 *Et vous montrer de loin*, etc. Après avoir tracé aux jeunes poètes une route sûre, où ils ne peuvent s'égarer, s'ils ne suivent d'autre guide que le goût, Boileau, l'Entelle de la poésie, semble dire, comme ce vieil athlète :

. . . . *Hic victor cestus artemque repono.*
Virg. Æn., lib. V, v. 484.

25 *Quelquefois du bon or*, etc. A l'exemple de Virgile qui disait :

« *E stercore Ennii aurum colligo.* »

FIN DE L'ART POÉTIQUE.

ÉPITAPHE

DE

RACINE.

D. O. M.

A LA GLOIRE
DE DIEU
très-bon et très-grand.

Hic jacet nobilis vir Joannes Racinius, Franciæ thesauris præfectus, Regi à secretis atque à cubiculo, necnon unus è quadraginta Gallicanæ Academiæ viris; qui postquàm tragœdiarum argumenta diu cum ingenti hominum admiratione tractásset, musas tandem suas uni Deo consecravit, omnemque ingenii vim in eo laudando contulit, qui solus laude dignus. Quum eum vitæ negotiorumque rationes multis nominibus aulæ tenerent addictum, tamen in frequenti hominum consortio, omnia

Ci-gît Messire *Jean Racine*, trésorier de France, secrétaire du roi, gentilhomme de la chambre, et *l'un des quarante* de l'Académie française. Il s'appliqua long-temps à composer des tragédies, qui firent l'admiration de tout le monde ; mais enfin il quitta ces sujets profanes pour ne plus employer son esprit et sa plume qu'à louer celui qui seul mérite nos louanges. Les engagemens de son état et la situation de ses affaires, le tinrent attaché à la cour. Mais au milieu du commerce des hommes, il sut remplir tous les devoirs de la piété et

pietatis ac religionis officia coluit. A christianissimo rege, Ludovico Magno *selectus unà cum familiari ipsius amico fuerat, qui res, eo regnante, præclarè ac mirabiliter gestas perscriberet. Huic intentus operi, repentè in gravem atque diuturnum morbum implicitus est, tandem ab hâc sede miseriarum in melius domicilium translatus,* anno ætatis suæ quinquagesimo nono. *Qui mortem longiori intervallo remotam valdè horruerat, ejusdem præsentis aspectum placidâ fronte sustinuit, obiitque spe magis et piâ in Deum fiduciâ erectus, quàm fractus metu. Ea jactura omnes illius amicos, è quibus nonnulli inter regni primores eminebant, acerbissimo dolore perculit. Manavit etiam ad ipsum regem tanti viri desiderium. Fecit modestia ejus singularis, et præcipua in hanc* Portûs-Regii *domum benevolentia, ut in isto cœmete-*

de la religion chrétienne. *Le Roi Très-Chrétien, Louis-le-Grand,* le choisit lui, et un de ses intimes amis [3], pour écrire l'histoire et les événemens admirables de son règne. Pendant qu'il travaillait à cet ouvrage, il tomba dans une longue et cruelle maladie, qui le retira de ce lieu de misères, pour l'établir dans un séjour plus heureux, *la cinquante-neuvième année de son âge.* Quoiqu'il eût eu autrefois des frayeurs horribles de la mort, il l'envisagea alors avec beaucoup de tranquillité; et il mourut, non abattu par la crainte, mais soutenu par une ferme espérance et par une grande confiance en Dieu. Tous ses amis, entre lesquels il comptait plusieurs grands seigneurs, furent extrêmement sensibles à la perte de ce grand homme. Le roi même témoigna le regret qu'il en avait. Sa grande modestie et son affection singulière envers cette maison de *Port-Royal,* lui firent choisir une sépulture pau-

rio piè magis quàm magnificè sepeliri vellet, adeòque testamento cavit, ut corpus suum juxtà piorum hominum, qui hic jacent, corpora humaretur.

vre, mais sainte, dans ce cimetière; et il ordonna, par son testament, qu'on enterrât son corps auprès des gens de bien qui y reposent [4].

Tu verò, quicumque es, quem in hanc domum pietas adducit, tuæ ipsius mortalitatis ad hunc aspectum recordare, et clarissimam tanti viri memoriam precibus potiùs quàm elogiis prosequere.

Qui que vous soyez, qui venez ici par un motif de piété, souvenez-vous, en voyant le lieu de sa sépulture, que vous êtes mortel, et pensez plutôt à prier Dieu pour cet homme illustre, qu'à lui donner des éloges.

NOTES.

1 *Epitaphe de Racine*, etc. Cette épitaphe, où Boileau a si bien observé les règles de cette noble et élégante simplicité qu'il a établies dans son discours sur les inscriptions, parut imprimée en latin pour la première fois, *avec des fautes*, en 1703, dans le Nécrologe de l'abbaye de Notre-Dame de *Port-Royal* des Champs.

2 *A la gloire*, etc. On a tout lieu de croire que Boileau est lui-même auteur de cette traduction. Ce qu'il y a de certain, c'est que les religieuses de *Port-Royal* la tenaient de sa main.

3 *Et un de ses intimes amis*, etc. Cet ami intime n'est autre que Boileau.

4 *Des gens de bien qui y reposent.* Racine, par son codicile du 16 octobre 1698, avait demandé d'être enterré à *Port-Royal* des Champs, dans le cimetière des domestiques, aux pieds du célèbre Hamon, qui avait autrefois pris soin de ses études dans cette retraite. Il fut enterré le 23 avril 1699, deux jours après sa mort, non au-dessous de Hamon, mais au-dessus, parce qu'il ne se trouva point de place au-dessous.

POÉSIES LATINES.

EPIGRAMMA.

In novum Causidicum, rustici Lictoris filium.

Dum puer iste fero natus Lictore perorat,
    Et clamat medio stante parente foro ;
Quæris, cur sileat circumfusa undique turba ?
    Non stupet ob natum, sed timet illa patrem.

ALTERUM.

In Marullum versibus phaleucis anteà malè laudatum.

Nostri quid placeant minùs phaleuci,
Jamdudum tacitus, Marulle, quæro :
Quum nec sint stolidi, nec inficeti,
Nec pingui nimiùm fluant Minervâ.
Tuas sed celebrant, Marulle, laudes :
O versus stolidos et inficetos !

SATYRA (1).

Quid numeris iterum me balbutire latinis,
Longè Alpes circa natum de patre Sicambro,

---

(1) C'est le commencement d'une satire que Boileau, étant fort jeune, avait eu dessein de composer contre les poètes français qui s'appliquent à

Musa, jubes? Istuc puero mihi profuit olim,
Verba mihi sævo nuper dictata magistro,
Quum pedibus certis conclusa referre docebas.
Utile tunc Smetium manibus sordescere nostris,
Et mihi sæpe udo volvendus pollice textor.
Præbuit adsutis contexere carmina pannis.
Sic Maro, sic Flaccus, sic nostro sæpe Tibullus,
Carmine disjecti, vano pueriliter ore
Bullatas nugas sese stupuêre loquentes.....
. . . .

---

faire des vers latins. Il avait aussi composé un dialogue en français, à la manière de Lucien, pour faire voir que l'on ne peut ni bien parler, ni bien écrire une langue morte. Il n'a jamais écrit ce dialogue.

POÉSIES DIVERSES.

ÉPIGRAMME.

(1) Paul ce grand médecin, l'effroi de son quartier,
Qui causa plus de maux que la peste et la guerre,
Est curé maintenant, et met les gens en terre.
Il n'a point changé de métier.

SUR HOMÈRE.

Ἤειδον μὲν ἐγών· ἐχάρασσε δὲ Θεῖος Ὅμηρος.
Cantabam quidem ego : scribebat Divus Homerus.

Quand la dernière fois, dans le sacré vallon,
La troupe des neuf Sœurs, par l'ordre d'Apollon,
Lut l'Iliade et l'Odyssée;
Chacune à les louer se montrant empressée :

---

(1) *Nuper erat medicus, nunc est vespillo Diaulus :*
Quod vespillo facit, fecerat et medicus.
MARTIAL, lib. I, epig. 48.

« Apprenez un secret qu'ignore l'univers,
  Leur dit alors le dieu des vers.
Jadis avec Homère aux rives du Permesse,
Dans ce bois de lauriers, où seul il me suivait,
Je les fis toutes deux, plein d'une douce ivresse :
  Je chantais ; Homère écrivait. »

LE BUCHERON ET LA MORT.

Le dos chargé de bois, et le corps tout en eau,
Un pauvre bûcheron, dans l'extrême vieillesse,
Marchait en haletant de peine et de détresse.
Enfin, las de souffrir, jetant là son fardeau ;
Plutôt que de s'en voir accablé de nouveau,
Il souhaite la mort, et cent fois il l'appelle.
La mort vint à la fin. « Que veux-tu, » cria-t-elle ?
« Qui, moi ? dit-il alors, prompt à se corriger :
  Que tu m'aides à me charger. »

VOICI LA FABLE D'ÉSOPE:

ΓΕΡΩΝ ΚΑΙ ΘΑΝΑΤΟΣ.

Γέρων ποτὲ ξύλα κόψας, ταῦτα φέρων, πολλὴν ὁδὸν ἐβάδιζε, καὶ διὰ τὸν πολὺν κόπον ἀποθέμενος ἐν τόπῳ τινὶ τὸν φόρτον, τόν Θάνατον ἐπεκαλεῖτο· Τῦ δὲ Θανάτυ παριόντος, καὶ πυνθανομένυ τὴν αἰτίαν δι' ἣν αὐτὸν ἐκάλει, δειλιάσας ὁ Γέρων ἔφη, ἵνα μου τὸν φόρτον ἄρῃς.

Voyez la même fable dans La Fontaine, liv. I, fable XVI.

FIN.

www.ingramcontent.com/pod-product-compliance
Lightning Source LLC
Chambersburg PA
CBHW060642170426
43199CB00012B/1640